작가와 작품을 찾아서

한국현대작가작품론

작가와 작품을 찾아서

강인수

푸른사상

· 책머리에

　여러 가지의 작가작품론들이 출판되고 있다. 그것들은 대개 여러 사람의 공동집필이다. 그러나 이 책은 소설을 쓰는 본인이 여러 해 동안의 대학 강단에서 현대소설강독이나 현대작가론이나 문예창작론을 강의하면서 써온 논문 중에서 도저히 이것만은 버릴 수 없고 가치 있는 것이라 판단되어지는 논문들만 모았다.

　이 책의 특징을 몇 가지로 요약하면 다음과 같다.

　첫째, 쉽게 재미있게 유익하게 —이 세 가지 기준에 따라 현대 한국의 대표적인 작가 12명에 대한 글을 실었다. 그러므로 대학생이나 대학원생은 물론 소설 공부하는 고교생이나 일반 초심자들에게도 상당한 도움이 되리라 생각한다.
　둘째, 앞부분 <작가를 찾아서>는 주로 그 작가의 생애를 문학과 관련시킨 작가론이며, 뒷부분 <작품을 찾아서>는 그 작가의 대표작 한 두 편을 분석한 것이다.
　셋째, 각 단원마다 각주를 붙여서 객관성을 유지하고 한편으로 대학생이나 대학원생이 리포트나 논문을 작성함에 도움이 되도록 하였다.

2003년 초여름
저자 **강 인 수** 씀

목차 　　　　　작가와 작품을 찾아서

● 작가를 찾아서

이효석 9
이효석과 「메밀꽃 필 무렵」 ················ 11

김유정 37
김유정의 생애와 문학 ·············· 39

김동리 69
김동리와 샤머니즘 ············· 71

오영수 95
인정과 향수의 작가 ··············· 97

김정한 117
대쪽같은 삶과 리얼리즘 ·············· 119

이광수 141
이광수와 동학 ············· 143

목차　　　작가와 작품을 찾아서

● 작품을 찾아서

김동인 169
「배따라기」와 「감자」의 거리 ················ 171

염상섭 195
『삼대』의 등장인물 ················ 197

박태원 215
박태원과 「갑오농민전쟁」 ················ 217

김승옥 235
「무진기행」과 「서울, 1964년 겨울」 ················ 237

이인화 253
「영원한 제국」과 역사소설 ················ 255

한승원 277
생태문학과 「연꽃바다」 ················ 279

● 찾아보기 · 299

작가를 찾아서

이효석...... 이효석과 「메밀꽃 필 무렵」

김유정...... 김유정의 생애와 문학

김동리...... 김동리와 샤머니즘

오영수...... 인정과 향수의 작가

김정한...... 대쪽같은 삶과 리얼리즘

이광수...... 이광수와 동학

이효석

이효석(可山 李孝石, 1907~1942)은 강원도 평창군 봉평면에서 출생하여 향리에서 보통학교를 졸업하고 경성제일고보(현 경기고)를 거쳐 경성제국대학(현 서울대) 예과에 입학한 후 ≪매일신보≫에 시와 콩트를 발표하기 시작했다. 1928년(22세) ≪조선지광≫에 단편 「도시와 유령」을 발표하면서 문단의 주목을 받았다.

1929년에 단편 「기우」「행진곡」, 1930년에는 「깨뜨려지는 홍등」「추억」「마작철학」「약령기」등을 발표했고 1931년에 창작집 『노령근해』를 발간했다. 그 다음해 경성농업학교 영어 교사로 취직했다. 1933년 「돈」(豚)을 기점으로 동반작가에서 서정작가로 전향했다. 1936년에 숭실전문학교 교수가 되었고, 1939년 장편 「화분」을 ≪조광≫에 연재했다.

1940년 장편 『벽공무한』을 ≪매일신보≫에 연재했으며, 1942년 서른 여섯의 나이로 결핵성 뇌막염으로 사망했다. 그의 대표작은 「메밀꽃 필 무렵」「산」「들」「산협」등이다.

이효석과 「메밀꽃 필 무렵」
— 주제를 중심으로

1. 「메밀꽃 필 무렵」의 현장을 찾아

토요일 오후, 초가을이라고는 하나 아직 여름의 더운 날씨가 계속되고 있었다. 오후 늦게 간단한 여장을 차리고 부산시민회관 앞으로 갔다. 관광버스는 저녁 7시에 출발했다. 부산일보 후원 극일문화유산답사회 주관의 문학기행이다. 이름하여 "이효석 메밀꽃 필 무렵 문학기행". 탑승자는 모두 120여명, 이삼십대 여성들이 주류를 이루었다. 새삼 문학에 있어서의 여성파워를 실감했다.

국내 여행을 많이 다녔지만 여태 「메밀꽃 필 무렵」의 작품 배경인 효석의 고향 봉평엔 가보지 못했다. 그런데다 회비가 3만 5천원이라니 이 기회를 놓칠 수가 없었다.

출발과 동시 녹음 테이프로 효석을 소개하고 「메밀꽃 필 무렵」 전문을 들려주었다. 버스가 고속도로에 진입하자 짝끼리 환담하는 소리가 들려오더니 곧 모두들 잠에 곯아 떨어졌다. 나의 짝은 동년배의 최 선생이었다. 우리는 건강 이야기와 가정사 세상사 이야기를 하느라 두 시간도 채 자지 못했다. 버스는 밤의 장막을 뚫고 경부고속도로를 달렸다. 경산·죽암·소사 휴게소에 각각 20분간씩 휴식을 하면서 새벽 3시 그러니 7시간 반만에 봉평 가산공원 앞에 도착했다. 날이 샐 때까지 다시 취침을 했지만 자리가 불편하여 선잠을 깼다. 5시였다. 밖으로 나가니 새벽 안개가 여명을 더욱 더디게 했다. 공원과 봉평장 일대를 한 시간 동안 돌아다녔다.

「메밀꽃 필 무렵」은 실화를 소설화한 것인데, 작품의 주인공 허생원이 자주 들렀다는 충주집은 열 평도 안되는 메밀밭 귀퉁이에 석비로 "충주집터"라 새겨져 있었다. "**허생원이 장돌뱅이들과 떠돌아다니던 시절, 충주집을 생각만 하여도 철없이 얼굴이 붉어지고 발밑이 떨리고 그 자리에 소스라쳐 버린다**" 란 본문 구절이 새겨져 있었다. 비석 바로 곁엔 5층 건물이요, 현재는 이 일대가 봉평의 중심가로, 2일과 7일에 장이 선다고 했다. 이러한 사실은 새벽길을 나서는 아낙네에게 물어 알게 되었다. 봉평집, 메밀 막국수집, 두레마을 같은 간판들이 예스런 정취를 느끼게 했다. 다시 충주집터로 돌아오니 건물 아래 '충주집터'란 비석 뒤에 한 사내가 얼간이처럼 웃으며 누워 자고 있었다.

그 사내가 허생원을 닮지 않았나 하는 생각에 한참 동안 그를 눈여겨보았다. 그는 멍청하게 히죽히죽 실없이 웃어대었다. 새벽잠을 깨우는 내가 미웠는지 아니면 반가웠는지 모르지만 그 사내는 정신 이상이 있는 행려환자 같았다. 이런 작은 시골 면소재지에서, 그것도 충주집터 곁에서 잠자고 있는 행려환자 청년을 보니 마음이 아팠다.

일 정보 남짓한 가산공원 한가운데에는 고목 나무들이 줄지어 서 있었다. 그건 이 지방에 흔히 있는 돌배나무였다. 아직도 새벽이라 그런지 조금은 을씨년스런 풍경이었다. 이효석 비와 가산공원이라 새겨진 큰돌이

인상적이었다. 공원은 봉평중고교 운동장 바로 앞이었다. 공원 귀퉁이 양지쪽에 효석의 무덤이 조촐하게 자리잡고 있었더라면 얼마나 좋았을까? 하는 생각이 문득 떠올랐다.

얼마 전 효석의 무덤이 파주로 옮겨졌다는 신문 보도를 보고 창평 사람들을 원망스러워 했던 게 다시 상기되었다. 신문 보도에 의하면, 효석의 무덤이 전에 영동고속도로 건설로 이장을 했는데 이번에는 영동고속도로 4차선의 확장공사로 또 이장하게 되어 유족들이 화가 나서 밤에, 그야말로 메밀꽃이 만발한 초가을에 무덤을 이씨의 선산이 있는 파주로 이장해 버렸다는 것이다. 안타까운 일이지만 그 후손들로서는 박대에 대한 분노도 있었을 것이다. 파주 군수가 쾌히 마련해 준 곳으로 이장해버렸다고 그러면 평창군에서는 무엇을 했는가? 고속도로를 확장하면서 왜 당국은 묘터를 마련해 주지 못했는가? 우리 문화재 내지 문화 인물에 대한 정책 부재가 아쉽다. 서구에서는 유명 작가라면 하잘것없는 그의 유품 하나까지도 보관하여 관광자원으로 삼고 있다는데…….

이효석의 아버지는 한성사범을 졸업 후 1910년 효석이 네살 때 서울에서 교편을 잡았고, 1912년 평창으로 내려와 10년간 봉평 면장을 지냈다고 한다. 또한 서울에 있을 때 프랭클린의 전기인 『富蘭克林傳』(보급서관, 1911)을 간행했다 하니 중류 정도의 가정이며, 효석의 자연에 대한 사랑은 이 봉평에서 이루어진 것이다. 효석은 열 살 때쯤 신소설「추월색」을 즐겨 읽었다고 술회하고 있다.

  추운 시절이면 병풍을 둘러치고 어머니와 나란히「추월색」을 번갈아 가며 되풀이하여 읽었다. 건넌방 벽장 속에는「사씨 남정기」「가인기우」등속의 가지가지 소설책도 많았건만 그 속에서 왜 하필「추월색」이 마음에 들었는지 모른다. 병풍에는 무슨 화풍인지 석류, 탁목조(啄木鳥) 등의 풍경 아닌 그림이 폭마다 새로워서 그 신선한 감각이

웬 일인지 「추월색」 이야기와 어울려서 말할 수 없이 신비로운 낭만적 동경을 가슴 속에 심어 주었다.[1]

효석은 프로문학을 하기에는 너무 심약한 성격의 소유자로 1913년 3월경 은사 쿠사부까 조오지(草深常治)의 도움으로 경무국 도서과 검열관으로 취직했을 때 광화문통에서 친구 이갑기를 만나 "너도 개가 다 됐구나"하는 욕설을 듣고 졸도까지 했다고 한다.[2]

나는 옆자리에 앉은 분과 묘지에 대한 이야기를 하면서, 선경그룹의 최종현 회장의 유언 "나를 화장시켜 납골당에 안치하고 남의 모범이 되도록 하라"한 말을 되새기며, 소 5백마리를 북으로 보낸 정주영 회장 같은 분들이 정치를 한답시고 떠들썩대는 대통령들보다 훨씬 인간적이며 나라사랑의 선구자라고 극찬했다.

여섯시 반, 일행은 물레방아 터와 효석 생가와 메밀밭을 구경하러 나섰다. 안암교 다리 아래로 흐르는 시냇물. 허생원이 거기서 목욕하려니 하얀 메밀꽃 때문에 부끄러워 옷을 벗을 수가 없어 냇가에 있는 물레방앗간으로 들어갔다가 울고 있는 성서방네 처녀를 만나게 된다. 거기에서 기막힌 하룻밤을 보낸다. 그런 사연의 내와 물레방아를 보았다. 물레방아는 옛날 정취가 전혀 나지 않아 실망스러웠다. 그러나 메밀꽃이 효석 생가로 가는 길목마다 우리를 반겼다. 생가는 봉평에서 오리길 야산 산골 외딴집(봉평면 창동리 남안동)이었다. 뭐 풍수가 가로되 명당이니 유명인물 셋이 나온다나?

그렇다면 이효석 하나에 지금 그 집을 사들여 살고 있는 홍씨가에 둘이 나온다는 말이 되겠다. 그보다 그 집은 메밀묵이 잘 팔린다니 풍수가의 말

---

1) 이효석, 「나의 수업시대」, 『이효석 전집』(창비사, 1983)7권, 154쪽
2) 최정희, 「노령근해」 무렵의 이효석, 《현대문학》 96호, 224쪽

이 완전 틀린 것은 아닌 모양. 효석이 그런 산골 외딴 집에 산 것도 풍수 탓인가? 아버지가 봉평면 면장이었고, 효석 9살(1915년)에 이 집은 홍씨가에 팔려 떠났고 효석이 9살까지의 유년시절을 보냈던 그 집은 평범한 슬레이트의 시골집이었지만 운치가 상당히 있었다.

울타리 삼아 심어진 능금나무 세 그루엔 자그마한 붉은 능금이 졸망졸망 열렸고, 마당 가운데는 큼직한 엄나무 두 그루가 쭈빗쭈빗한 잎으로 그늘을 지었고, 다알리아 뱀사초 칸나 국화 등의 화초들이 마당가에 꽃을 피웠고, 뒷 메밀밭으로 가는 길목에 열병하는 병사들처럼 줄지어 심어진 조, 그 곁의 텃밭에서 모이를 찾던 붉은 장닭 한 마리가 우렁차게 나래를 치며 아침나절을 알렸다. 뒷산의 소나무들은 송충이로 모두 앙상한 죽은 나무둥치만 흉물스럽게 들어서 있었다.

산이나 좀 잘 가꾸어 놓고 메밀묵을 팔지 않고? 홍씨네가 미웠다. 메밀묵 맛은 좋았다. 이효석의 생가에서 맛보는 메밀묵 맛의 색다른 의미 때문일까. 한 점 한 점 입에 넣을 때마다 그 맛을 음미했다. 약간 떨떠름하면서도 입에 당기는 자극성은 매콤한 양념 탓도 있으리라.

돌아오는 길 안암교 아래 흐르는 냇가로 내려갔다. 허생원이 미역감으려 들어간 냇가에 발을 담그니 시원했다. 봉평 근처의 산들은 모두가 낮춤낮춤 했다. 고지대의 분지 탓이리라. 나는 발을 물에 담근 채 잠시 생각에 젖었다.

— 장돌림을 하는 얼금뱅이 포목장사꾼 허생원의 이야기가 담긴 「메밀꽃 필 무렵」을 문학 공부하던 시절. 내 얼마나 이 작품에 매료되어 읽고 또 읽었던가! 베껴 쓰기도 여러 번 하지 않았던가? 그리고 이 작품에 감명되어 「눈밭에 뿌린 씨앗」이란 단편도 쓰지 않았던가?

— 혼자 여행 왔더라면 며칠 지내면서 장날 구경도 하고 충주집같이 여

겨지는 주막에 하룻밤 묵으면서 막걸리 한 사발도 마시고 하겠는데…….

2. 「메밀꽃 필 무렵」의 주제와 구성

1) 이효석과 소설의 주제

한국의 대표적인 단편작가 이효석(1907~1942)은 1925년 《매일신보》에 「봄」이란 시와 콩트 「여인(旅人)」을, 1928년 《조선지광》에 「도시와 유령」을 발표하여 동반작가[3]로 인정받게 되었다. 그 후 「행진곡」「노령근해」「북국통신」 등 일군의 경향문학 활동을 하다가 1932, 3년경 프로문학의 퇴조기에 순수문학으로 전향하였다.

유진오는 효석의 전향을 「어떻든 씨의 경우 그것은 별로 전신도 전향도 아니고 본연의 자기에로의 회귀였었다고 나는 생각한다. 씨는 이 전신에서 지금까지 무거운 짐 마냥 씨에게 덮어 씌워졌던 시대의 압력으로부터 벗어나서 겨우 숨을 들이킨 그런 형태였었다.[4]」고 했다. 효석이 '자기에로의 회귀' 내지 '자연애로의 회귀'를 실시한 작품은 1933년 10월호 《조선문예》에 발표한 「돈(豚)」이다. 이후 그는 향토를 무대로 한 「수탉」「산」「들」「메밀꽃 필 무렵」「분녀」 등에서 자연애와 리리시즘의 세계를 추구하였다.

순수문학 내지 서정문학으로서 뿐만 아니라 효석문학의 압권은 뭐니뭐니해도 1936년 《조광》에 실은 「메밀꽃 필 무렵」이다. 효석문학에 대한 연구는 정한모의 「효석과 Exoticism」[5]을 필두로 6~70년대에는 정명환의

---

[3] 동반작가: 1920년대 사회주의를 옹호하는 신경향파 내지 KAPF(조선 프롤레타리아 예술가 동맹)의 문학에 동조는 하되 적극성을 띄지 않았던 일군의 작가들로, 이효석·유진오·이무영·채만식 등을 동반작가로 보고 있다.
[4] 유진오, 「작가 이효석론」, 『이효석 전집』 V, 1959, 343쪽
[5] 정한모, 「효석과 Exoticism」, 『국어국문학』15호(국어국문학회, 1956)

「위장된 순응주의」6) 명계웅의 「효석연구」7), 이상섭 김종철 김우종 김교선 서종택 유기룡 윤명구, 그리고 소두영의 「이효석 문체연구」, 정한모의 「이효석과 안톤체홉과의 비교」 등 제평론가들의 연구가 있다. 80년대에 들어와서도 최병우의 「이효석 전기소설 연구」8) 이상옥의 「인간, 성, 그리고 자연」9) 등이 있다. 그리고 「메밀꽃 필 무렵」을 집중적으로 연구한 분은 임중빈10), 유기룡11), 주종연12), 윤병로13) 등이다.

이 작품은 수많은 사람들에게 애독되고 있고 또한 많은 연구가들이 이 작품에 대해 언급을 하고 있지만, 아직까지 확실하게 그 주제를 제시 못하고 있다. 그래서 본고에서는 작가들이 말한 이 작품의 주제를 작품의 구조와 배경 그리고 등장인물과 표현 등에 대한 구조분석을 시도하여, 그 결과에 의한 종합적인 판단으로 그 주제를 제시해 보려 한다.

주제란 한 작품에 있어서 작가가 말하려는 인생의 의미이며 중심사상이요, 나아가 작가가 표현하려는 인생관 내지 세계관이다. 라복크와 정한숙씨는, 소설이란 하나의 전체를 이루며 다른 것으로 환원할 수 없는 주제에 의지하지 않고는 처음부터 형태를 갖추지 못하는 것이다.14)라고 했다. 또한 브룩스와 워렌은 주제란 한편의 소설의 총화며, 주제는 사상이며 의미요 인물과 사건의 해석이요, 전체의 서술 속에 구체화된 침투력이고 단일

---

6) 정명환, 「위장된 순응주의」, ≪창작과비평≫ (1968 겨울~1969 봄)
7) 명계웅, 「효석연구」, ≪현대문학≫ 191호 1970, 11
8) 최병우, 「이효석 전기소설 연구」, 『인문학보』6집(강릉대, 1988)
9) 이상옥, 「인간, 성, 그리고 자연」, 『인문논총』 20집(서울대, 1988)
10) 임중빈, 『부정의 문학』(한얼문고, 1972), 170쪽
11) 유기룡, "이효석의 「메밀꽃 필 무렵」", 이재선 조동일 편, 앞의 책
12) 주종연, 이효석의 「메밀꽃 필 무렵」, ≪문학사상≫63호 (1977. 12)
    「메밀꽃 필 무렵」의 분석」, 『어문학논총』8집(국민대, 1989)
13) 윤병로, 「메밀꽃 필 무렵의 소설미학」, 『송하 이종출박사 화갑기념논문집』(1989)
14) The Craft of Fiction, Percy Lubbock, Compass Book Edition 1957, 송욱역, 일조각 1977, p.39.

화된 작가의 인생관이다.15)라고 했다.

　현대소설의 특징의 가장 두드러진 것은 주제가 반드시 내면화 무형화 되어서 작품 속에 용해되어 있어야 하기16) 때문에 주제를 파악하기는 그리 용이한 일이 아니다.

　먼저 「메밀꽃 필 무렵」의 주제를 어떻게들 보고 있는지를 살펴보기로 한다.

　　　한국적인 자연의 아름다움을 배경으로 자연 속에 포함된 순박한 인간상을 주제로 그들의 애욕문제를 그리고 있다. (백승철)17)

　　　그런데 이야기가 진전되면서 세 인물은 똑같은 사건을 겪으면서도 허생원과 동이만이 신비하게 결합되어 혈연으로 맺어지고 있다. 이런 '혈연의 신비'가 플로트로서 볼 때의 작품전체가 주는 의미가 아닌가…… '인생은 노상 고적한 것만은 아니다'라고 하는 인생긍정의 작가정신이 여기에 담겨져 있는 것이다. 살다가 보면 인생이란 결국 즐거운 것이라고 하는 이 '인생긍정'의 주제는…… (김수업)18)

　　　그리하여 「메밀꽃 필 무렵」에 생명의 소리가 있다. 절규에 가까운 생명의 탄식이, 잃어버린 에덴의 극적인 확인의 순간이다. 우리는 효석문학의 지배적인 테마의 하나인 애욕의 신비성에 이른다. (임중빈)19)

　　　자연과 인간의 원초적인 내면세계의 성을 테마로 한 서정적인 산문시와 같은 일품. (소두영)20)

---

15) C. Brooks, R. P. Warren, Understanding Fiction.
16) 정한숙, 『소설기술론』, 고대출판부, 1974, 66쪽
17) 백승철, 『한국문학대사전』, 문원각, 1973, 522쪽
18) 김수업, 「메밀꽃 필 무렵」의 분석, 국어교육연구1, 경북대학교 국어교육 연구회, 1969. 12
19) 임중빈, 앞의 책, 170쪽
20) 소두영, 「이효석의 문체연구」, 『숙명여대논문집』 17, 1977, 120쪽

드디어 불안과 초조와 격정의 피안에서 하나의 고적한 세계, 감미로운 애수의 세계가 펼쳐진다. 이러한 세계가 토속성과 혈연을 맺고 있는 것이 '메밀꽃 필 무렵'의 신화다. (김영기)[21]

　　　인간본연의 것. 건강한 생명의 동력과 신비성…… 인위적인 것을 떠나 야성의 건강미를 영상화한 것이 「산」, 「들」, 「돈」이었다…… 「메밀꽃 필 무렵」에서는 애욕의 신비성을, 「장미병들다」에서는 허랑한 해방면을 보았다. 나아가 생명의 신비성을 구명해 보려고 하였는데 지나지 않는다. (이효석)[22]

　이상과 같이 다양성과 모호성을 지니고 있다. 이 점은 유종호[23]도 지적한 바 있다. 위에서 제시한 주제들은 ①애욕 내지 성 ②혈연 ③근원성 ④서정성, 이렇게 넷으로 요약할 수 있다.

　주제를 구현하는 방법으로는, 1) 플롯, 액션을 통한 방법. 2) 토운(tone)을 통한 방법. 3) 분위기를 통한 방법. 4) 무드(mood)를 통한 방법이 있으며,[24] 또 한편으로는 1) 액션(action)을 통한 주제파악, 2) 토운을 통한 주제파악, 3) 대단원(denouement)을 통한 주제파악, 4) 분위기(atmosphere)를 통한 주제파악이 있다.[25] 본고에서는 「메밀꽃 필 무렵」의 특수성에 비추어 플롯과 분위기를 통한 방법으로 작품의 내면적 구조를 중심으로 주제파악을 시도해 보려 한다. 애욕의 신비성, 부자상봉의 혈연, 자연에 대한 사랑, 이 셋을 개략적인 주제로 삼고 분석해 보려한다.

---

21) 김영기, 「이효석론」, 《현대문학》 1970.5
22) 이효석, 「현대단편소설의 상징」, 조선일보 1937.4
23) 유종호, 「서구소설과 한국소설의 기법」, 『한국인과 문학사상』(일조각, 1964), 271쪽
24) 이재선·신동욱, 『문학의 이론』(학문사, 1968)
25) 정한숙, 앞의 책, 68~79쪽

2) 애욕의 신비성

이효석 스스로가 말한 이 작품의 주제「애욕의 신비성」에 대해 음미해 보기 위해 효석 작품에 나타난 성, 곧 에로티시즘에 대해 먼저 알아보기로 한다.

주종연[26]은 효석의 문학이 그 후기에 오면「성」을 아주 깊게 다루며 모든 작품들이 마치 '성의 문제'를 구현하기 위해 쓰여진 것 같고, 애욕의 신비성 내지 해방면을 구명하려는 것이 작품의 의미였다고 하면서, D.H. Lawrence와 비교하였다. 정한숙[27]도 그의 후기문학을 요약하여 "자유에 대한 갈망과 현대문화의 고향인 구라파 및 구라파적인 것에 대한 동경과 향수가 효석의 Exoticism의 기조"라고 했다.

효석의 장편「화분(花粉)」을 살펴보기로 한다.

현마의 아내 세란은 남편의 동성애인 청년 단주와 불붙는 성관계를 하면서도 후회할 줄 모르며, 남편 현마 또한 처제 미란을 범하며, 미란은 단주와 동침하고 다시 음악교사 영훈과 결합하며, 단주는 식모를 범하는 등 어찌 보면 문란한 성관계를 타나낸 것 같으면서 사실은 인간 본연의 적나라한 성의 해방면을 추구한 작품이다.

이보다 2, 3년 앞서 나온 단편「분녀」(36년)「개살구」(37년)에서도 에로티즘이 엿보인다.

> 기운도 욕심도 감동도 사내란 사내는 다 일반이다. 마치 코가 하나요 팔이 둘인 것 같이 뛰어나지 못한 사내도 없고 몸을 가지고만 아는 한정에서는 그 누구가 굳이 싫은 것도 무서운 것도 없다. 명준에게 준 몸을 만갑에게 못 줄 것도 없고 만갑에게 허락한 것을 천수에게 거절할 것도 없다. 다만 부끄러울 따름이다. 벗은 몸을 본능적으로 가리우게 되

---

26) 주종연,「에로티시즘의 의미」,『현대문학작가연구』(민음사, 1976), 190쪽
27) 정한숙,「효석과 Exoticism」,『국어국문학』제15집, 1956

는 것과 같은 심정으로 그것은 여자의 한 투다. (「분녀」에서)

　형태는 아직 한번도 들여다보지는 않았으나 서울집에 대한 의혹이 생길 때는 불현듯이 정이 불꽃같이 타오르며 그를 만나고 싶은 생각이 우연히 솟아올랐다. 그럴 때에는 면장 운동보다도 오히려 더 큰 열정이 그를 송두리째 사로잡으며 서울집을 잃는다면 그까짓 면장은 얻어해 무엇하노 하는 생각조차 들었었다. (「개살구」에서)

　어떻게 보면 굉장히 부도덕한 것 같지만 효석문학에 있어서의 애욕은 죄의식의 부정에서 나오는 원죄의 찬가라 할 수 있다. '본능의 순수에의 환원'에 이르는 자연과 인간의 순수한 투영은 그러므로 목적과 이상으로 성욕을 출발시킨 D.H. Lawrence와는 전연 다른 방향이다.28) 그가 성문제와 서구적인 것에 관심을 쏟은 것은 영문학도라는 것과 1931년 생활이 궁핍하여 경무국 검열계에 잠시 취직하여 친구로부터 모독을 당한 후 처가가 있는 경성에서 영어교사를 하고서부터다. 근처에 있는 주을 온천의 자연의 아름다움을 문학의 배경으로 삼고 특히 백계노인(白系露人)을 중심한 외인별장지역인 노비나촌에서 느끼는 Exoticism에서다. 이러한 경향은 1934년(27세) 평양숭실전문학교 교수로 근무하면서 더욱 동경의 대상이 되었을 것이며 「분녀」(36년) 이후 「개살구」(37년) 「낙엽기」(37년) 「장미병들다」(38년)로부터 에로티시즘은 대두된다.29)

　그렇다면 「메밀꽃 필 무렵」에서는 에로티시즘이 어떻게 표현되고 있는가.

　　• 머리에 피도 안 마른 녀석이 낮부터 술처먹고 계집과 농탕이야.
　　• 너 녀석한테 반했지? 애숭이를 빨면 죄된다.

---

28) 김영기, 앞의 책
29) 김용성, 「현대문학사탐구」(국민서관, 1973)과 정한숙의 앞의 책

- 호탕스럽게 놀았다고는 하여도 계집 하나 후려 보지는 못하였다.
- 배를 좀 보지.
- 늙은 주제에 암샘을 내는 셈이야.
- 거기서 난데없는 성서방네 처녀와 마주쳤단 말이네. 봉평서야 제일 가는 일색이지. ―팔자에 있었나부지.
- 그러나 처녀란 울 때같이 정을 끄는 때가 있을까. 처음에는 놀라기도 한 눈치였으나, 걱정 있을 때는 누그러지기도 쉬운 듯해서 이럭저럭 이야기가 되었네. …… 생각하면 무섭고도 기막힌 밤이었다.

이상 직접적인 애욕과 관계되는 부분을 뽑아 보았다. 별로 성의 문제가 강렬히 제시되지 않고 있다. 애욕과 관계되는 부분이나 빈도도 너무 적다. 성서방네 처녀와의 정사도 '무섭고도 기막힌'의 두 낱말로 압축해 버렸다. 이러한 간접적이며 축약적인 표현을 보더라도 애욕 문제를 다루었다고는 보기 어렵다. 그렇다면 왜 작가자신이 「애욕의 신비성」을 주제로 삼았을까? 거기엔 몇 가지 원인이 있다.

첫째, 이 작품이 발표된 때가 효석의 문학이 한국적 자연의 아름다움의 리리시즘에서 성 문제를 중심적으로 다룬 에로티시즘으로 넘어가는 과도기적인 현상 때문일 것이다.

둘째로 단 한 번 있었던 로맨스를 애욕이라고 잘못 판단한 데 있다. 그것은 에로티시즘의 「분녀」가 「메밀꽃 필 무렵」보다 몇 달 전에 발표된 것과도 깊은 관련이 있을 것이다.

고로 '애욕의 신비성'은 '혈연의 신비성'과 같은 의미로 보아야 할 것이다.

신화비평가 프라이의 이론에 의하면 인간의 외계에 대한 태도를 두 가지로 보았다. 하나는 "이것이 좋다"고 하는 동일화의 상태와, 다른 하나는 "이것을 싫어한다"는 분리의 상태로 나눈다. 인간은 항상 유동적 가변적이기 때문에 영속불변적인 것을 원하는데 그 대상이 신이며 외계에 대해 동일성을 상실한 인간은 동일성을 회복하려는 충동이 있다. 이 충동에서 신화가 탄생했다고 한다.30) 효석의 시정신은 신화라고 볼 수 있다.31)

일반적으로 정신과 성은 전혀 다른 영역으로 인식되어 왔다. 그러나 프라이는 이 두 영역이 전혀 다른 영역이 아니라 동일한 영역이며 그 사이에는 상대적 차이가 있을 뿐이며, 둘은 전혀 다른 독립한 영역이 아니고 보다 성적인 것으로부터 보다 정신적인 것으로 하강하기를 바라는 충동이 있을 뿐이라고 했다. 또한 클라인은 에로티시즘의 두 가지 기능을 심층의식의 한계를 탐사해보려는 욕구와, 그럼으로써 자기 인식에 도달하려는 욕구를 만족시켜주는 것이라고 주장한다.32) 자기 인식은 동일성 확인의 행위이며, 이 동일성 확인이 외적인 대상으로 향하지 않고 내적인 자아로 향하고 있을 때 그것은 에로티시즘이 된다. 그러므로 애욕은 동일성을 회복하기 위한 것이며, 애욕의 신비성은 곧 혈연의 신비성이라 할 수 있다.

3) 부자상봉의 인연

부자상봉 내지 혈연관계를 고찰하기 위해 이 작품의 plot을 파악해 본다.

플롯이란 사건과 행동의 구조(structure of the action)로서, 소설의 설계라고도 부르고 있다. 플롯이란 한편의 소설을 효과적으로 제작하려는 의도의 반사며 작품을 성공시키는 논리33)다. 장면별로 요약해보면 다음과 같다.

---

30) N. Frye, 『The Education Imagination』 Bloomington, Indiana; Indiana University press, 1964 p.16
31) 유순영, 「이효석론」, 『현대작가론』(삼영사, 1999), 239쪽
32) Thomas Jefferson Kline Andrer, 『Metamorphosis of and Death』, Colombia University, press. 1983 p.32
33) 정한숙, 앞의 책, 111쪽

장면① 여름철 오후 봉평의 파장, 짐을 챙기며 허생원은 동업자 조선달과 내일의 대화장 그리고 충주집과 동이에 대한 얘기를 한다. (허생원과 조선달-오후-장터)

장면② 허생원과 조선달이 충주집으로 가니 동업자 애숭이 동이가 충주집과 농탕치고 있다. 허생원이 동이의 따귀를 때린다. 동이는 별다른 대거리도 없이 나가버린다. (허생원과 동이의 대결-오후-충주집)

장면③ 동이가 충주집에 와서 허생원에게 당나귀가 장터 각다귀들의 소행으로 바를 끊고 야단이라고 알린다. 장터로 온 허생원은 나귀를 어루만지고 각다귀를 쫓는다. 셋은 봉평장터를 떠난다. (허생원과 나귀-저녁무렵-장터)

장면④ 지난 20년 동안 허생원은 나귀와 더불어 장돌림을 했다. 충주 제천에도 갔다. 고향이 청주라고 하나 별로 가본 적이 없고 봉평장은 빼논 적이 드물었다. 젊은 시절 백중 때 투전에 번 돈을 다 털어버렸지만 나귀만은 몰고 도망쳐 나왔다. (허생원과 나귀-20년의 세월-장돌림)

장면⑤ 대화장으로 가는 달밤 산길, 허생원은 조선달의 귀에 못이 박히도록 했던 추억의 로맨스를 얘기한다. —메밀꽃이 오늘밤처럼 하얗게 핀 달밤, 목욕을 나갔다가 물방앗간 성서방네 처녀와 정을 나눈 과거. —이야기를 끝내고 옛처녀를 그리워 한다. (허생원의 과거 로맨스-달밤-물방앗간)

장면⑥ 밤길을 걸으며 허생원이 동이에게 충주집에서의 일을 사과함으로써 대화가 이뤄진다. 동이의 과거-제천에서 달도 차지 않는 아이를 낳고 어머니는 쫓겨났고 의붓아비를 얻어 술장사를 했는데 동이는 못 견뎌 열여덟에 집을 뛰쳐나왔다. —산길을 벗어나와 큰길로 접어들어 고개를 넘어 개울을 건넌다. 둘의 이야기는 계속된다. 동이가 어머니의 친정이 봉평이라는 것도 얘기한다. 개울을 건너다

물에 빠진 허생원을 동이가 업고 건넌다.(허생원과 동이의 대화-
동이의 과거-밤길)

장면⑦ 나귀가 다시 걷기 시작했을 때 동이의 채찍이 왼손에 있음을 확인
한 허생원은 걸음걸이가 가벼워졌고 방울소리도 청청하게 들렸다.
(허생원-혈육인지-밤길)

이상의 장면 일곱을 더 간략히 나누면 장면①②③의 봉평장터와 장면④
⑤의 과거 회상과 장면⑥⑦의 대화로 가는 밤길의 셋으로 나눌 수 있다.
위의 장면들을 J.C. Harris의 1도입(situation) 2전개(complication) 3위기(crisis)
4절정(climax), Brooks Warren의 1발단(exposition) 2전개(complicaton) 3절정
(climax) 4대단원(denouement)의 구성의 단계를 수용하여 살펴보기로 한다

1. 발단(exposition): 장면① 허생원과 조선달-여름의 오후-봉평장터.
2. 전개(complication): 장면② 허생원과 동이의 대결-여름의 오후-충주집.
   장면③ 허생원과 나귀-저녁무렵-봉평장터.
3. 회상(cutback): 장면④ 허생원과 나귀-20년의 세월-장돌림
   장면⑤ 허생원의 과거 로맨스-달밤-물방앗간
4. 위기(crisis): 장면⑥ 허생원과 동이의 대화-동이의 과거-밤길
5. 대단원(dencuement): 장면⑦ 허생원-혈육인지-밤길.

장면⑤는 일종의 episode[34]로서 허생원의 가장 아름다웠던 추억, 현실의
정신생활을 지배하는 로맨스로, 혈육의 근본 계기가 되는 사건이다. 장면
⑥의 위기는 일종의 갈등으로, 이것은 옛 처녀에 대한 회상과 동이가 어쩜
자기의 혈육일지도 모른다는 내면적 갈등이다. 장면⑦은 갈등이 해소되는
happy end의 대단원이다. 물론 암시적 표현이지만.

---

34) 김춘수, 「edisode의 역할」, 경북대문리대, 『어문논집』 제1집

전반부 장면①②③은 장면중심적 방법(scenic method)에 의한 구성이고, 후반부 장면④⑤⑥은 파노라마적 방법(panoramic method)에 의한 구성이다. 사실 이 작품은 장면④⑤의 회상을 빼고 나면 봉평장에서 대화장으로 가는 밤길의 단조로운 구성이다. 그래서 절정이 없고 극적 구성이 아니다. 구성면만으로 볼 때 이 작품은 장면⑦의 부자관계를 인지하는 혈연을 중심으로 짜여지고 있다.

3.1) 허생원과 동이

부자관계 곧 혈연을 향해 모든 pint가 맞추어져 있다. 먼저 둘의 대화 속에 드러나고 있는 복선의 기법을 알아보면—

첫째, 장면②에 충주집에서 동이에게 야단칠 때 "어디서 주워먹은 선머슴인지는 모르겠으나, 네게도 아비 어미 있겠지."

장면⑥에 "아비 어미란 말에 가슴이 터지는 것도 같았으나 제겐 아버지가 없어요. 피붙이라고는 어머니 하나 뿐인 걸요." "돌아가셨나?" "당초부터 없어요." "그런 법이 세상에……."

"부끄러워서 말하지 않으랴 했으나 정말예요. 제천촌에서 달도 차지 않은 아이를 낳고 어머니는 집을 쫓겨났죠 우스운 이야기나, 그러기 때문에 지금까지 아버지 얼굴도 본 적 없고 있는 고장도 모르고 지내와요."

"열 여덟 살 때 집을 뛰쳐나서부터 이 짓이죠."

"모친의 친정은 원래부터 제천이었던가?" "웬 걸요, 시원스런 말은 안해 주나 봉평이라는 것만은 들었죠." "그래 그 아비 성은 무엇이구?" "알 수 있나요. 도무지 듣지를 못했으니까." "그, 그렇겠지."

위의 대화는 둘의 거리감을 단축시켜 주며 동이에 대한 관심과 의혹, 나아가 어떤 일치감을 가져오게 한다. 곧 동이에겐 아버지가 없고 얼굴도 모른다는 것과 동이 어머니의 친정이 봉평이라는 것을 알 수 있다.

둘째, 장면⑤를 통해 20년 전 로맨스가 맺어진 곳이 봉평이라는 것과 동이의 나이와 일치한다는 것을 알 수 있다. 이러한 20년과 나이 관계는 장면③의 "장에서 장으로 걸어다니는 동안의 20년의 세월이 사람과 짐승을 함께 늙게 하였다." 또 장면④의 "드팀전 장돌림을 시작한 지 이십 년이나 되어도 허생원은 봉평장을 빼논 적이 드물었다."를 통해 행여 우연의 일치도 모를 자식(동이)에 대한 연상을 하게 된다.

셋째, 장면⑥의 물을 건너면서 동이에게 느끼는 이상한 육정-동이의 탐탁한 등어리가 뼈에 사모쳐 따뜻했다. 물을 다 건넜을 때에는 도리어 서글픈 생각에 좀더 엎었으면 하였다.-을 느낀다. 그러한 심경은 물을 건넌 후의 마지막 대화에서는 직접 확인하고 싶은 심정에 이른다. "내일 대화장 보고는 제천이다" "오래간만에 가고 싶어 동행하려나 동이?" 근자에 가지 않던 제천으로 가려는 것은 그것도 동이와 동행하려는 것은 동이의 어머니가 성서방네 처녀일 것이라는 심증을 눈으로 확인하기 위해서다.

장면⑥에서의 심화된 갈등이 실증으로 해소되는 것은 장면⑦의 "동이의 채찍은 왼손에 있었다."에서다. 허생원은 동이가 바로 자기 아들 곧 부자관계임을 인지하게 된다.

다음은 왼손잡이에 대한 복선을 살펴보기로 한다.

도입부 첫 장면에 "얼금뱅이요 왼손잡이인 드팀전의 허생원……"이라고 하여 온당치 못한 신체조건으로 쓸쓸하고 뒤틀린 인생임을 말한다. 장면③에서 장터의 각다귀들이 허생원을 놀려대기를 "쫓으려거든 쫓아보지 왼손잡이가 사람을 때려"한다. 각다귀들에게는 허생원이라기보다 왼손잡이로 통한다. 이것은 작가가 의식적으로 독자에게 허생원이 왼손잡이임을 명기시키기 위한 복선이다. 그래서 장면⑦ 대단원의 "동이의 채찍은 왼손에 있었다."에 필연성을 부여시킨다.

3.2) 허생원과 나귀

허생원에게 "일신에 가까운 것이라고는 한 필의 당나귀"뿐이므로, 그리고 "같은 주막에서 자고 달빛에 젖으면서 이십 년의 세월"을 보냈었으므로 사실 자기 자신과 같이 생각하는 동일시(identification)의 현상이 일어난다.

> "김첨지 당나귀가 가버리니까 온통 흙을 차고 거품을 흘리면서 미친 소같이 날뛰는 걸. 꼴이 우스워 우리는 보고만 있었다우. 배를 좀 보지."
> 아이는 앙돌아진 투로 소리를 치며 깔깔 웃었다. 허생원은 모르는 결에 낯이 뜨거워졌다. 뭇시선을 막으려고 그는 짐승의 배 앞을 가리워 서지 않으면 안되었다.

이러한 동일시의 현상은 「豚」에서도 마찬가지다. 종묘장에서 돼지의 교미 붙이는 것을 보는 식이가, 마음에 그리워하고 있는 분이를 생각하며 이렇게 말하고 있다.

> 분이의 자태가 눈앞에 떠오르자 식이는 말뚝에서 시선을 돌려 딴전을 보았다. "분이 고것, 지금 넌 어데 가 있는구."

당나귀는 이 작품에서 허생원의 분신이다. "가스러진 목뒤털은 주인의 머리털과 같이 바스러지고, 개진개진 젖은 눈은 주인의 눈과 같이 눈꼽이 흘렀다." 장면③의 이 글에서 허생원과 나귀는 묘한 대응을 이룬다. 곧 나귀 : 허생원, 목뒤털 : 머리털, 가스러진 : 바스러진, 개신개신 : 눈꼽을 흘렸다.

장면⑥에서는 나귀와 허생원의 대응이 더욱 강한 밀도로 은유되어 있음을 볼 수 있다.

"진종일 실수만 하니 웬 일이요, 생원."
조선달은 바라보며 기어코 웃음이 터졌다.
"나귀야. 나귀 생각하다 실족을 했어. 말 안했던가. 저 꼴에 제법 새끼를 얼었단 말이지. 읍내 강릉집 피마에게 말일세. 귀를 쫑긋 세우고 달랑달랑 뛰는 나귀새끼같이 귀여운 것이 있을까. 그것 보러 일부러 읍내를 도는 때가 있다네."

어찌 보면 허생원의 실족에 대한 변명은 동문서답같지만, 실족한 원인이 동이와 자기자신과의 어떤 맥 곧 혈연에 관한 생각 때문이므로 위의 허생원의 대답을 이렇게 대응시켜 볼 수 있다. 나귀-허생원, 강릉집 피마-성서방네 처녀, 나귀새끼-동이, 읍내-봉평장.
물론 이러한 대답은 허생원의 나귀에 대한 깊은 사랑, 혈육과도 같이 여기는 마음의 발로이지만, 나귀를 주인공으로 내세워도 스토리는 전개될 수 있다. 단 나귀새끼에 대한 복선을 만들어 둔다면.
"걸음도 해깝고 방울소리가 밤 벌판에 한층 청청하게 울렸다."
장면⑦ 대단원의 이런 상황은 나귀와 허생원이 함께 느끼는 것이다. "해깝다" "청청하다" "벌판" 등은 기분이 아주 좋아진 상태 곧 정서의 상승상태. 또한 여기서 우리는 '나귀'가 이 작품에서 가지는 비중을 그 표현된 빈도에 의해서도 알 수 있다.

허생원(생원, 왼손잡이, 사람, 어른도 포함)-24번
조선달-10번 동이-18번
성서방네 처녀(옛처녀, 처녀)-4번
나귀(당나귀, 짐승)-24번

3. 자연에 대한 사랑

자연은 작품에 있어서 가장 중요한 배경이 된다. 특히 「메밀꽃 필 무렵」과 같은 서정적 향토적인 작품에 있어서는 스토리의 표면이나 스토리의 현장에 깔린 자연적인 배경은 때로는 그 스토리보다 더한 역할을 하기도 한다. 배경으로서의 자연은 작품의 분위기를 형성하게 마련이다.

분위기를 형성하는 가장 중요한 요소는 배경이며, 배경의 일차적이고 본질적인 개념은 물질적 배경이며 이에는 자연적 배경과 사회적 배경이 있다. 자연적 배경은 주관적 자연(낭만적 배경)과 객관적 자연(사실적 배경)으로 나눌 수 있다.35)

그러므로 우리가 파악해야 할 것은 그 물질적 배경이 고찰한 작품의 정신적 배경이다. 그런 예는 정신분석학적 입장에서 바라본 이상의 「날개」에서 더욱 실감할 수 있다. 우리는 객관적 자연으로서의 「무녀도」에 있어서나 주관적 자연으로서의 「메밀꽃 필 무렵」에서도 그 표면에 깃들인 정신 내지 사상을 파악해야 되리라. 다 같은 1930년대이면서 여러 면에서 두 작품은 확연히 다르다. 「무녀도」는 주인공 모화가 사는 폐가가 배경으로 되어 있다. 「메밀꽃 필 무렵」에 설정된 배경은 1930년대 시골 여름의 파장 풍경의 일부와 나귀를 몰고 대화장으로 가는 여름의 밤길이다. 특히 그 밤길은 달빛과 더불어 세 사람이 나귀를 몰고 가는 산길, 큰길, 고갯길, 개울, 벌판—곧 한국의 아름다운 자연이다. 밤길의 아름다운 자연은 시적 경지를 불러일으킨다.

   길은 지금 긴 산허리에 걸려 있다. 밤중을 지난 무렵인지 죽은 듯이

---
35) 정한숙, 앞의 책, 172쪽

고요한 속에서 짐승 같은 달의 숨소리가 손에 잡힐 듯이 들리며, 콩포기와 옥수수 잎새가 한층 달에 푸르게 젖었다. 산허리는 온통 메밀밭에서 피기 시작한 꽃이 소금을 뿌린 듯이 흐뭇한 달빛에 숨이 막힐 지경이다. 붉은 대궁이 향기같이 애잔하고 나귀들의 걸음도 시원하다. 길이 좁은 까닭에 세 사람은 나귀를 타고 외줄로 늘어섰다. 방울소리가 시원스럽게 딸랑딸랑 메밀밭께로 흘러간다.

윗부분은 장면⑤의 과거 로맨스의 회상에 분위기를 조성하기 위한 밤길의 서정적 묘사다. 이것을 행과 연의 구분만 해 놓으면 곧 한 편의 서정시 또는 서사시가 된다.

길은
지금
긴 산허리에 걸려 있다.
밤중을 지난 무렵인지
죽은 듯이 고요한 속에서
짐승 같은 달의 숨소리가
손에 잡힐 듯이 들리며,
콩포기와 옥수수 잎새가
한층 달에 푸르게 젖었다.

산허리는 온통 메밀밭에서
피기 시작한 꽃이
소금을 뿌린 듯이
흐뭇한 달빛에
숨이 막힐 지경이다.
붉은 대궁이
향기같이 애잔하고
나귀들의 걸음도 시원하다.

길이 좁은 까닭에
세 사람은 나귀를 타고
외줄로 늘어섰다.
방울소리가
시원스럽게
딸랑딸랑 메밀밭께로 흘러간다.

이러한 시적 경지를 유진오는 "실제로 씨는 소설의 형식을 가지고 시를 읊은 작가라고 나는 생각한다. 씨에겐 수많은 아름다운 수필이 있지만 이것들은 정히 수필의 옷을 입은 시 그것이다"[36]고 했다.

나무와 숲, 하늘과 별, 맑은 공기와 물, 산새와 짐승이 좋아 자연귀의 하는 중실, 그는 땀흘려 일한 사경도 마다하고 산으로 들어간다. (「산」에서)

반나절 동안 두려움 없이 하늘을 똑바로 쳐다볼 수 있는 사람이란 세상에서도 가장 착한 사람이거나 그렇지 않으면 가장 용기 있는 악한이어야 할 것이다. 그렇게 푸른 하늘은 거룩하다. (「들」에서)

효석의 자연은 아름다운 한 폭의 그림이요, 그 그림 속에 작가 자신이 빨려 들어가 자연과 혼연일체가 되는 순수 그대로다. 이러한 순수자연애는, 그가 평창 봉평의 산골에 태어나 13세까지의 유년시절을 보낸 고향 산하에 대한 동경의 소산이다.

이러한 효석의 자연관은 고산 윤선도나 농암 이정보의 무위자연의 경지와 일맥상통하는 도가적 자연관[37]이다. 효석에 있어서 자연애의 또 하나

---

36) 유진오, 「작가 이효석론」, 앞의 책
37) 이성교, 「한국 전통시에 나타난 향토색 연구」, (성신여대 『연구논문집』 제13, 1980)에서 우리 시조문학에 나타난 자연관을 안빈낙도의 유가적 자연관과 무위자연의 도가적 자연관으로 나눴다.

의 특징은 성행위의 반도덕성을 의식하지 못하게 하고 오히려 순수화 신비화시켜 버리는 것이다.

> 밤중은 돼서 혼자 일어나 개울가에 목욕하러 나갔지. 봉평은 지금이나 그제나 마찬가지지, 보이는 곳마다 메밀밭이어서 개울가가 어디 없이 하얀 꽃이야. 돌밭에 벗어도 좋을 것을, 달이 너무 밝은 까닭에 옷을 벗으러 물방앗간으로 들어가지 않았나. 이상한 일도 많지, 거기서 난데없는 성서방네 처녀와 마주쳤단 말이네.

하얀 메밀꽃이 핀 개울가는 인연의 장으로 메밀꽃과 달빛은 로맨스를 맺게 하는 motive로 되고 있다. 깊은 상징과 은유로 되어 있다고 보고 이를 Freud의 정신분석 측면에서 보면 - 목욕하는 것도 하나의 카타르시스이므로 성행위에 접근시켜 애욕으로 볼 수 있고, 하얀 메밀꽃은 여체에, 그리고 밝은 달은 여성에, 물방앗간으로 들어감을 성행위로 볼 수 있다. - 하여간 아름다운 자연을 하나의 생동체로 보아 부끄러움을 느낀 허생원을 통해 효석의 자연애를 만끽할 수 있다.

「들」의 다음 장면에서도 이와 같은 것을 느낄 수 있다.

> 옥분의 그날 밤 인연이 어처구니없게 쉽사리 맺어진 것이 의심쩍은 것이었다. 아무 마음의 거래도 없던 것이 달빛과 딸기의 꾀임을 받아 그때 그 자리에서 금방 응낙이 되다니. 항용 거기에 이르기까지의 두 사람의 마음의 교섭이란 이야기 속에서 읽을 때에는 기막히게 장황하고 지리한 것이었는데 그것이 그렇게 수월할 리 있을까 들복판에서는 수월한 법인가.

또한 이 작품에서 자연애는 향수와 연계되어 나타나고 있다.

"옛 처녀나 만나면 같이나 살까. - 난 거꾸러질 때까지 이 길 걷고 저

달 볼테야."- 허생원의 인생관이 집중적으로 표현된 이 부분에서 "옛 처녀나 만나면 같이나 살까" 얼금뱅이에다 왼손잡이 장돌뱅이 허생원에게 오직 하나의 아름다웠던 추억. 그리고 그 추억에 대한 끝없는 미련과 기대감. 옛 처녀는 허생원에게 신비한 사랑과 가상적인 혈육에 대한 꿈마저 지니고 있다.

허생원은 만날 지도 모를 옛 처녀에 대한 그리움 곧 향수를 지니며 살아간다. "난 거꾸러실 때까지 이 길 걷고 저 달 볼테야" '거꾸러질 때까지'란 말에 약간의 정신적 좌절이나 불만을 느낄 수도 있지만 장돌뱅이로서는 평범하게 할 수 있는 말이요, 그 뜻은 종생토록 장돌뱅이로 자연과 벗하며 나귀와 더불어 살리라는 뜻이다. "장에서 장으로 가는 길의 아름다운 강산이 그대로 그에게는 그리운 고향이었다." 사실 허생원의 마음의 고향은 옛 처녀와의 로맨스가 있었던 봉평이며 장에서 장으로 다니는 아름다운 자연 그 자체인 것이다.

배경은 인물과 행동의 진실성을 증가시킨다. 소설의 배경은 소설의 일반적 의미에서보다 직접적인 관계를 가질 수 있다. 배경은 적당한 분위기를 창조하는 것 이상으로 보다 명확한 의도를 위해 작용하는 경우가 많다.38)

우리는 「메밀꽃 필 무렵」에서 한국적 자연의 아름다운 배경이 분명 의도적이며 효석의 '자연에 대한 사랑'의 구현임을 알 수 있다.

다음엔 이 작품의 분위기와 관계되는 언어환경에 대해 살펴보면-

1. 삼도에 걸친 사투리는 시골적 토속적인 정취를 느끼게 한다.
   -애시당초(애당초). 츱츱스럽게(칩칩스럽게). 나꾸어(낚아). 해깝게

---

38) 이재선·신동욱, 앞의 책, 114쪽

(가볍게).
2. 효석 자신의 의도적인 조어 곧 개인어가 상당히 쓰여지고 있다.
    —부락스럽다(우락부락과 연관). 개진개진(구질구질한+물기있는). 투르르거리다(투르르+거리다). 빼짓이(빼죽이).
3. 속어·비어가 등장인물과 조화를 이룬다.
    —인물의 이름인 생원·선달·동이, 각다귀·나무꾼패·축들·대거리 등.
4. 대화를 간접적으로 하여 지문에다 포함시켜 버려 허생원 곧 작가라는 친근감을 가져오는 표현수법이다.

효석은 전기에서는 동반작가로 치열성이나 목적성이 투철하지 못하였고, 프로문학의 탄압과 동시 전향한 후기에 오면 에로티시즘(성애), 자연에 대한 사랑, 엑조티시즘이라는 세 가지를 추구하게 된다.[39]

4. 맺음말

20여 년 전 기이하게 맺은 하루 밤의 인연, 그 로맨스를 마음에 그리며 아름다운 강산을 고향처럼 여기며 장돌림 하는 허생원의 순수한 사랑, 혈육일지도 모를 동이와 대화로 가는 80리 밤길, 하얀 메밀꽃으로 뒤덮인 산야는 허생원의 마음의 고향이다. 시적이고 서정적인 문체, 향토애, 치밀한 구성 등은 이 작품을 한국 단편의 백미로 간주하게 한다.
이 작품에 있어서 주제의 모호성은 사실상 아름다운 자연의 분위기가

---

[39] 유순영, 「이효석론」, 『현대작가론』(삼영사, 1999), 245쪽. 그외 이효석 연구가들도 공통된 의견이다.

주류되어 묻혀버린 것에 있다.

　주제는 다음과 같이 결론 내릴 수 있다.

　첫째, 작가 스스로 말한 '애욕의 신비성'은 주제로서 타당성이 결여된다. 이것은 신비스러웠던 옛 처녀에 대한 그리움 곧 옛사랑에 대한 향수로 보아야 한다.

　둘째, 스토리와 플롯 면에서 보면 '부자상봉의 혈연'이 주제다.

　셋째, 작품의 소재 배경 분위기로 보면 자연애가 주제가 된다.

　위의 셋을 포괄할 수 있는 가장 종합적이고 타당한 주제는 '인간 본연에 대한 향수'라고 단정할 수 있다.♠

김유정

　주옥같은 작품 「봄·봄」과 「동백꽃」의 작가 김유정(金裕貞, 1908~1937)은 강원도 춘천군 신남면 실레마을에서 태어나 만28세로 요절한 전형적인 단편 작가다. 어린 나이에 부모를 잃고 방탕한 형님 아래에 자란 유정은 휘문고보와 연희전문을 다녔다. 1929년 휘문고보를 졸업하고 사직동 둘째 누나 집에 기거할 때는 연상의 명창 박녹주를 짝사랑 하기도 했다. 1931년에는 고향 실레로 낙향하여 야학당을 개설했고 농우회를 조직하여 '금병의숙'으로 개칭하기도 했다. 이때 당시로는 불치병인 폐병에 걸렸다.
　1935년 조선일보 신춘문예에 「소나기」가, 조선중앙일보 신춘문예에 「노다지」가 당선되어 혜성처럼 문단에 나타났다. <구인회>의 후기 동인으로 가입하기도 했고, 곧 이어 「금따는 콩밭」 「만무방」 「봄·봄」 등을 발표했으며 1936년 폐결핵이 악화되어 영면했다.

김유정의 생애와 문학
— 자전소설을 중심으로

1. 머리말

1) 무엇을 말하려는가

"난 사람의 키가 무럭무럭 자라는 줄만 알았지. 붙배기 키에 모로만 벌어지는 몸도 있는 것을 누가 알았으랴"(「봄·봄」)

"빙모님은 참새만한 것이 어떻게 애를 낳지유?"(「봄·봄」)

점순이의 "이 바보 여석아!" "얘! 너 배냇병신이지?" "얘 느 아버지가 고자라지?" 하자, 얼뻥한 나는 "뭐 울아버지가 그래 고자야?" 하고 대답한다.(「동백꽃」)

— 이런 말들은 유정의 작품을 읽은 지 수년이 지나도 잊혀지지 않을 것이다.

그리고 조금 고급 독자라면, 막돼먹은 인간 곧 파렴치한인 만무방이 되어버린 농민 응칠과 응오 형제를 주인공으로 하는 「만무방」에서, 응칠이가 가난 때문에 손수 세간 물목을 적어놓고 빚을 갚을 길 없어 도망한다며 빚쟁이에게 보라고 써 붙인 글, 도박과 절도로 전과범이 된 응칠은 동생 응오 집에 의탁해 살면서 동생의 소작하는 논에 벼가 없어지자 밤에 망을 보던 형 응칠은 도둑을 잡고 보니 바로 논 주인인 동생 응오인 것이다. 추수해 보았자 빚만 늘어갈 것이니 벼를 베지 않았고 자기 논의 벼를 훔친 것이다.

− 이 장면을 잊지 못할 것이다.

흔히들 김유정을 혜성처럼 나타났다가 혜성처럼 사라진 작가. 민중의 해학정신을 샘솟게 하고 향토의 서정을 활활 타오르게 한 작가. 암흑의 시대에 우리 겨레의 가난한 사람들을 뿌리깊고 다양한 토속어로 진솔하게 그려낸 작가라고 찬양하고 있다.[1]

김유정(1908~1937)은 29년의 생애를 살면서 소설을 발표한 것은 1933년부터 운명하던 1937년까지 불과 4,5년 동안이었다. 1935년에 조선일보 신춘문예에「소나기」가 당선되고 같은 해에 조선중앙일보 신춘문예에「노다지」가 가작으로 입선되어 등단했다. 그 후 3년 동안 단편소설 29편[2]과 미완성의 장편「생의 반려」를 발표했다.

김유정이 중점적으로 다루어온 것은 머슴과 소작인, 유랑인, 거지, 들병이 등 당대의 하층민의 삶이다. 그런데 이들의 모습을 분노와 저항이 아닌 해학으로 그려냈다는 것이 김유정 소설의 특징이다. 그래서 김유정은 이상과 박태원 이효석과 함께 1930년대의 대표적인 작가로 손꼽히고 있다.

---

1) 김영기,『김유정 − 그 생애와 문학』(지문사, 1992), 12~13쪽
2) 박정규,「김유정 작품목록」,『김유정 소설과 시간』(깊은샘, 1992), 255~256쪽 참조
  미완성 작품인 장편「생의 반려」와, 사후에 발표된「정분」(월간 ≪조광≫ 1937.5)은
 「솥」(≪매일신보≫, 1935.9.3~14)의 초고에 해당되므로 이 둘을 제외하면 단편은 29편

영국의 시인 예이츠는 일기장에 "가면 뒤에는 항상 살아있는 얼굴이 있다."라고 쓰고 있다. 이는 시작품 뒤에는 시인이 필연적으로 항상 있을 수밖에 없다라는 말을 달리 표현한 것일 따름이다.[3]

본고에서는 김유정에 대한 간단한 연구사와 문학적 특징을 알아본 후, 본론에 들어가서 김유정의 생애와 그 생애가 직접 반영된 작품 곧 자전소설을 중심하여, 김유정의 성격과 사랑과 가족관계를 살펴보고 작가의 삶이 문학에 어떻게 반영되고 있나를 고찰해 보려 한다.

2) 연구사와 문학적 특성

2.1) 연구사

김유정에 대한 본격적인 연구는 1960년대에 와서야 진행되었다. 현실 인식에 대한 문제와, 작가, 작품, 미학 문제에 대한 연구로 나뉘어 연구되었다.

먼저 현실 인식에 대한 연구는 두 가지 방향으로 나누어진다. 하나는 김유정이 당대에 대한 객관적인 현실을 보여준다는 연구[4]와, 그와는 달리 현실 인식이 추상적이라는 평가[5]다. 곧 초기의 백철, 조연현, 윤병로, 김우종, 구인환, 이재선 등이 주로 그의 문학에 나타난 해학성과 미학적 측면을 중시하되 그의 사회의식 내지 윤리의식을 비판 혹은 부정하였는데 반

---

[3] Leon Edel, Literary Biography, 김윤식 역, 『작가론의 방법』(삼영사, 1994), 96쪽
[4] 김병익, 「땅을 잃어버린 시대의 언어」, 전신재 편, 『김유정 소설의 전통성과 근대성』
  (한림대출판부, 1997)
  서종택, 「김유정 소설의 현실 인식」, 전신재 편, 앞의 책
  장현숙, 「김유정 문학의 특질고—작중인물의 도덕의식과 작가의 현실인식을 중심으로」(경원전문대논문집』 18집, 1996)
[5] 이선영, 「민중문학과 자기인식」(전신재 편, 앞의 책)
  김윤정, 「김유정 소설 연구」(서울대 석사논문, 1996)
  강심호, 「김유정 문학의 위반의식 연구」(서울대 석사논문, 2001)

하여, 신동욱, 김병익, 김윤식, 김현, 김주연 등은 현실인식을 높이 평가하고 있다⁶)는 것이다.

조금 방향을 달리 하여 인간이 한계상황에 처했을 때의 존재방식에 대한 연구7)도 있다.

김유정 소설에서는 인물들 사이의 의사소통이 단절되어 있고 윤리적 규범이 자리잡지 못하여 타자와의 정서적 단절과 무관심을 가져오게 되는데 이는 살아남기 위한 최소한의 자아의 특징이다.「아내」「솥」「소나기」「땡볕」에서는 아내를 교환의 대상으로 삼아 자신의 안위를 도모하려는 남편의 행동이 중심이 되고 있기8)도 하다.

일반적인 작가론으로는, 윤병로9) 김영기10)의 「김유정론」, 신동욱의 「김유정고」11), 김주연의 「유머와 초월」12), 이재선의 「김유정 작품세계의 이면성」13), 한용환의 「김유정론의 반성」14), 이상옥의 「김유정 연구」15), 한상무의 「반어적 방법과 반어적 비견」16) 등이 있다.

그리고 작품론으로는, 정한숙의 「해학의 변이」17), 김영화의 「김유정의 소설 연구」18), 서정록의 「작품에 투영된 작가의 심층의식」19), 이주

---

6) 김봉군, 「김유정론」, 『한국현대작가론』(김봉군 외, 지문사, 1997), 611쪽
7) 김혜영, 『김유정 소설에 나타난 욕망의 의미』(『현대소설연구』 제17집(한국현대소설학회, 2002.12)
8) 김혜영, 앞의 논문, 앞의 책, 103~104쪽
9) 윤병로, 「김유정론」(현대문학 63호, 1960.3)
10) 김영기, 「김유정론」(현대문학 153호, 1967.9)
11) 신동욱, 「김유정고」(현대문학 169호, 1969.1)
12) 김주연, 「유머와 초월」, 『문학비평론』(열화당, 1974)
13) 이재선, 「김유정 작품 세계의 이면성」, 『한국단편소설연구』(일조각, 1975)
14) 한용환, 「김유정론의 반성」(현대문학 279호, 1978.3)
15) 이상옥, 「김유정 연구」, 『해강 이선영교수 화갑기념논총』(1990)
16) 한상무, 「반어적 방법과 반어적 비견」, 『연구논문집』 제9집(강원대, 1975)
17) 정한숙, 「해학의 변이」, 『인문론집』 17호(고려대, 1972)
18) 김영화, 「김유정의 소설 연구」, 『어문론집』 16호(고려대, 1975)
19) 서정록, 「작품에 투영된 작가의 심층의식」, 『동대논총』 6집(1972)

일의 「유정 문학의 향토성과 해학성」[20]과 「김유정 소설의 등장인물에 대한 고찰」[21] 「김유정 소설 연구」[22], 김형민의 「바보형 인물의 유형 연구」[23], 조건상의 「김유정론-'만무방'에 나타난 역설의 미학」[24], 김혜영의 「김유정 소설에 나타난 욕망의 의미」[25] 등이다.

그리고 소설미학이나 문체와 기법에 대한 연구로는 구인환의 「김유정의 소설의 미학」[26], 윤홍로의 「김유정의 소설미학」[27], 김상태의 「김유정과 해학의 미학」[28], 장경탁의 「한국 근대소설의 순환구조고」[29], 유인순의 「유정의 그물」[30] 등이 있다.

그 외 생애를 중심한 작가론으로는 김영수의 「김유정의 생애」[31]와 김영기의 「김유정-그 문학과 생애」[32]가 있다.

2.2) 문학적 특성

김유정 소설의 특성으로는 첫째, 그 배경은 산골 농촌과 도시인 서울이 중심이다.

가난한 농촌 현실 속에서 원시적인 순박성을 지니고 살아가는 우직

---

20) 이주일, 「유정 문학의 향토성과 해학성」, 『국어국문학』(1980)
21) 이주일, 「김유정 소설의 등장인물에 대한 고찰」, 『논문집』제3집(상지대학, 1982)
22) 이주일, 「김유정 소설 연구」(명지대학교 박사학위논문, 1991)
23) 김형민, 「바보형 인물의 유형 연구-김유정 소설을 대상으로」, 『어문교육논총』제13·14합집, (부산대 국어교육과, 1994)
24) 조건상, 「김유정론-'만무방'에 나타난 역설의 미학」, 『한국현대소설가론』(태학사, 2001)
25) 김혜영, 「김유정 소설에 나타난 욕망의 의미」, 『현대소설연구』17호, (한국현대소설학회, 2002.12)
26) 구인환, 「김유정의 소설의 미학」, 『양주동박사 고희기념논문집』(1973)
27) 윤홍로, 「김유정의 소설미학」, 『국어국문학』68·69합병집(1975)
28) 김상태, 「김유정과 해학의 미학」, 『한국현대소설사 연구』(이재선 외, 민음사, 1984)
29) 장경탁, 「한국 근대소설의 순환구조고」, 『성대문학』25집(1987)
30) 유인순, 「유정의 그물」, 『인문학연구』31집(강원대, 1994)
31) 김영수, 「김유정의 생애」(전신재 편, 『김유정전집』, 한림대출판부, 1987)
32) 김영기, 『김유정-그 문학과 생애』(지문사, 1992)

한 인간형을 해학적인 혹은 서정적인 필치로 그린 작품들로는「소나기」「산골나그네」「노다지」「금따는 콩밭」「떡」「만무방」「산골」「봄·봄」「총각과 맹꽁이」「아내」「가을」등이다.

도시 하층민의 궁핍한 삶을 그린 도시(서울)를 배경으로 한 작품은「슬픈 이야기」「옥토끼」「야앵」「땡볕」「따라지」「정조」「봄과 따라지」「연기」「심청」「두꺼비」등의 작품으로 작중 인물은 농촌인 고향을 떠나 서울로 흘러온 떠놀이의 가난한 군상들이 주류를 이루고 있다.

그리고 광산촌을 배경으로 한 금광 모티브 작품으로는「노다지」「금따는 콩밭」「금」세 편이 있다.

김유정 소설의 둘째 번 특징으로는 윤리의식의 부재와 매춘 행위다.

「소낙비」의 춘호는 노름꾼으로 노름 밑천을 마련하기 위해 아내를 부자인 이 주사에게 보낸다.「가을」의 복만이는 아내를 돈 받고 팔아버린 후 빼내어 같이 도망한다.「만무방」의 기호도 아내를 판 돈으로 노름하다 날려버린다.「산골 나그네」의 여자는 홀몸인양 속이고 총각 덕돌이에게 몸을 팔고는 남편과 도망한다. 그 외에도「솥」「정조」에도 매춘행위가 등장한다.

김유정 소설의 셋째 번 특징은 해학과 아이러니다.

서구적인 웃음은 이성과 합리성의 균형이 깨어졌을 때 발생하는데 김유정의 경우는 해학과 체념이 한국적인 전통과 상관을 맺고 있다. 18세기 후반에 발생한 일련의 평민소설, 또는 판소리계 소설과 관련되어 있다.

풍자와 해학은 골계의 하위개념으로서 모두 개인이나 사회의 결점과 모순을 그 대상으로 하고 있다. 사회의 모순 구조에 대하여 표면적이든 이면적이든 공격하고 개선하려는 의도를 갖고 있는 것이 풍자와 해학의 공통적인 기반이다. 그러나 풍자는 항상 대상이 존재하며 또한 비판한다. 풍자가는 그 대상을 향하여 항의하고 공격하려는 자세를 견지한다. 그러나 김유정의 소설은 공격과 비판을 표면에 내세우지 않는다. 오히려 인간적인 애정이 담긴 웃음을 통하여 세상을 바라보고 있다. 해학(humour)은 불합리나 모순을 드러내기는 하되 한층 넓고 깊게 통찰하여 동정적으로 감싸주는 것이다.33)

풍자는 공격·비판·교정·개량의 영역이며, 해학은 너그러움·애정·포용·동정의 영역이다.34) 해학은 쉽게 말하면 익살스럽고 품위 있는 웃음이다. 물론 풍자와 같이 그 원인은 모순과 불합리에 대한 저항에서 출발하지만 해학은 열등의식과 체념의 희화성에 있다. 판소리 흥부전과 맥이 닿는 한국적인 체념의 웃음이다. 「산골 나그네」 「총각과 맹꽁이」 「봄·봄」 「금따는 콩밭」 「땡볕」 등에서는 주인공의 기대와는 어긋나 버리는 상황의 아이러니가 공통적으로 드러나고 있다. 이들 주인공의 욕망의 대상은 여자이거나 돈인데 그것을 성취하려다 모두 실패한다. 김유정의 해학은 현실의 중압감이나 고통으로부터 일시적으로 해방시켜주는 효과를 주는 수단이며 또는 웃음과 연민으로 현실의 고통을 해소하는 방책35)으로 볼 수 있다.

요약하여 김유정의 작품들은 30년대 식민지 시대의, 사회적 경제적으로 버림받고 소외된 인물군을 통하여 당대 한국 농촌 사회의 현실과 하층농민 및 빈민들의 생존 양식을 극명하게 보여주고 있다.36)

그의 소설에 등장하는 인물들은 한결같이 어리석고 가난하고 무지몽매하다. 그 무대가 농촌인 경우는 가난한 소작인 머슴 내지 이농민 혹은 들병이가 되고, 도회지인 경우는 노동자 내지 여급이다.

---

33) 이어령, 「해학의 미적 범주」 ≪사상계≫ (1958.11, 284~295쪽)
34) 박세현, 『김유정의 소설 세계』(국학자료원, 1998), 105쪽
35) 신동욱, 「김유정고」(현대문학 169호, 1960.1). 이재선, 「김유정 작품세계의 이면성」, 『한국 단편소설연구』, 247~248쪽
36) 김영화, 「김유정론」(현대문학 259호, 1976.7, 288~289쪽)

2. 자전 소설

자전적 소설(autobiographical novel)은 본질적으로 고백 형식이다. 작가의 개인적 정황이 고백의 형식을 취하여 허구로 변용되었을 때 이를 자전소설(自傳小說)이라 할 수 있을 것이다.[37] 그리고 1920년대와 30년대에 씌어진 이를테면 현진건의 「빈처」나 채만식의 「레디 메이드 인생」 같은 신변소설 내지 사소설과 그 맥이 닿는다. 자전적 요소가 강하므로 자연적으로 고백 형식을 취한다. 자전소설에는 대체로 지적인 인물이 등장한다. 작가는 왜 자전소설을 쓰는가? 그건 화가들이 자화상을 그리듯이 작가 자신에 대한 이해와 자아의 탐구에 있을 것이다.

흔히들 근대소설의 근본 목적은 인간탐구 내지 인간의 발견에 있다고 한다. 인간탐구는 바꾸어 말하면 성격의 창조이다. 그러므로 등장인물[38]을 통하여 그 소설의 특성을 그 작가의 삶과 관계하여 규명해 보는 것은 매우 가치 있는 일이다.

김유정 작품 속에는 곳곳에 주인공이나 부인물들이 유정 자신의 분신으로 나타나고 있다. 어떻게 보면 몇몇 작품들은 유정의 자화상이라고 할 수 있다.

---

[37] 조남현, 『소설원론』(고려원, 1982) 310~311쪽
[38] 이주일, 「김유정 소설의 등장인물에 대한 고찰」, 『논문집』 제3집(상지대학, 1982)
이 논문에서는 6가지 유형으로 분류한 것 이외에 같은 인물이 유정의 여러 소설에 등장하는데 다 공통된 성격을 띠고 있다고 했다. 「봄·봄」과 「동백꽃」의 점순이는 당돌하고 야무진 외향형의 여성으로, 「봄·봄」「아내」「솥」「총각과 맹꽁이」의 뭉태는 건달로, 「금」과 「땡볕」의 덕순이는 우직하고 병신스런 인물로, 「야앵」「봄밤」「따라지」의 영애는 카페 여급으로.
김유정 소설의 등장인물의 6가지유형은, 우직하고 소박한 인간형·이기적이며 타산적인 인간형·탐욕과 아집의 인간형·희생적이며 순박한 한국적인 인간형·의지가 있는 외향성의 여인들·수다하고 약삭빠른 아부형(요부형).

김유정의 개인적인 정황을 고백의 형식을 취하여 발표된 자전소설로는 「심청」「형」「두꺼비」「따라지」「연기」「슬픈 이야기」「생의 반려」 등을 꼽을 수 있다. 이러한 자전소설이 김유정의 개인적인 삶과 얼마나 일치하고 있는가를 먼저 살펴보기로 한다.

이러한 자전소설은 3인칭 시점을 쓰거나 작중 인물들의 회화를 통해서 작가와 관련된 실제의 정보를 소설적인 허구란 장치를 통해 변용·굴절시켜 놓고 있다.

자전소설은 작가의 생애와 밀접한 연관이 있으므로 먼저 김유정의 간추린 생애[39]를 기록하기로 한다.

1) 간추린 생애

김유정은 1908년(1월11일) 춘천부(춘성군) 남내이작면(신동면) 증리(실레) 427번지에서 2남 6녀 중 일곱 번째로 탄생했다. 실레는 금병산과 삼악산이 둘러있으며 마을 앞으로는 북한강의 지류인 신연강이 흐르고 있다. 이 곳은 유정의 조상이 대대로 살아왔으며 아버지 김춘식은 지주로 서울(종로)에다 좋은 집을 가지고 있을 정도로 부자였다. 어머니는 청송 심씨로 유정의 외가는 바로 옆 동내면의 학골이었다.

1914년 가을에 서울(종로구 운니동, 일명 진골)로 이사를 했다. 7세(1915)에 어머니를, 9세에 아버지를 사별하고 관철동 형의 집으로 가서 3년간 한학공부를 한 후 12세(1920)에 재동보통학교에 입학한다. 15세(1923)에 휘문

---

39) 김유정의 생애는 다음의 김유정의 대표적인 전기 4권을 참조로 하여 요약한다.
  1) 평론가 김문집의 「김유정의 예술과 그의 인간 비밀」(《조광》, 1937.5)
  2) 김유정의 동급생이요, 문학 친구인 안회남이 쓴 「겸허-김유정전」(1939년 《문장》지 10월호에 게재. 120매 분량).
  3) 김유정의 조카 김영수가 쓴 「김유정의 생애」(전신재 편, 『김유정전집』, 한림대출판부, 1987)
  4) 평론가 김영기의 『김유정-그 문학과 생애』(지문사, 1992)

고보에 들어가 급우 안회남(신소설 작가 안국선의 아들)과 친하게 되고, 졸업하던 해인 21세(1929)에 집안이 모두 춘천 실레로 이사한다. 1930년 연희전문에 입학한다. 그때에 명창 박녹주를 짝사랑한다. 늑막염이 생기고 건강이 나빠진다.

1931년 연희전문을 중퇴하고 보성전문에 입학하였으나 곧 자퇴한다. 1932년 24세 때 고향 실레로 낙향하여 야학당을 건립하고 농우회란 모임을 만든다. 질병과 형의 파산으로 불안한 생활을 하다가 이듬해 25세때 충청도 예산의 금광 등에 전전한다. 안회남의 권유로 소설을 쓰기 시작하여 1932년에 「심청」을 탈고한다. 시대 순서대로 작품을 중심하여 행적을 살펴본다.

1933년에 안회남의 주선으로 「산골 나그네」를 《제일선》에 발표한다. 실레에다 금병의숙을 열고 조카 김영수와 조명희와 더불어 문명퇴치운동을 한다. 「총각과 맹꽁이」를 탈고하여 《신여성》에 발표한다. 가을에 폐결핵 진단을 받는다. 그해 가을에 이석훈, 채만식, 박태원을 만난다. 사직동에서 혜화동으로 이사한다. 1934년에 「정분」(「솥」과 내용이 유사) 「만무방」, 「애기」, 「노다지」, 「소나기」를 탈고한다. 1935년에 조선일보에 「소나기」가 중앙일보에 「노다지」(가작)가 당선되어 문단의 각광을 받는다. 잇달아 「금」, 「금따는 콩밭」, 「떡」, 「산골」, 「솥」, 「봄·봄」, 「아내」, 「따라지」, 「봄과 따라지」, 「가을」 등을 발표한다.

1936년 28세 때 「봄밤」, 「이런 음악회」, 「동백꽃」, 「야앵」, 「옥토끼」, 「정조」, 「슬픈 이야기」, 「생의 반려」(미완성 장편)를 집필한다. 이 해에 박봉자를 사랑한다. 그 다음해인 1937년 폐결핵이 심해져서 김문집의 병고작가 구조운동이 일어나기도 한다. 경기 광주의 다섯째 누나(홍선) 집에서 요양한다. 「땡볕」, 「연기」를 집필한다. 「두포전」, 「형」이 사후인 39년에 발표된다. 1937년 3월 29일 오전 5시에 운명한다. (1968년 의암호반에 김유정 비가 건립되고, 1969년 3월 29일에 "김유정 문학의 밤" 행사가 시작되고, 1978년 3월 29일 고향 실레 마을 야학당 앞에 김유정 기적비가 세워진다.)

2) 작품 속의 김유정

2.1) 김유정의 성격

김유정의 대표적인 소설 「봄·봄」「동백꽃」「만무방」「소나기」「노다지」 등에 등장하는 주인공들은 한마디로 우직하고 순박한 촌놈이라 할 수 있다. 성격은 타고난 유전적 기질과 후천적 환경 요인에 의해 형성된다. 「봄·봄」의 나, 「동백꽃」의 나, 「만무방」의 응칠이 응오, 「소나기」의 춘호, 「노다지」의 덕순이는 우직하고 순박하다.

유정이 왜 소설을 쓰기 시작했는가?

김유정이 이때 소설 쓰기에 몰두한 것은 두 가지 이유다. 하나는 무엇엔가에 몰두하여 자기 자신과 가정, 그리고 이 세상을 잊지 않으면 안 된다고 생각했기 때문이다. 또 하나는 가난에서 벗어나는 길 곧 돈을 벌기 위해서였다. 소설 쓰기는 자신을 구원하는 유일한 길이라고 생각했다.[40]

그 당시 유정은 누님에게 얹혀 살았으며 누님으로부터 잔소리와 학대를 받았다. 가정적으로 불행했던 22세부터 안회남의 적극적인 권유로 소설을 쓰게 되었다.

유정이 최초로 쓴 습작 소설 「심청」은 24세인 1932년 6월 15일에 탈고했다.(발표는 1936년 ≪중앙≫) 그리고 그 다음해 1월에 「산골 나그네」를 8월에는 「총각과 맹꽁이」를 탈고했다. 이들 작품은 서로 유사성이나 그 연결성을 지니고 있다.

---

40) 김영기, 앞의 책, 125쪽

「심청」은 아주 짧은 소설(18매 정도)로 내용은, 종로에 나갔던 주인공이 거지에게 잡혀 한푼 달라며 졸라대는 바람에(사실은 자기도 거지신세이기 때문에) 난처함을 당하고 있는데 그때 고보 때 친구가 나리(벼슬아치)가 되어 나타나 위급함으로부터 구해준다는 이야기다.

> 그러나 종로가 마음에 들어서 거니느냐 하면 그런 것도 아니다.……
> 말하자면 그의 심청이 별난 것이었다 팔팔한 친구가 할 일은 없고 그
> 날 그날을 번민으로만 지내곤 하니까 나중에 배짱이 돌아앉고 따라서
> 심청이 곱지 못하였다.…… 그가 어슬렁어슬렁 종로로 나오니 그의 양
> 식인 불평은 한두 가지가 아니었다.…… 허나 무엇보다도 그의 비위를
> 상해주는 건 첫째 거지였다.…… 세월이란 무언지 장래를 화려히 몽상
> 하며 나는 장래 〈톨스토이〉가 되느니 〈칸트〉가 되느니 떠들며 껍적이
> 던 일이 어제 같건만 자기는 깍 주체궂은 밥통이 되었고 동무는 나리
> 로…….41)

직장도 없고 할 일도 없고 늦잠이나 자고 정오 때쯤 종로로 어슬렁거리다가 거지를 만나고 출세한 친구를 만나는 괴로운 심청을 그렸다. 소설이라기보다 수필에 가까운 자신의 심경이다. 박녹주를 짝사랑하다 툇자를 맞은 아픔과 고향에서 야학을 하던 것도 치우고 새 생활을 위해 서울로 올라왔다. 유정은 누나에게 의지해 살았다. 형님(김유근 20세 연상)은 난봉과 술로 천석꾼의 재산을 다 없앴다. 유정은 서울로 올라와 갈 곳이 없어, 이혼하여 혼자 살면서 피복 공장에 다니는 사직동 둘째 누나(유형)의 단칸방에 살았다. 유정이 형으로부터 조금 분배받은 돈도 다 써 버려 빈털터리가 되었다. 이 때의 자신의 심경을 쓴 것이 「심청」이다.

「따라지」는 1935년 11월 30일에 탈고한 작품인데 유정이 누님에게 얹혀 살던 사직동 꼭대기 달동네 사는 사람들의 이야기다.

---

41) 단편 「심청」, 『정통한국문학대계』 8권 (어문각, 1988), 387~388쪽

"이런 제길헐, 우리 집은 언제나 수리를 하는 겐가 해마다 고친다. ……사직골 꼭대기에 올라붙은 깨웃한 초가집이라서 싫은 것도 아니다. 납작한 처마 끝에 비록 묵은 이엉이 무데기 무데기 흘러나리건 말건, 대문짝 한짝이 삐뚜루 되건 말건 장뚝 뒤의 판장이 아주 벌컥 나자빠져도 좋다. 참말이지 그 놈의 벽 옆에 뒷간만 좀 고쳤으면 원이 없겠다……." (「따라지」, 앞의 책, 445쪽)

"선생님! 저 연애 편지 하나만 써 주셔요."
아끼꼬가 톨스토이를 찾아가면,
"저 그런 거 못 씁니다."
"소설 쓰는 이가 그래 연애편지를 못 써요?" 하고 어안이 벙벙해서 한참 쳐다본다. (「따라지」, 앞의 책, 451쪽)

김유정 자신을 글 쓰는 소설가 톨스토이로 나타내고 있다. 「따라지」에 등장하는 인물들은, 제복공장에 다니는 누나, 카페에 나가는 영애와 아끼꼬, 버스걸 등이지만 톨스토이를 빼고 전부 악착스럽지만 궁핍하게 살면서 이리저리 당하지만 결코 물러서지 않는 당당함이 보인다.

특히 「심청」, 「따라지」의 주인공은 외롭지만 당당하며 겸손하다.

「따라지」보다 약 한 달 앞에 쓴 「봄과 따라지」는 어린 거지가 신사와 뾰죽구두의 신여성을 만나 구걸하면서도 당당한 것과 흡사하다. 이러한 당당함은 유정의 농촌 배경 소설의 주인공들이 가난하게 살면서 비굴하지 않은 것과 일맥상통한다. 이것은 유정의 성품과 성장과정에서 몸에 밴 인품과 무관하지 않다.

① 그는 같은 나이에 비하면 숙성한 학생이었다. 키가 훌쩍 크고 넓직한 얼굴을 가진 학생이었다. 말을 할 때는 좀 덜하나 선생 앞에 책을 낭독할 적이면 몹시 더듬었다. 그래 우리는 그를 말더듬이라고 별명

을 지었다. (「생의 반려」, 앞의 책, 426쪽)

② 그는 어릴 적 양친을 다 여의었다. 그리고 제 풀로 돌아다니며 눈칫밥에 자라난 소년이었다. 그리고 그의 염인증도 여기에 뿌리를 박았을 지도 모른다.
그에게는 형님이 한 분 있었다. 주색에 잠기어 밤낮을 모르는 난봉꾼이었다. 그리고 자기 일신을 위하여 열 사람의 가족이 희생을 하라는 무지한 폭군이었다. (「생의 반려」, 앞의 책, 427쪽)

③ ―그러한 심약함은 그를 말더듬이로 만들었고(뒤에 휘문고보 2학년 때 눌변교정소에서 고쳤으나 그 후에도 이따금씩 흥분하면 말을 더듬었다.) 그리고 낯선 사람에게 지나치게 민감한 반응을 보이거나 굳어지는 내성적 성격을 형성하게 했다. (이선영, 「문학으로 불사른 단명한 생애」, 『한국대표명작』(지학사, 1985), 237쪽)

④ ―부모 생존시부터 방탕해마지 않던 형은 그 해 8월 관철동으로 이사를 하자 본격적인 난봉을 피우기 시작했다. (김영수, 「김유정의 생애」, 『김유정전집』(현대문학사, 1968), 392쪽)

⑤ 김유정은 병약하고 말더듬이었으나 식솔이 30여명이 넘는 집안을 웃음 바다로 만들고,……조용하고 온순한 먹설이는 어른들에게 일러바치는 일이 없었다. (김영기, 「김유정의 생애」, 앞의 책, 32쪽)

앞의 ①②는 소설 작품 속에 반영된 김유정이고 ③④⑤는 문학평론가 이선영과 김유정의 친조카 김영수가 쓴 글에 나오는 말이다.
―「세상에 진실하고 겸손한 사람이 많되 김유정 만한 사람은 드물고 세상에 불쌍한 사람이 많되 유정만큼 불쌍한 사람도 드물었다.」[42] 그만큼 김유정은 진실하고 겸손하였다. 이 겸허는 천성적인 점도 있지만 그 성장

---

42) 김문집,「김유정의 비련을 공개 비판함」(《여성》 1940)

과정 생애와도 관련이 있다고 하겠다. 어려서 부모를 여의고 방탕한 형 밑에서 자라야했고 그 후 형의 난봉으로 가산이 몰락하고 자신에 대한 고통으로 침울한 나날을 보냈다. 또한 일확천금의 꿈을 안고 금광에 손을 댔다가 실패했다.

연상의 여인 명창 박녹주에게 답장 없는 연서만 계속 띄워 보냈던 짝사랑의 비련, 고향에 돌아와 들병이들과 어울려 보냈던 무질서한 생활, 그리고 서울로 와서 이혼하고 공장에 다니는 누님에게 얹혀 살던 서러움 등은 유정의 성격에 지대한 영향을 주었을 것이다.「어떤 난관이라도 조용히 참고 견디는 그의 인내력은 대단하여 옆에서 보는 이로 하여금 처절함을 느끼게 할」[43] 만큼 그는 의연한 자세였다.

김유정의 성격은 조용하고 온순하고 우직했다. 그러면서도 진실되고 당당했으며 겸손했다.

또한 김유정은 무척 외로웠다. 그래서 술과 담배를 즐겼고 악기 타기를 좋아했다.

김유정 소설에 담배 피우는 장면이 무수히 등장한다.

1937년 《조광》지 5월호의 취미 문답에 "오락은 무엇입니까?"하고 묻자 김유정은 "권연(卷煙) 피는 것."이라 답했고, "선생이 만일 날개가 달려 공중을 훨훨 날 수 있다면 어떤 일을 하겠습니까?"라는 질문에는 "공중에 올라가 그냥 번듯이 누워 권연 한 개 피워보겠습니다."라고 했다. 또 "무인도에 가서 평생을 살게 된다면 무엇을 가지고 가겠습니까?"에는 "권연과 술 몇 통을 들고 갈까요." (김영기, 앞의 책, 31쪽)할 정도로 담배와 술을 좋아했다. 실제 김유정은 휘문고보 시절에 바이올린, 하모니카를 배웠고 소설 읽기와 영화감상에 열중했다.[44]

---

43) 김영수,「김유정의 생애」,『김유정전집』(현대문학사, 1968), 400쪽
44) 김영기, 앞의 책, 19쪽

김유정은 술과 담배를 항상 곁에 두고 소설을 썼다. 폐결핵에 가장 해로운 담배와 술을 즐겼으니 어차피 병으로 죽을 몸, 좋아하는 술이나 실컷 마시고 담배도 마음껏 태우면서 남은 여생은 오로지 소설 쓰기에 바친다는 생활관이었던 것 같다.

2.2) 김유정의 사랑

김유정이 사랑한 사람은 첫째로 어머니였고 둘째로는 명창 박녹주였으며 셋째로는 들병이였고 넷째로는 박봉자였다.

어머니는 김유정이 어릴 때 타계했고, 박녹주는 남편이 있는 유부녀였으며 명창이었는데 김유정은 수없이 편지를 썼고 심지어 혈서까지 썼다. 너를 사랑한다고. 들병이는 여기저기 떠돌아다니며 술과 몸을 파는 여자다. 이들은 다 결혼의 대상이 아니다. 김유정이 마지막으로 사랑한 사람은 박봉자란 잡지에 실린 신여성으로 유정은 박봉자의 사진만을 보고 사랑했다.

(1) 어머니

— 남이 손가락질하며 비웃을 만치 그가 그렇게 많이 비참한 외쪽 사랑의 슬픔을 겪으면서도 겉으로는 태연자약했던 것은 어머님을 존경하는 마음, 어머님을 예쁘다고 하는 생각, 어머님을 그리워하는 정성, 이것이 그대로 자기가 연모하는 상대편 여자에게까지 연장하여 그저 꿇어 엎드리고, 그저 미화하고, 그저 모든 것을 바치려는 태도를 취하게 된 것이리라 믿는다. 유정은 어머님에 대한 사랑에 있어서나 애인에게 대한 사랑에 있어서나 그 보수를 상상하지 않고, 우선 사랑이 불탔던 것이다.[45]

---

45) 안회남, 「겸허―김유정전」(문장, 1939.10), 41~42쪽

― 몸이 아프면 아플수록 나느니 어머니 생각. 하나 없길 다행이다. 그는 당신 낳아놓은 자식이 이토록 못생기게 시리 될 줄은 꿈에도 생각지 못하고 편히 잠드셨다. 만일에 나의 이꼴을 보신다면, 응당 그는 슬프려니. 하면 없기를 불행 중 다행이다. 한숨을 휘, 돌리고 눈에 고였던 눈물을 씻을 때에는 기침에 욕(辱)을 볼대로 다 본 뒤였다.46)
― 나는 몸이 아플 때, 저 황천으로 가신 어머님이 참으로 그리워집니다.(「病床迎春」, 443쪽)

> 그는 어머님의 한 장 사진을 어느 때는 책상 위에 모셔놓고 그 앞에서 책을 읽었고, 어느 때는 몰래 지니고 다니며, 이따금씩 내어 보았다.
> "필승아, 우리 어머니 사진!"
> 언젠가 그가 사진을 나에게 수줍은 표정으로 보여 주었을 때, 내가 한참 그것을 들여다보고 있으려니까, 유정은
> "우리 어머니 미인이지?"
> 하고 물었다. (안회남, 『김유정전』, 앞의 책)

김유정의 어머니에 대한 절절한 사랑을 엿볼 수 있다.
그럼 어머님은 어떤 분이었는가?
― 김유정의 어머니 청송 심씨는 건장한 체구에, 어떻게 보면 남자 같은 인상을 풍기기도 하는 모습이었다. 글재주가 뛰어났고, 마음이 너그럽고 조용했다. 남자같은 풍모였지만 상냥했다. (김영기, 앞의 책, 29쪽)
― 딴은 보아하니, 그의 어머님의 사진은 삼십 전후 아주 젊은 시절에 박은 것으로, 웬만치 장성한 남자이면 제 마음대로 외람한 생각을 품을 수 있을 그런 것이었다.(안회남, 『김유정전』, 앞의 책)
유정은 죽을 때까지 아름다웠던 어머니에 대한 상상과 그리움에 젖어

---

46) 전신재 편, 「病床迎春」, 앞의 책, 441~432쪽

있었다. 그래서 어머니를 구원의 여인상으로 가슴에 새기고 있었다.

(2) 박녹주

「두꺼비」는 김유정 자신과 박녹주와의 사랑을 작품화한 소설이다. 자신의 체험을 사실적으로 그리지 않고 과장하고 희화화하고 해학적으로 묘사하였으며, 문장이 숨막히게 이어져서 김유정과 박녹주의 사랑을 객관화하려 했다.47)

박녹주에 해당하는 옥화에 대한 연정을 표시하기 위해 김유정인 나(이경호)는 옥화의 동생 두꺼비의 말을 듣고 석달 동안 편지를 써서 건네주며 누님에게 전해 달라고 한다. 두꺼비는 기생을 호리자면 선물이 있어야 한다며 유인한다. 나는 겨우 겨우 반지를 선물로 보낸다. 그래도 아무 소식이 없어 두꺼비집으로 가니 두꺼비는 채선이란 옥화의 수양딸을 꿰차고 소동을 부린다. 나는 옥화를 만나 자신을 소개하니 옥화는 나를 홀대한다. 두꺼비가 아무것도 전하지 않았음을 나는 알게 된다. 기생이 늙으면 갈 데 없으니 내게 올 것이라고 위안한다.

① 옥화를 얻는다면 학교쯤은 내일 집어치워도 좋다 생각하고 외투와 더불어 허둥지둥 집을 나선다. (「두꺼비」, 앞의 책, 397쪽)

그렇다 치면 내가 입때 옥화에게 한 것이 아니라 결국은 두꺼비한테 사랑 편지를 썼구나. 하고 비로소 깨달으니…… 기생이 늙으면 갈 데가 없을 것이다. 지금은 본 체도 안 하나 옥화도 늙으면 내밖에는 갈 데가 없으려니, 하고 조금 안심하고 늙어라, 늙어라, 하다가 뒤를 이어…… (「두꺼비」, 앞의 책, 402쪽)

그리고 미완 장편인 「생의 반려」를 살펴보기로 한다.

---

47) 김영기, 『김유정－그 문학과 생애』(지문사, 1992), 331쪽

② 그 상대가 화류계의 인물이요, 그러함에도 불구하고 명렬군보다 다섯해가 위였다…… 조그만 손대야를 들고 목욕탕에서 나오는 한 여인이 있었다. 화장 안한 얼굴을 창백하게 바라보고 무슨 병이 있는지 몹시 수척한 몸이었다.…… 명렬군은 저도 모르게 따라갔다. 그 집에까지 와서 안으로 놓쳐버리고는 그는 제 넋을 잃은 듯이 한참 멍하고 서 있었다. 그리고 집으로 돌아와 그 날 밤부터 편지를 쓰기 시작하였다. 매일 한 장씩 써 보냈다. (「생의 반려」, 앞의 책, 423쪽)

③ 겉봉에 <박녹주 선생님>이라고 한글로 단정히 써 있었다.
<나는 조선극장서 선생이 소리하는 것을 보았습니다. 모든 사람의 인기를 끄는 것이 정말 기뻤습니다. 나는 당신을 연모합니다. 나는 22살의 延專 학생이오. 형님과 누님이 있는데 나는 지금 누님 집에 있습니다. 주소는 바로 옆 동네인 봉익동이오>
처음에 나는 무슨 편지인지 잘 몰랐다…… 그로부터 김유정은 매일 한 통의 편지를 보냈다. 아침마다 우체부가 김유정의 편지를 갖다 놓았다. 내용은 항상 비슷했다. 나는 당신을 연모하니 저를 사랑해 주시오가 이야기의 전부였다.…… (박녹주, 나의 이력서(15), 한국일보, 1974.1.26)

④ 천하의 명창 박녹주가 옛날 무명시절의 김유정군의 사랑의 대상이었다면 놀라지 않을 사람이 없을 것이다. 年前 나는 대구 모 요정에서 때마침 명창대회로 내연한 박녹주를 초청해서 하룻밤 豪遊한 일이 있었다…… (김문집, 「김유정의 비련을 공개 비판함」, 『김유정전집』(현대문학사, 1968), 463쪽)

위의 ①②는 작품이고 ③④는 사실이다. 작품과 사실이 그 이름만 다를 뿐 완전 일치하고 있다. 곧 「두꺼비」의 옥화나 「생의 반려」의 나명주는 분명 박녹주다. 유정은 박녹주를 일방적으로 사랑했다. 유정에게는 어머님에 대한 그리움이 모든 여성에게 공통적으로 작용하고 있었다. 박녹주는 다섯 살 연상의 여인을 어머니를 그리워하는 심경으로 사랑했다.

  유정은 짧았던 일생 동안 어머니를 사랑하고 어머니를 그리워했다. 어머니에 대한 그리움이 그로 하여금 그가 사랑한 여인을 병적으로 그리워하게 했다. 김유정의 외가는 실레의 동쪽 금병산 너머에 있는 두룸실(춘성군 동면 학곡리)이어서 유정은 어머니를 따라 자주 외가를 갔다. 외가댁에서도 인기가 좋았다. 유정이 누나 다섯을 둔 후에 태어난 아들인데다 귀염둥이어서 녁설이(곡식 담는 짚으로 만든 그릇)란 애칭으로 불리었다. (김영기, 앞의 책, 29~31쪽)

(3) 들병이

  김유정의 매춘 모티브의 소설48)은 「소나기」, 「정조」 「야앵」 「가을」 「만무방」 같은 작품들이고 들병이에 대한 작품은 「산골 나그네」 「아내」 「총각과 맹꽁이」 「솥」이 있다.

  유정은 1929년 21세 때 폐결핵의 진단을 받고 형님이 생활비와 약값도 주지 않으므로 어쩔 수 없이 공기 좋은 시골 고향으로 가서 쇠약한 몸을 돌보아야 했다. 폐병은 그 당시만 해도 불치의 병이요 전염성이 있으므로 모두들 폐병환자를 가까이 하려 하지 않았다. 유정은 고향 실레에서 건강을 회복하기 위해 땅꾼들이 잡아오는 뱀을 다려 먹었다. 그 외의 민간요법도 몸에 좋다는 것은 무엇이든 해 보았다. 그는 폐병으로 더욱 침울해졌고 고독했다.

---

48) 매춘 모티브에 대한 논문은
    박세현, 「김유정 소설 연구」(한양대학교 대학원, 1989)
    박세현, 「매춘소설의 한 양상」(『한국학논문집』 23 한양대학교 한국학연구소, 1993)
    정병호, 「식민지 시대의 매춘 제재 소설의 고찰」, 『청람어문학』3, 청람어문학회, 1990
    송홍엽, 「김유정 소설의 매춘 연구」(경남대 교육대학원, 1996.8)
    이춘희, 「김유정 소설의 성과 윤리의식 연구」(한국외국어대 교육대학원, 1997.2)

— 강원도 춘천 고향 땅에 갔다 오면, "필승(안회남)아, 너 살무사 먹어 봤니?"하고 내가 얼굴을 찌푸리며 "징그럽다" 소리치면 "살무사를 잡아서 산채로 좋은 약주에다 넣고 뚜껑을 딱 덮어두었다가 한달 후에 먹어봐, 어떤가, 살무사가 다 녹아버리고 뼈만 앙상하다. 너 고놈만 집어버리고 나면 약주 술 위에 하얀 동전만한 기름덩이가 둥실둥실 뜨는데, 그게 여간 보하지 않거든—." (안회남, 「김유정전」)

고향에서 병든 몸을 고치려고 애를 쓸 때면 더욱 부모님 생각이 났고 더욱 외로웠다. 이에 술을 좋아하는 유정은 주막 돌쇠어멈네집(「산골 나그네」의 작품 배경이 됨), 유정의 생가에서 얼마 되지 않은 신남역사 근처의 주막, 그리고 백석고개 넘어 시오리길의 물골 술집을 다니며 술을 마셨다. 그 당시 철새처럼 떠돌아다니는 들병이[49]가 주막마다 있었다.

조카 김영수는 이렇게 말했다.(김영수, 「김유정의 생애」, 앞의 책)

— 그는 그날 이후로 들병이를 따라 이곳저곳으로 술자리를 옮기며 달포를 지냈습니다. 이제는 이름도 모르는 들병이, 그녀는 들병이로 아이가 있어 틈틈이 젖을 빨렸으며 그림자처럼 따라다니는 노름쟁이 남편이 있었습니다. 그녀의 치마와 몸에서 풍기는 젖내가 그로 하여금 어머니에 대한 향념(向念)을 일으키게 한 것을 보면 박모 기생 다음으로 그에게 큰 영향을 주었습니다.

그리고 김유정이 50매 짜리 「조선의 집시—들병이 철학」[50]이란 산문을 발표했는데, '들병이 철학'은 가난을 면하기 위해 살아남기 위해 들병이란 매춘부가 농촌에 생겨났으며 그들의 생태와 그들의 인간 모멸의 모습들을 일종의 고발문과 같이 적나라하게 그리고 있다. 들병이를 가까이하지 않고는 이런 글을 쓸 수가 없으며 「들병이 철학」은 상당히 깊이 있는 글로

---

49) 들병이: 술병을 들고 다니는 작부란 뜻으로 조선시대의 유랑 하층민
50) 김유정, 「조선의 집시—들병이 철학」, 《매일신보》(1935.10.22~29)

유정의 체험의 소산이다.

그럼 다음으로 들병이를 소재로 한 작품을 살펴보기로 한다.

들병이를 모티브로 한 소설은 「산골 나그네」「총각과 맹꽁이」「아내」「솥」, 이 네 편이다.

이 중 「총각과 맹꽁이」 그리고 「솥」을 중심하여 살펴보기로 한다.

「총각과 맹꽁이」: 넉만이 모자는 잡초처럼 가난하게 산다. 의형제를 맺고 있는 건달 뭉태가 덕만이에게 장가 보내준다고 꼬신다. 덕만은 들병이와 결혼하여 술장사를 하며 돈 벌 꿈에 부풀어 그날 밤 술을 모두 산다. 새벽에 뭉태와 들병이는 오줌누러 나간다 하고는 돌아오지 않는다. 기다리다가 밖에 나가보니 콩밭 복판에 둘은 엉켜 있었다. 곧 동이 트고 있었다. 덕만은 그들에게 달려든다.

농촌의 궁핍상과 들병이와 결혼해서 잘 살아보려는 그리고 건달을 믿고 술값을 댄 우직한 덕만이. 우리는 여기에서 슬픔 속의 해학을 느낄 수 있다. 이 작품은 「산골 나그네」와 연결된 작품이다. 산골에 주막을 차리고 가난하게 덕돌네 모자가 살아간다. 어느 날 나그네 여인이 나타나자 손님이 많아진다. 총각 덕돌은 소원대로 여인과 혼인한다. 며칠이 지난 밤 덕돌은 품안이 허전하여 깨어보니 아내가 없다. 여자는 물방앗간에 병들어 누워 있는 사내를 깨워 옷을 입히고 물방앗간을 떠나 버린다.

한들은 실레에서 5리 거리로 한들 어귀에는 보(洑)가 있었고 깊은 늪이 있었다. 봇도랑을 끼고 오막살이가 있었고 옆에 물방앗간이 있었다고(김영기, 앞의 책, 92쪽) 한다. 이곳이 「산골 나그네」의 무대다. 1930년대 가난한 한 젊은이가 장가 들기 위한 방편으로 또는 입에 풀칠을 할 요량으로 들병이를 아내로 맞이하고 있다.

『총각과 맹꽁이』「산골 나그네」의 경우는 가난하여 데리고 올 신부가 없어서 들병이를 아내로 맞이하는 경우이고, 「솥」은 가난과 굶주림을 면하기 위해 들병이를 아내로 맞이하려는 경우다.

「솥」: 산골 마을에 들병이가 들어오자 근식이는 들병이에게 홀리어 속곳 멧돌짝 함지박을 들병이에게 갖다준다. 근식이의 속셈은 기둥서방이 되어 들병이가 벌어들이는 재물로 굶주림이라도 면해 보려는 것이다. 들병이는 남편이 술과 노름 때문에 석달 전에 갈렸다고 고백한다. 근식이는 이 말을 믿었고 아내도 아이도 내팽개치고 들병이를 따라 나서겠다고 한다. 나중에 솥까지 빼내어 들병이에게 갖다 준다. 들병이와 자고 있는 새벽에 들병이 남편이 나타난다. 들병이는 빨리 떠나자고 한다. 들병이 남편은 근식이 보고 같이 가자고 한다. 솥이 없어진 것을 알고 찾아온 근식의 아내와 들병이는 한바탕 싸움을 한다. 근식은 우리 솥이 아니라고 한다. 「솥」에서는 가난과 우직함이 해학과 곁들여 표현되고 있다.

「아내」에서는 나의 아내는 아주 못생겼다. 농사를 지어도 나무장사를 해도 입에 풀칠을 못하고 죽사발로 뱃가죽을 채운다. 아내는 차라리 들병이로 나서서 술을 팔아 양식을 장만하고 돈도 얻을 수 있다고 한다. 나도 동의한다. 아내는 술 팔 때 부를 노래 연습을 한다. 뭉태라는 건달이가, 들병이로 나가려는 나의 아내를 꼬시어 술을 팔려면 어떻게 해야 한다며 같이 술을 마신다. 그 꼴을 본 나는 아내를 두들겨 팬다. 차라리 집안에 가만히 있으면서 아들 열댓을 낳아 돈을 벌어오게 하는 것이 낫다고 생각한다.

　들병이에 대한 구체적인 체험이 없으면 이와 같은 소설이나 「들병이의 철학」이란 산문을 쓰지 못할 것이다. 들병이 모티브의 소설은 모두 유정의 체험의 소산이다.

(4) 박봉자

김문집은 김유정의 짝사랑에 대해 이렇게 적어놓았다.

― 유정을 위하여 한가지 더 변명할 것이 있다. 그것은 유정이 자기의 사진이 어느 여성지에 났을 때 같이 게재된 한 여인에게 대면도 않고 사랑한다는 편지를 하고, 또 상대편에서 아무 답장도 없건만 오랫동안 계속하여 외쪽사랑을 하여 왔다는 일이다.51)

― 유정의 가슴에 순수한 연애의 감정, 몸과 마음을 바쳐 사랑하게 되는 여성이 1936년 ≪여성≫지 5월호에 사진으로 등장했다. ≪여성≫지 5월호에는 <그분들의 결혼 플랜>이란 표제로 <어떠한 남편 어떠한 부인을 맞이할까>라는 제목으로 4페이지에는 박봉자의 사진과 글이, 5페이지에는 김유정의 사진과 글이 실렸다. ……김유정은 박봉자(시인 박용철의 누이)의 사진만 보고 그녀를 사랑했다. 죽을 때까지 박봉자의 실물을 유정은 보지 못했다. 박봉자에게 사랑한다는 편지를 하고 답장이 없어도 순수하게 사랑한다는 것을 증명하기 위해서 우직하게 사랑 편지를 썼다. 그 편지가 30여 통이나 되었다.52)

유정의 여자에 대한 사랑은 일방적이었고, 또한 마음 속으로만 사랑했다. 그 표현은 편지를 통해 전달되었다. 명창 박녹주에게, 신여성 박봉자에게 쏟은 사랑은 일곱 살에 여읜 어머니에 대한 그리움이다.

2.3) 가족과의 관계

김유정 소설에 등장하는 가족으로서는 누님과 형이다. 이들은 소설 작품에서 긍정적이기보다는 작가를 억압하는 부정적인 인물로 나타난다.

---

51) 김문집, 「김유정의 비련을 공개 비판함」
52) 김영기, 「마지막 짝사랑 박봉자에게」, 김영기, 앞의 책, 197~199쪽

① ―한갓 짐작하는 것은 형님이 난봉을 부렸고 아버지는 그 비용을 담당하고도 터보이지 않을 만치 재산을 가졌건만 한푼도 선심치 않았다. 우리 아버지, 그는 똑똑한 수전노이었다. 또한 당대에 수십만원을 이룩한 금만가이었다. 자기의 사후 얼마 못 되나 그 재산이 맏아들 손에 탕진될 줄을 그도 대중은 하였으련만 생존시에는 한푼도 아끼었다.(「형」, 전신재, 『김유정전집』(한림대 출판부, 1987), 355쪽)

② ―아버지는 자식을 사랑하였고 당신의 몸같이 부리긴 하였으나 돈에 대해선 아주 맑았다. 가용에 쓰는 일전일푼이라도 당신의 손을 들고났고 자식이라고 푼푼한 돈을 맡겨본 일이 없었다. 형님은 여기서 배심을 먹었다. (「형」, 앞의 책, 359쪽)

③ ―그는 술을 마시면 세간을 부시고 도끼를 들고 기둥을 패었다. 그리고 가족들을 일일이 잡아 가지고 폭행을 하였다. 비녀쪽을 두 손으로 잡고 그 모가지를 밟고 서서는 머리를 뽑았다. 또는 식칼을 들고 피해 달아나는 가족들을 죽인다고 쫓아서 행길까지 맨발로 나오기도 하였다. 젖먹이는 마당으로 내팽개쳐서 소동을 일으켰다. 혹은 아이를 우물 속으로 집어 던져서 까무러친 송장이 병원엘 갔다.
이렇게 가정에는 늘 아우성과 아울러 피가 흘렀다. ……가정에는 따뜻한 애정도 취미도 의리도 아무것도 없었다. 다만 술과 음행 그리고 비행이 있을 따름이었다. (「형」, 앞의 책, 238~239쪽)

아버지나 형은 둘 다 술과 여자를 좋아하는 점에서는 난봉꾼이다. 그러나 아버지는 경제에는 아주 밝은 수전노이다. 형은 난봉꾼에다 폭력을 쓴 왈패다. 작품에도 이러하거니와 실제로 김유정의 전기에는 아버지에 대해, 형에 대해 이렇게 언급되고 있다.

― 아버지 김춘식은 실레 마을의 천석꾼 지주였으며 서울의 진골에도 백여 칸 되는 집을 소유하고 있었다. 유정은 천석군의 아들로 태어났으나

일곱 살에 어머니 청송 심씨를 여의고 아홉 살에는 아버지 마저 사망하자 형 유근과 형수의 손에 의해 성장하게 된다. 가산의 관리자요 유정의 보호자였던 형은 술과 난봉으로 재산을 축내면서 가족을 돌보지 않는 위인이었다.53)

이러한 사실은 유정의 조카 김영수의 「김유정의 생애」와, 김유정 연구가 전신재의 『김유정 전집』, 이선영의 「문학으로 불사른 단명한 생애」54) 등에도 잘 나타나 있다.

- 1930년 8월말 여름을 고향 실레에서 보내고 서울에 올라온 유정은 늑막염을 앓기 시작한다.…… 정씨와 함께 살던 누님은 광업소의 기사로 있다는 정(鄭)씨와 동거생활을 하고 있었다.……정씨가 유정에게 분가하라고 꼬드겼다. 아예 분가할 것이 아니라 재산을 나누어 달라고. 형님에게 정식으로 청구하라고 부추겼다.……형님은 유정이 제기한 소송 때문에 법정에 출두하라는 통지를 받았다.……진정으로 형님에게 바랐던 화해가 그와는 반대로 불화를 초래하게 되었다. (김영기, 앞의 책, 99~100쪽)

① 누님은 경무과 분실 양복부에 다니는 직공이었다. 아침 여섯시쯤에 가면 오후 다섯시에 나오고 하는 것이었다. 일공이 칠십전되므로 한 달에 공일을 제하면 한 십구원 남짓하였다. 그걸로 둘이 먹고 쓰고 있는 것이다.

그러나 허약한 여자에게 공장살이란 견디기 어려운 고역이었다. 공장에 다닌 지 단 오년이 못되어 그는 완연히 사람이 변하였다. 눈매는 허황하게 되고 몸은 바짝 파랬다.

"내가 왜 널 밥을 먹이니……"

하고 눈을 똥그렇게 떴다. 때로는 "네가 뭐길래 내 이 고생을 하

---

53) 김영수, 「김유정의 생애」, 『김유정전집』 (현대문학사, 1968), 393~394쪽
54) 이선영, 「문학으로 불사른 단명한 생애」, 『한국대표명작』(지학사, 1985)

니…" 하기도 하고 "이 놈아 내 살을 긁어먹어라"하고 악장을 치며 발을 동동 구르기도 하였다. (「생의 반려」, 『정통한국문학대계』(어문각, 1988), 429~430쪽)

② "왜 내가 이 고생을 해 가며 널 먹이니 응 이 놈아?"
헐 없이 미친 사람이 된다. 아우는 그래도 귀가 먹은 듯이 잠자코 앉았다. 누님은 혼자 서서 제 몸을 들볶다가 나중에는 울음이 탁 터졌다. 공장살이에 받는 설움을 모다 아우의 탓으로 돌린다. 그러면 아우는 하릴없이 마당으로 내려와서 누님의 어깨를 두 손으로 붙잡고 "누님 다 내가 잘못 했수 그만 두"하고 달래지 않을 수 없다. "네가 이 놈아 ! 내 살을 뜯어먹는 거야." (「따라지」, 앞의 책, 450쪽)

소설 『연기』는 꿈속에 황금 한 덩이를 주어 누님에게 이제 신세를 지지 않겠다고 고함을 쳤는데 잠이 깨니 누님이 칼날같은 눈으로 미닫이를 열고는 목에 핏대를 불끈 세우고 한 마디 내뱉는다.

"취직인가 뭐가 할려면 남보다 성심껏 돌아다녀야지."
바로 가시를 집어삼킨 따끔한 호령이었다. 아무리 찾아보아야 고대같이 살자고 눈물로 빌붙던 그 누님은 그림자도 비취이지 않았다. (「연기」, 앞의 책, 470쪽)

「슬픈 이야기」도 누님과 매형과의 관계를 작품화한 것이다. 나는 누님에게 얹혀 사는데 누님은 새로 남편을 맞는다. 사글세방에 든 내가 밤마다 옆방에 든 부부의 싸움을 보다 못해 사내를 불러내어 따지다가 도로 봉변을 당한다는 얘기다.
1929년 무렵부터 유정은, 이혼하고 피복공장에 다니는 둘째 누님 유형의 집에 기탁해 사는 신세가 된다. 누님에게 신세지고 있는 것에 대해 유정은 무한한 자괴감을 가지고 있었다. 이 시기부터 병고의 생활도 함께 시작된다. 치질 늑막염 폐결핵…… 1930년 23세 되던 해 요양 겸 고향 실레

마을로 내려간다. (「생애와 문학정신」,『김유정 의 소설세계』, 박세현, 국학자료원, 27~28쪽)

그 외 누님이 등장하는 소설 「따라지」「연기」「형」「생의 반려」등에도 나타나는데 누님은 한결같이 소박맞은 히스테리컬한 여성으로 등장하고 있다. 또한 형은 난봉꾼으로 그려지고 있다. 둘 다 유정을 괴롭히는 부정적 인물들이다.

5. 맺음말

김유정 소설의 특성은, 그 배경이 산골 농촌과 도시인 서울이 중심이며, 가난한 농촌 현실 속에서 원시적인 순박성을 지니고 살아가는 우직한 인간형을 해학적인 혹은 서정적인 필치로 그린 것이다. 도시 배경의 소설도 하층민의 궁핍한 삶이 그 주된 소재요 주제다. 그 다음으로 김유정 소설에는 매춘행위가 빈번히 등장하여 윤리의식의 부재가 그 특징으로 들 수 있다. 또 하나는 거의 모든 작품에 흐르고 있는 해학과 아이러니다.

김유정의 개인적인 정황을 고백의 형식을 취하여 발표된 자전소설로는 김유정의 단편 29편과 미완성 장편「생의 반려」중에서「심청」「형」「두꺼비」「솟」「연기」「슬픈 이야기」「생의 반려」등을 꼽을 수 있다.

김유정의 성격은「심청」「따라지」「생의 반려」에서 잘 나타나고 있는데, 조용하고 온순하고 진실되고 우직했으며, 한편으론 당당하고도 겸손했다.

어릴 때 여읜 어머니에 대한 그리움이 김유정의 일생을 지배했으며, 비현실적이며 일방적 짝사랑을 명창 박녹주와 신여성 박봉자에게 보냈는데,

이것은 어머니에 대한 그리움 때문이다. 김유정의 육체적 사랑은 들병이와의 관계뿐이다. 박녹주에 대한 사랑은 「두꺼비」「생의 반려」에 잘 반영되어 있다. 들병이에 대한 사랑은 「총각과 맹꽁이」「솥」 그리고 수필「들병이의 철학」에 그대로 나타나고 있다.

난봉꾼인 형님 유근에 대한 것은 「형」에, 신경질적이고 잔소리꾼인 누님 유형에 대한 것은 「따라지」「연기」「생의 반려」에 반영되어 있다.

김유정의 자전소설 「심청」「형」「두꺼비」「따라지」「연기」「슬픈 이야기」「생의 반려」 등에는 김유정의 개인의 삶이 그대로 투영되고 있다.♠

김동리

「무녀도」와 「을화」의 작가 김동리(金東里)(1913~1995)는 1913년 경북 경주시 성건동에서 5남매 중 막내로 태어났다. 경주 제일교회 소속의 계남소학교를 졸업하고 대구 계성중학교에 입학하여 2년을 다니다가 서울 경신중학교로 편입했다. 1935년(23세)에 조선중앙일보 신춘문예에 단편 「화랑의 후예」가 당선되고, 다솔사와 해인사를 전전하며 최인욱, 이주홍 등의 문인들과 사귀었고 이듬해인 1936년에 동아일보 신춘문예에 「山火」가 당선되었다. 그 이후 『사반의 십자가』 「황토기」 「역마」 『을화』 등의 역작을 남겼다. 그는 순수문학, 본격문학, 신인간주의를 제창하였으며, 특히 신인간주의를 희랍문학과 르네상스에 이은 제3의 휴머니즘으로 갈파했다. 한국문인협회 이사장, 중앙대학교 예술대학장을 역임했다.

김동리와 샤머니즘
— 「무녀도」를 중심으로

1. 「무녀도」의 현장을 찾아

1) 예기청수

늦가을은 천년 고찰의 숲 속처럼 깊어가고 있었다. 11월 중순 필자는 「무녀도」의 현장을 찾아 나섰다. 그 날 하늘은 파랗다 못해 시리도록 푸르렀다.

부산을 출발하여 한 시간 반만에 고도 경주에 들어섰다. 경주 톨게이트를 지나 핸들을 왼쪽으로 꺾어 오릉을 오른쪽으로 끼고 시내로 진입했다. 어릴 때 방학마다 외가에서 막내 외삼촌과 자주 멱감으러 다녔던 서천이 눈에 들어왔다. 경주 시외버스터미널을 지나 잘 닦여진 왕복 4차선 도로를 10분쯤 달리니 왼쪽으로 길다란 다리가 보였다. 서천다리다. 멀찌감치 동국대학병원이 보이고, 그 오른쪽 강둑 마을이 성건동. 옛적에는 무당촌이라 불렸던 경주시의 외곽지대, 4~50년 전만 해도 허름한 기와집과 도깨

비굴 같은 무당집이 있었을 것이고, 어디 멘가에서 무녀 모화(毛火)가 징을 울리고 있었으리라 짐작된다. 지금은 모두 양옥집들이 꽉 들어차 버렸다.

    경주읍에서 성밖으로 십여리 나가서 조그만 마을이 있었다. 여민촌 혹은 잡성촌이라 불리어지는 마을이었다.
    이 마을 한 구석에 모화(毛火)라는 무당이 살고 있었다. 모화서 들어온 사람이라 하여 모화라고 부르는 것이었다. 그러나 그녀가 살고 있는 집은 마을의 여느 여염집과도 딴판이었다. 그것은 한 머리 찌그러져 가는 묵은 기와집으로 지붕 위에는 기와버섯이 퍼렇게 뻗어 올라 역한 흙내음을 풍기고, 집 주위는 앙상한 돌담이 군데군데 헐리인 채 옛 성처럼 꼬불꼬불 에워싸고 있었다.1)

    모화 집 마당에는 예년과 다름없이 잡풀이 엉키고 늙은 개구리와 지렁이가 그 속에 웅크리고 있었다. 그녀는 그 동안 거의 굿을 나가지 않고, 그 찌그러져 가는 묵은 기와집 잡초 속에서 혼자 징 꽹과리만 울리고 있었다. (『한국소설문학대계』 26권, 261쪽)

내 건너 서쪽으로 나지막한 야산이 남북으로 놓여있다. 금장대(金丈臺)라는 정자의 이름이 산 이름을 대신하고 있다.

  금장산 아래에는 큰 쇼(沼)가 있어서 시퍼런 물이 늦가을 아침 햇살에 번쩍이고 있었다. 그 물을 보는 순간 쌀쌀한 날씨 탓인지 가슴이 서늘해졌다. 형산강의 줄기인 서천이 경주 남산 아래를 돌아 북으로 흘러 덕동호에서 흘러내리는 북천을 만나는 삼각지점에서 소(沼)를 이루고는 북쪽을 향해 물길을 잡고 있다. 그 소가 애기소, 예기청수(藝妓淸水), 예기소(藝妓沼) 등 여러 가지 이름으로 불리는 곳이다. 예기소는 기생(예기)이 사람을 유혹해서 물에 안고 들어간다는 뜻에서 붙여진 이름이다.2) 「무녀도」에는 이렇게

---

1) 『한국소설문학대계』 26권 (동아출판사, 1995), 240쪽
2) 김정숙, 『김동리 삶과 문학』(집문당, 1996), 69쪽, 1989.10.16 김정숙과 김동리의 대담

묘사되고 있다.

> 굿이 열린 백사장서 북쪽으로 검푸른 솟물이 깊은 비밀과 원한을 품은 채 조용히 굽이돌아 흘러내리고 있었다.(명주구리 하나 들어간다는 이 깊은 소에는 해마다 사람이 하나씩 빠져 죽게 마련이라는 전설이었다.)3)

　수많은 엿장수, 떡장수, 술가게, 밥가게 들이 포장을 치고 혹은 거적을 두르고, 그 한복판 큰 차일 속에서 굿판이 벌어져 있었을 백사장. 지금은 사람의 키를 넘는 갈대만 가득하다. 메마른 가을 바람에 크게 일렁이는 갈대 사이로 모화의 목 멘 소리가 들리는 듯하다.
　모화가 굿을 하다 예기소에서 죽는 장면은 이러하다.

> 모화는 넋대를 따라 점점 깊은 물속으로 들어갔다. 옷이 물에 젖어 한 자락 물에 휘감기고, 한 자락 물에 떠서 나부꼈다. 검은 물은 그녀의 허리를 잠그고 가슴을 잠그고 점점 부풀어오른다. 그녀는 차츰 목소리가 멀어지며 넋두리도 허황해지기 시작했다.
> 「가자시라 가자시라 이수중분 백로주로,
> 불러주소 불러주소 우리 성님 불러 주소,
> 봄철이라 이 강변에 복숭아꽃이 피그덜랑,
> 소복 단장 낭이 따님 이내 소식 물어 주소,
> 첫 가지에 안부 묻고, 둘째 가……」
> 할 즈음, 모화의 몸은 그 넋두리와 함께 물 속에 아주 잠겨져 버렸다. 처음엔 쾌잣자락이 보이더니 그것마저 잠겨버리고, 넋대만 물위에 빙빙 돌다가 흘러버렸다.

　기림사로 차를 몰면서 「무녀도」의 줄거리를 생각해 봤다.

　　에서 김동리가 한 말이다.
3) 앞의 책, 262쪽. 이하 「무녀도」의 인용은 그 쪽수를 표기하지 않기로 한다.

김동리와 샤머니즘　73

– 이 마을 저 마을에 다니며 굿을 해 주고 살아가는 무당 모화, 그리고 창백한 얼굴에 바깥 출입을 전혀 모르고 그림만 그리는 그의 딸 낭이가 도깨비 굴 같은 묵은 기와집에 살아간다. 낭이와 씨 다른 오빠 욱이가 어릴 때 집을 나가서 예수교 신자가 되어 돌아온다. 모화는 아들 욱이를 예수귀신이 들렸다고 늘 혼자 푸념을 한다. 낭이는 욱이에게 연정을 느낀다. 하나님을 설교하는 욱이와 모화 사이에는 욱이가 들어온 지 며칠 되지 않아 충돌이 일어난다. 모화는 밤중에 예수귀신을 몰아낸다고 신약성서를 태워 버린다. 욱이는 모화의 휘두르는 칼에 찔려 시름시름 앓다가 죽는다. 그 후 모화 역시 큰굿을 마지막으로 '예기소'에 빠져 죽는다. 낭이는 며칠 뒤 나타난 아버지의 나귀에 실려 어디론가 정처없이 떠나버린다.

2) 기림사

소설 속의 욱이가 공부하러 떠났다는 기림사(祇林寺)를 향해 보문관광단지 곁을 지나고, 경주시민의 상수원인 덕동호(德東湖)를 왼쪽으로 끼고 돌자 추령 터널이 나왔다. 터널을 지나자 내리막길이었다. 감포로 가기 전 삼거리에서 북쪽으로 꺾어 도니 선무도(禪武道)로 유명한 골굴사가 보였고 이내 기림사 입구가 나왔다. 경주시 양북면 호암리, 기림사는 함월산(含月山) 숲 속에 자리잡고 있었다.

석가모니 부처님이 생전에 제자들과 함께 수행했던 승원 중에서 첫 손에 꼽히는 것이 기원정사와 죽림정사이다. 특히 기원정사는 깨달음을 얻은 석가모니 부처님이 23번의 하안거(夏安居)를 보내신 곳이다. 그 기원정사의 숲을 기림(祇林)이라 하니 경주 함월산 기림사는 그런 연유에서 붙여진 이름이다.

욱이는 모화가 아직 귀신이 지피기 전, 어떤 남자와의 사이에 생긴 사생아다. 그러니까 낭이와 욱이는 어미를 같이 하는 오누이 사이다. 아홉 살 되던 해 욱이는 아는 사람 주선으로 어느 절간에 보내진 뒤 소식이 끊긴다. 그가 떠나자 낭이는 시름시름 앓다가 종국에는 귀머거리가 되고 만다. 욱이는 아홉 살에 집을 떠나 기림사에 몇 해 있다가 평양으로 가서 십년만에 예수귀신이 씌어서 돌아오게 된다.

　기림사 일주문을 들어서니 김동리 선생이 머물었다는 진남루는 수축 공사가 한창이고, 오백나한상을 모신 응진전(應眞殿), 약사 여래불을 모신 약사전(藥師殿), 주불인 비로자나불을 모신 대적광전(大寂光殿)은 옛모습 그대로다. 대적광전의 전면을 가득 메운 꽃창살 문 위로 천년 세월의 고색창연함이 가득 우러난다.

　대적광전과 진남루 사이에 수령 550년의 보리수가 아직도 자라고 있다. 나무를 에워싼 허연 껍질이 그 버텨온 풍상을 생각케 한다. 봄이 되어 꽃이 만개할 때면 그 향기가 온 도량을 진동하며 그 향기를 마시면 마음이 황홀해 진다고 한다. 새로 지은 사찰 건물들을 보기 위해 돌계단을 오르니 산수유의 붉은 열매가 조롱조롱 매달렸고, 대적광전 곁의 고목 감나무에는 붉은 감이 주렁주렁 열려 있어 가을 하늘을 더욱 시리게 하고 있었다. 옛적엔 불국사가 기림사의 말사(末寺)이었건만 이제는 기림사가 불국사의 말사로 되어 있다.

2. 「무녀도」에 대한 고찰

1) 토속성

　김동리(1913~1995)는 「화랑의 후예」(1935) 중앙일보 신춘문예와 「산화」(1936) 동아일보 신춘문예로 문단에 나온 후 1936년에 「무녀도」를, 그 다음 해 「황토기」를 발표했다. 이 두 작품은 김동리 초기 작품의 대표작으로 토속성 내지 향토성과 서정성을 바탕에 깔면서 특히 「무녀도」는 그 제목이 말해주듯 샤머니즘을 그 주제로 하고 있다.

김동리 문학의 특성을 간단히 말하면 토속성과 종교성이라 할 수 있다.[4] 김동리 문학의 기조를 조연현은 '허무에의 의지'[5]로 보았다. 이형기는 그의 문학을 「허무와 운명」[6]으로 보고, 「무녀도」의 두 주인공의 죽음과 「완미설」의 재호, 「황토기」의 억쇠와 득보, 「역마」의 성기와 계연의 핏줄, 「홍남칠수」의 박철이와 수정, 「실존무」의 계숙의 춤, 「인산동의」의 장익의 죽음을 예로 들어 설명하였다. 또한 김동리 문학의 기조를 '원색적 인간과 토속적 미학'[7]으로 보기도 했다.

김동리에 대한 연구 중에 주목되는 것은 김윤식과 권영민의 상반된 연구다. 김윤식은 『김동리와 그의 시대』[8]에서, '김동리의 문학 청년기, 도스토예프스키에게서의 영향, 1930년대 지식인 문학에 대한 안티테제로서의 김동리문학'을 실증적으로 논하고 있다. 이에 반해 권영민[9]은 생의 구경적 형식으로서의 문학은, 문학을 통한 인간 운명의 발견과 직결되지만 모든 인간의 삶에서 본래적으로 부여된 운명을 발견한다고 볼 때 그것은 관념적인 것에 지나지 않는다고 비판하고 주제를 확대 심화하기보다는 동일한 주제를 반복한다고 지적하고 있다.

그러나 어느 작가이든 어느 한 면만을 끝까지 고수하여 추구하기는 어려운 것이다. 김동리 문학도 토속성과 현실성의 양면성을 지니고 있음이 사실이다. 간과할 수 없는 현실추구의 작품으로는 「다음 포구」

---

4) 토속성의 대표작은 「역마」로 볼 수 있고 종교성의 대표작은 「무녀도」와 「시반의 십자가」로 볼 수 있다. —김봉군, 「김동리론」, 『한국현대작가론』(민지사, 1997), 660쪽
5) 조연현, 「허무에의 의지」, 『문학과 사상』(세계문학사, 1949), 104~106쪽
6) 이형기, 「김동리작품해설」, 『한국대표문학전집』5(삼중당, 1971), 788쪽
7) 송백헌, 「토속신의 미학과 원색적 인간상」, 『동리 문학이 한국문학에 미친 영향』(중앙대 문예창작과, 1979), 98쪽
8) 김윤식, 『김동리와 그의 시대』(민음사, 1995)
9) 권영민, 『한국현대문학사』(민음사, 1995)

(1936), 「혈거부족」(1947), 「형제」(1949), 「귀환장정」(1950), 「밀다원시대」(1955) 등을 그 예로 들 수 있다.

그의 문학은 한국적인 토착정서의 세계에 근본을 구축하고 있다. 물론 논자에 따라 관념이다, 신비다, 전통성이다 하고들 있지만, 그의 문학의 본류는 토속문학인 것이다.

「화랑의 후예」(1935), 「산화」(1936), 「무녀도」(1936), 「바위」(1936), 「산제」(1936), 「황토기」(1937), 「솔거」(1937), 「찔레꽃」(1937), 「동구앞길」(1940), 「달」(1947), 「역마」(1948) 등이 이 계열에 속한다.

어떤 의미든 그의 작품세계는 그것이 허무와 운명이든 순결성이든 간에 우리 민족의 고유한 토속성을 근간으로 하고 있다. 그 토속성은 주제에서, 소재에서, 언어에서 나타나고 있다.

그럼 토속성이란 무엇인가?

토속이란 말은 어떤 지방의 특유한 풍속을 의미하므로, 그 지방 사람들의 풍속 민풍을 민속이라고 하듯, 결과적으로 민속이란 말과 유사 내지 동일개념이 된다.

하나의 핏줄을 중심으로 한 겨레가 어떤 지역에서 오랜 세월에 걸쳐 공동사회를 형성함으로 인하여, 거기에 독특한 문화를 이루기 마련이다. 그 겨레 고유의 민풍 민속이 이루어져 민간 전승으로 현재의 문명사회에 남아 있다. 이러한 전통적인 민간전승의 여러 가지는 현대의 관념으로는 원시적이고 신비적이지만, 그러나 고대인들에게는 일상적이고도 당위성을 가진 것으로 생각되었을 것이다.

토속성에는 지역성과 전통성(전승성)과 민중성, 이 셋을 근간으로 하고 있음을 알 수 있다. 그러면 토속성 내지 민속성에 대한 그 범위 내지 한계는 어떻게 설정할 것인가를 살펴보자.

우리들은 현재의 생활을 통하여 -이를테면 가옥이나 의복, 노동습관 등에서 그 양식이나 특징을 볼 수 있고, 또 한편 우리들의 정신문화, 민간신앙, 민간의료, 서민의 윤리관, 경험적 지식과 민담, 전설 등에서 찾아볼 수 있다.

우리나라의 민속학자 임동권 씨는 한국의 현지적 특수성을 고찰하여 민속학의 영역을, 민간신앙, 물체, 의식과 사회제도, 민중오락, 민간언어와 문예, 연중행사 등으로 나누어 자세히 설명하고 있다.10) 일반적으로 민속은 구비문학만을 지칭히는 경우는 없고, 구비문학을 포함한 몇 가지 전승문화, 특히 세시풍속, 민간신앙, 민간유희 등을 의미하고 있다.11)

하여간 토속성의 근본은 전승(tradition)에 있으며 이것은 도시보다는 농촌, 지식인보다는 산간벽지의 촌로들에게서 그 편모를 더 많이 엿볼 수 있다. 그리고 이러한 토속성은 민간에서 행하고 있는 제사, 다례 등의 의식과 무격사상에서, 그리고 설화문학에 더욱 잘 나타나 있다. 그러나 우리의 토속성은 삼국시대 이래로 불교, 유교, 도교 등 제종교사상의 침투로 인하여 다분히 복합적이며 잡다성을 내포하고 있다.

토속성이란 민간에서 전통적으로 행해지고 있는 각종 의식과 무격사상, 설화문학(구비문학)을 말하며, 한마디로 요약한다면 민간전승문화라 할 수 있다.

2) 「무녀도」는 샤머니즘의 미학이다

「무녀도」는 크게 두 가지의 갈등 구조로 되어 있는데, 하나는 모화 가족인 모화·낭이·욱이의 내부 갈등이고, 다른 하나는 기독교와 샤머니즘

---

10) 『대백과사전』 3, (학원사, 1962)에는, 1) 민간신앙: 귀신, 점복, 풍수, 무격, 굿, 고사, 장승 서낭당, 소도 등 2) 물체: 복장식, 금침, 혜물, 관립, 가구, 농기구 3) 의식과 사회제도: 관혼상제, 양식과 사회제도 4) 민중오락: 윷놀이, 승부사(내기) 5) 민간언어와 문예: 신화, 전설, 민담, 민요, 동요, 속가, 수수께끼, 속담, 방언, 은어 6) 연중행사: 집단적, 공동적으로 운영되는 부락행사, 노동, 제의와 같은 연중행사
11) 송석하, 『한국민속학』(일신사, 1960)

의 갈등이다.12)

흔히들 「무녀도」를 모화의 샤머니즘이 대표하는 토착풍속과 욱이의 기독교가 대변하는 서구적 근대문화 사이에 일어난 충돌로,13) 곧 토속신앙과 기독교의 대립14)으로 보고 있다.

그러나 외면적으로는 그렇게 인정하지만 내면적 심층에서 관찰해 보면, 이 작품은 서구문화를 상징하는 기독교는 부차적인 것이며 어디까지나 주인공인 무녀 모화 더 나아가 한국의 토속신앙인 샤머니즘을 주체로 다룬 것이라 할 수 있다. 곧 「무녀도」는 한 마디로 샤머니즘의 미학인 것이다.

위와 같은 가설을 증명하기 위해 우선 등장인물 모화·욱이·낭이의 성격과 삼자의 관계를 작품구조를 통해 알아보고자 한다.

2.1) 무녀 모화의 성격 내지 신관에 대해서

무당(Shaman)은 신과 인간의 중간적 존재로서, 그의 직능은 신과 직접 관계를 맺어 인간의 의사를 상신하고 신의를 하달하며 한편으로 악령을 구난하고 병재를 소산시키며 길흉을 점복하는 등이다.15) 그 직능을 수행하는 방법으로는 주술(magic), 점복(divination), 그리고 신화(神話-oracle), 신판(神判-ordeal)에 의해 행해진다.

> 모화는 보는 사람마다 너는 나무귀신의 화신이다. 너는 돌귀신의 화신이다 하여, 걸핏하면 용왕에 빌라는 둥 칠성에 가 빌라는 둥 하였다. 모화는 사람을 볼 때마다 늘 수줍은 듯 어깨를 비틀며 점을 하였다.

---

12) 양선규, "「무녀도」에 나타난 근친혼적 관계를 중심으로", 『김동리』(살림,1996),279~280쪽에도 이와 유사한 견해를 피력하고 있다.
13) 염무웅, 「김동리 작품해설」, 『한국대표문학전집』5(삼중당), 771쪽
14) 김윤식·김현, 『한국문학사』(민음사), 245쪽
15) 박성의, 『한국문학배경연구』(민음사, 1972), 282쪽

어린애를 보고도 부들부들 떨며 두려워했다. 때로는 개나 돼지에게도 아양을 부렸다.
그녀의 눈에는 때때로 모든 것이 귀신으로만 비치는 것이었다. 그것은 사람뿐 아니라, 돼지, 고양이, 개구리, 지렁이, 고기, 나비, 감나무, 살나무, 부지깽이, 항아리, 섬돌, 짚세기, 대추나무가시, 제비, 구름, 바람, 불, 밥, 연, 바가지, 다리끼솥, 숟가락, 호롱불…… 이러한 모든 것이 그와 서로 보고, 부르고, 말하고, 미워하고, 시기하고, 성내고 할 수 있는 이웃사람 같이 생각되었다. 그리하여 그 모든 것을 그는 '님'이라고 불렀다. (앞의 책, 243쪽)

모화의 관념은 모든 사물에 정령을 부여한 범신론으로 만물과 서로 교류와 조화를 기할 수 있는 샤머니즘(Shamanism)이다. 일반적으로 무속의 신관은 ①인간의 현실생활에서 경험되는 사물·현상·상태의 모든 것에 신들이 깃들어 있다고 본다. ②현실생활의 실리성이 먼 것과 추상적인 것에는 신을 생각하지 않는다. ③현실생활에 너무 밀착되어 있는 것에도 신을 설정하지 않는다.(농신, 가축신……) ④신을 인간생활의 규범·이상·동일시 대상으로 보기보다는 신의 영력의 도움으로 현실 생활의 실리를 추구하고 달성시키기 위해 섬긴다. 즉 신을 목적으로서가 아니라 수단으로서 신봉한다.16)
만물에 영(靈)이 내재해 있다는 animism은 원시인의 정상적인 사고요, 무당들의 샤머니즘과 상통한다.

모화의 말을 들으면 낭이는 수국 꽃님의 화신(化身)으로, 그녀(모화)가 꿈에 용신(龍神)님을 만나 복숭아 하나를 얻어먹고 꿈꾼 지 이레만에 낭이를 낳은 것이라 했다. 그녀의 말에 의하면 수국용신님은 따님이 열두 형제였다. 첫째는 달님이요, 둘째는 물님이요, 셋째는 구름님이요.

---

16) 임석재, 『한국무속연구서설』 I, 『아세아여성연구』 제9집(숙명여대, 1970)

(앞의 책, 243쪽)

낭이의 탄생을 수국꽃님의 화신으로 본 모화의 샤머니즘은 작품 「달」에서도 달이는 무당 모랭이의 몸에 달빛이 배여 잉태한 것으로 나타난다.

> 나윈당이란 동네에서 굿을 끝내고 돌아오는 달밤, 같이 굿을 했던 화랑과 숲속에서 정사를 하면서도 달빛이 몸에 배어 잠이 들었던 것이다. 달이를 놓을 때 무당 모랭이는 '아아 신령님께서 나에게 달님을 점지하셨다'고 모랭이는 혼자 속으로 굳게 믿었다. (앞의 책, 570쪽)

작품 「달」에서는 하늘에 걸린 자연의 '달'과 인간 '달이'를 동일시하였다.

무격사상(shamannism)은 정령신앙(animism)에 그 근본을 두고 있으며, 마을의 수호신으로 받들어지는 당수나무, 바위, 산신령 등이 있듯이 무당(shaman)은 각기 자기나름으로 받드는 신-용왕, 산신, 서낭, 터주, 성주, 조왕, 삼신 등-이 있다. 무당들은 그들 신의 존재이유나 존재여부를 논리적으로 설명하지 않고 무조건 따른다. 이러한 사실은 원시인들이 대자연에 대하여 가지는 불가사의와 신비성 나아가 경외감에서 연유한 것이다. 이는 원시종교요 제천양식과 밀접한 관련이 있다.

2.2) 「무녀도」에 나타난 주언(푸념)에 대해서

모화는 아들 욱이에게 예수귀신이 박혔다 하여 이를 쫓기 위해 푸념을 한다. 첫 번은 욱이가 들어와 며칠 되지 않아서 욱이의 '하나님'이 모화의 의혹과 반발을 사게 됨에 일어난다.

엇쇠, 귀신아 물러서라.
여기는 영주 비루봉 상상봉혜,
깎아지른 돌 벼랑헤, 쉰 길 청수혜,
너희 올 곳이 아니니라.
바른손에 칼을 들고 왼손에 불을 들고,
엇쇠, 잡귀신아, 썩 물러서라. 툇툇!

두 번째는 욱이가 집을 나간 지 이틀째 되던 날 밤이었고, 세 번째는 욱이가 두 번째로 집을 나갔던 밤이고, 네 번째는 욱이가 어머니 모화의 칼에 맞아 시름시름 앓을 때 곧 교회의 복음이 모화의 마을에 전파되기 시작했을 때며, 다섯 번째는 욱이가 죽고 난 뒤다. 그 주된 내용은 공통적으로 '엇쇠 잡귀신아(예수귀신) 썩 물러가거라'하는 것이었다.

축사(逐邪)하는 의미의 주언 이외에도 딸 낭이를 맞이할 때와 마지막 굿을 할 때도 나타난다.

무속의 신은 인간이 동일시하기 원하는 규범이나 이상형이나 신성한 대상이 아니라, 그 영력을 이용하여 인간의 현실적 이익을 추구하기 위한 도구적 대상이다.[17]

역신을 물리치는 방안으로 무속에서는 굿을 했으며, 굿보다 적은 규모로는 푸닥거리 비손(손비빔) 등이 행해졌고, 무당은 일종의 예인으로 주언을 외고 노래와 춤으로 악신을 물리쳤다. 그리고 「무녀도」에서 주문이 지니고 있는 시적인 리듬과 내용상의 신비성은 작품을 높은 예술의 경지로 고양시키고 있음도 간과할 수 없는 것이다.

작품 「산화」에도 할머니가 산신님께 비는 푸념이 나온다.

  - 산신님네 산신님네 은혜는 하늘같삽니다마는 불쌍한 우리 인간들

---

[17] 김인회, 『한국인의 가치관』(민음사, 1979), 89쪽

은 산신님네 은덕을 다 갚을 수 없삽내다…… 산신님네 이 고음국을 먹고 나거든 부디 병과 화는 이 집에서 물러가고 복과 재수만 들어와 주옵소서 부디부디 산신님네 태산같은 은혜만 믿삽내다.

고려 처용가에는

> 이런저기 처용아비옷 보시면
> 열병신아 회ㅅ가시로다
> 천금을 주리여 처용아바
> 칠보를 주리여 처용아바
> 천금칠보도 말오
> 열병신을 날 자바 주쇼서

처용가는 역신을 가무에 의해서 물리치는 무속적 관념을 가장 핵심적으로 지닌 노래이다.18) 무당은 우리 민족의 토속적 신앙을 깊이 지닌 사람이며 우리 민족의 풍습을 계승해 온 전승자이다. 조선시대에 와서 유교의 성행으로 샤머니즘은 민간으로 밀려나서 무당이 중심이 되어 민간인들의 재액이나 역병을 물리치는 역할을 담당하게 되었다. 「당고개무당」에서는 그 소재와 주제가 모두 이와 직결되고 있다.

이러한 영검(靈驗)의 세계는 「등신불」에도 나타난다.

2.3) 욱이의 기독교관에 대해서

모화와 상반되는 대립적 인물로 나타난 욱이는 서구문화와 기독교를 대변하고 있으며, 모화를 '닫힌 사회'에 욱이는 '열린 사회'에 비유할 수 있다. 그러나 욱이에게서는 기독교 본래의 모습은 보이지 않고 오히려 한국

---

18) 김원경, 「처용가의 변천과 Shamanism에 대한 연구」(서울교대 논문집, 1970)

적 기독교 내지 토착 정신에 의해 변용, 굴절되어 받아들여지고 있다. 모화가 귀신들린 상태라면 욱이 역시 귀신들린 상태라 할 수 있다.

모화는 욱이의 신약전서를 '예수귀신책'이라고 불렀다. 모화는 욱이가 무슨 몹쓸 잡귀에 들린 것으로 간주하는 모양이었다. '서역잡귀신' '예수귀신'이 들린 것이라 생각한다. 그것은 마치 욱이가 모화와 낭이를 으레 사귀들린 여인들로 생각하는 것과도 같았다. 그는 모화뿐만 아니라 낭이까지도 어미의 사귀가 들어가서 벙어리가 된 것이라고 믿는 모양이었다. '예수 당시에도 사귀들려 벙어리된 자를 예수께서 몇 번이나 고쳐 주시지 않았나…' 욱이는 이렇게 생각하는 것이었다.

이는 곧 모화의 관념이나 욱이의 관념이 전혀 동일하다는 것을 말하고 있다. 그리고 그 '사귀들린 여인'을 치료하는 방법도 모화가 푸념·춤·노래·손비빔 등으로 주적 행위(magic)를 하듯, 욱이 역시 기도(prayer)로써 할 수 있다고 믿는다.

하나님께 열심히 기도 드림으로써 그 어머니와 누이동생의 병을 고쳐야 한다고 마음 속으로 굳게 결심하는 것이었다. 이러는 중에 서울서 또 부흥목사가 내려왔다. 그는 기도를 드려서 병을 고치는 능력이 있다 하여 온 고을 사람들이 모여들기 시작하였다. 그가 병자의 머리에 손을 얹고
"이 죄인은 저의 죄로 말미암아 심히 괴로워하고 있사옵니다."
하고 기도를 올리면 여자들의 월숫병 대하증쯤은 대개 「죄씻음」을 받을 수 있었고 그밖에도 소경이 눈을 뜨고 앉은뱅이가 걷고, 귀머거리가 듣고, 벙어리가 말하고, 반신불수와 지랄병까지 저희 믿음 여하에 따라 모두 「죄씻음」을 받을 수 있다는 것이었다.

이는 마치 무속 의례의 목적이 인간의 이익을 위해 신과 거래하고 신을

이용하는 것19)과 조금도 다를 바가 없다. 모화(샤먼)가 그 대상으로 하고 있는 「산, 나무, 바위, 돼지……」 등의 물건에 깃들인 정령이 아니라, 예수님, 곧 「절대적 한 분밖에 안 계신 거룩 거룩하신 하나님 아버지」일 따름이다. 이같이 기독교에서 보이는 예수와 그 제자들의 신이(神異)는 초인적인 권위이며 전도의 한 방편일 뿐이고, 그 자체가 신앙의 본질은 아니다. 오히려 오늘날 이런 일이 있다고 한다면 사교로 인정되어 사회의 용납을 받지 못할 것이다.

「무녀도」에서 기독교와 샤머니즘을 대등한 평면에 올려놓았다는 것을 한국 근대문학의 획기적 세계로 보는 이도20) 있지만, 「무녀도」에서는 오히려 샤머니즘을 우위에 두었고 기독교는 하위에 두었다 할 수 있다. 그 이유는 욱이는 모화의 관념을 많이 지니고 있는데 비해 모화는 조금도 욱이의 기독교적 관념이 없다는 것과, 그 인물이 작품상에서 차지하는 비중과 역할을 보아서도 욱이는 부인물에 지나지 않는다는 점이다. 그러므로 욱이의 기독교는 한국의 토착적인 샤머니즘의 영향에 의해 변용되어 수용되었음이 분명하다.

2.4) 근친간(近親姦)의 의미

욱이의 탄생과 욱이와 낭이와의 관계 또는 모화와 욱이와의 관계에서 우리는 근친상간성을 엿볼 수 있음도 주목할만하다. 앞에서 지적한 모화 가족의 내부 갈등은 근친간을 의미한다.

낭이와 욱이의 근친상간이 암시되고 있는 곳은 세 부분이다.

> 그 호리호리한 몸매와 종잇장 같이 희고 매끄러운 얼굴에 빛나는 굵

---
19) 김인회, 『한국인의 가치관』, 105쪽
20) 김병익, 「자연에의 친화와 귀의」, 《한국문학》, 1973.12

은 두 눈으로 온종일 말 한마디 웃음 한번 웃는 일 없이 방구석에 박혀 앉은 채 욱이의 하는 양만 바라보고 있다가, 밤이 되어 처마 끝에 희부연 종이 걸리고 하면 피에 주린 모기들이 미친 듯이 떼를 지어 울고 날 아드는 마당 구석에서 낭이는 그 얼음같이 싸늘한 손과 입술을 욱이의 목덜미나 가슴패기로 뛰어들곤 하였다……

욱이의 몸둥이는 머리와 목덜미와 등어리의 세 군데 상처를 입고 있었다. 그러나 욱이의 병은 이 세 군데 칼로 맞은 상처만이 아니었다. 그는 날이 갈수록 갈비뼈가 앙상하게 드러나고 두 눈 자위가 패어들기 시작했다.

이와 동시, 한쪽에서는 오늘 밤 굿으로 어쩌면 정말 낭이가 말을 하게 될 게라는 얘기도 퍼졌고 또 한쪽에서는 낭이가 누구 아이인 지는 모르지만 배가 불러 있다는 풍설도 돌았다.

여기서는 이성동복의 남매끼리의 근친상간을 보여주고 있다. 근친간이 낭이의 주도로 이루어지고 있다. 또한 그 표현이 구체적이지 않고 암시적이며 간접적이다. 이는 기독교와 샤머니즘의 대립을 주제로 다루어 욱이와 모화의 종교적 갈등을 명시적으로 분명하게 표현하려는 작가의 의도 때문일 것이다.

가족관계의 혼란이 가져오는 친간성은 동리의 문학에서 종종 나타나고 있다. 「역마」의 성기와 계연은 사랑을 하게 되나 이모와 조카 사이란 것이 밝혀지며, 「황토기」에서는 분이가 외삼촌뻘 되는 왕성한 체력의 득보와 친간하고 있다. 「사반의 십자가」에서도 동복남매인 사반과 막달라 마리아가 연정을 품고 열애에 빠진다.

이러한 근친상간은 기독교의 윤리나 유교적 윤리의식으로는 용납되지 않는 죄의식이지만 동리의 문학에서는 가장 자연스럽고 인간의 본능적인 것으로 수용되어지고 있다. 민속에서 근친간은 이성의 혈육간에 가질 수 있는 가장 원초적이고 본능적인 사랑의 형태로 이것은 곧 샤머니즘의 토속세계인 것이다.

3) 집착과 숙명

「무녀도」의 결말은 두 주인공 욱이와 모화의 죽음으로 끝나며 낭이 역시 아버지의 나귀에 실려 어디론가 멀리 떠나버리는 것으로 되어 있다.

「무녀도」에서 두 사람이 일종의 순교자로서 대립, 똑같이 죽음을 맞이하고 있지만 욱이의 소망대로 교회가 서고 모화의 집은 그 무성한 잡풀 속에서 모기들만이 떼를 지어 우는, 폐가로 변했다는 것으로 샤머니즘 문화의 패배를 인식시켜 준다.[21]

모화와 그의 아들 욱이와의 대결은 닫힌 사회를 고집하는 축과 그 곳을 열리게 하려는 축과의 대결을 뜻한다. 그녀의 죽음은 닫힌 사회의 붕괴를 상징적으로 표상한다.[22]

이와 같이 모화의 죽음을 토속성 내지 샤머니즘의 패배로, 그리고 욱이가 죽고 난 후 교회당이 서게 되었으므로 기독교의 승리로 보고 있다.

위와 같은 논리는 어느 면에서 정당하다고 할 수 있다. 우리는 김동리의 다른 작품 ― 타고난 힘에 의해 펼쳐지는 한과 운명의 「황토기」에서, 역마살이 박혀 전회하는 체념적 운명을 다룬 「역마」에서, 이외에도 「여인의 한」, 「찔레꽃」 「동구앞길」 「순녀」 등에서 허무와 운명을 감지할 수 있다.

그렇다면 「무녀도」에서의 '모화의 죽음'도 그러한 허무(패배)와 운명(한)으로 처리되어야 할 것인가?

이 문제를 살펴보기 위해 작품을 검토해 보기로 한다.

---

21) 김병익, 앞의 논문
22) 김윤식·김현, 『한국문학사』, 244쪽

첫째 '모화의 죽음'의 제 1차 원인은 욱이의 등장으로 빚어지는 대립과 갈등이다.

'모화의 죽음'의 둘째 원인은 모화가 욱이를 자살(刺殺)함에 있다.

욱이가 두 번째 집을 나갔다가 돌아온 날 밤, 모화는 소복단장에 쾌자까지 두르고 손을 비비며 덩실 춤을 추며 신주상 앞에서 푸념을 하고 '예수귀신책'을 불태운다. 그때 나타난 욱이는 모화의 휘두르는 칼에 등을 찔리게 된다. 모화는 욱이를 안고 미친 듯 웃는다. 온갖 간호도 보람없이 욱이는 죽게 된다.

모화가 욱이를 자살하는 의미는 이 작품 구조상, 기독교 내지 서구문화에 대한 강렬한 항거이며, 토속적인 샤머니즘 세계를 고수하려는 강렬한 의지의 발로라고 해석되어야 할 것이다. 다시 말하면 육친애와 혈연의 가장 자연스럽고 원초적인 관계를 파기하고 모화가 아들 욱이를 자살(刺殺)하는 일은, 사라져 가고 있는 한국적인 고유한 토속성에 대한 집착심과 끈덕진 애정인 것이다.

욱이의 죽음으로 인해 완전히 굿과 인연을 끊은 모화에 대해 사람들은 "아까운 모화의 굿을 언제 또 볼꼬?" 하고 모화에 대한 연민의 정을 보낸다. 그런데 읍내 어느 부잣집 며느리가 '예기소'에 몸을 던진 일로 인연하여 모화의 마지막 굿이 벌어지게 된다. 「흥, 예수귀신이 진짠가 신령님이 진짠가 두고 보지.」 사람들은 기대와 호기심으로 굿이 열린 백사장에 몰렸다.

> 모화의 몸은 그 넋두리와 함께 물 속에 아주 잠겨져 버렸다. 처음엔 쾌잣자락이 보이더니 그것마저 잠겨 버리고, 넋대만 물 위에 빙빙 돌다가 흘려 내렸다.

모화는 결국 굿 도중에 투신자살을 감행한 것이다. 그럼 「모화의 죽음」

의 의미는 무엇일까? 모화의 죽음은 타의가 아닌 자의이다. 토속신앙의 패배가 아니라 아들을 죽인 육친애의 콤플렉스에 의한 어쩔 수 없는 필연적인 행위인 것이다. 만물을 영시하는 모화의 관념으로서, 생명에 대한 경외심을 지닌 샤먼으로서 살아남을 수 없는 필연성이 모화를 죽게 했고, 마지막 굿을 맡게 된 것은 곧 모화 자신이 죽음을 택하기 위한 방편인 것이다.

모화의 죽음은 자신이 지닌 심리적 갈등 곧 한(恨)을 해소하려는 행위이며, 토속신앙인 샤머니즘에 대한 강렬한 집착심의 표현인 것이다.

김동리 문학에 있어서 죽음에 대한 고찰은 여러 평론가들에 의해 시도되었다. 김병일의 「동양적 자연관과 신비한 운명론」[23], 이재선의 「주술적 세계관」[24], 유금호의 「무속적 생사관에 기초한 죽음」[25] 등 많은 논문이 있다.

김동리의 죽음 내지 운명에 대한 집착은 그의 성장과정과 깊은 연관이 있다. 동리는 경주 성건리 백석지기의 셋째아들(막내)로 태어났다. 가계를 일으키기는 했지만 과음과 주벽이 심한 아버지, 이에 지친 어머니는 착실한 예수교 신자가 되어 동리를 어릴 때부터 교회에 데리고 갔다. 그리고 민족주의자며 철학자인 백형 범부 등의 가족이 동리의 문학에 큰 영향을 미쳤다.

그러나 운명과 죽음에 대한 문제는 동리가 다섯 살 때 한 살 위인 선이의 죽음이 절대적인 영향을 미쳤다. 소꿉친구 선이가 폐렴에 걸려 죽자 거적에 싸여 묘지로 가고 그 어머니의 흐느낌은 동리를 일생을 두고 잊지 못하게 했다. 그때의 상황을 동리의 형수(김옥분)는 "어릴 때 선이라는 이

---

[23] 김병익, 「자연에의 친화와 귀의」, 『동리문학연구』 서라벌 문학8집(서라벌예대, 1973), 123쪽
[24] 이재선, 「주술적 세계관과 김동리」, 『한국현대소설사』(홍성사, 1979), 458쪽
[25] 유금호, 「본향에의 향수와 외출의 의미」, 『김동리』(살림, 1996)

웃 아이가 있었는데 그 애가 다 커서 죽었다. 할머니가 머리 땋아서 옷 입혀 주는 것을 보았는데 그 애 이름이 선이다. 동리와 장난하고 소꿉놀이도 하며 좋아했다."고 말했다.26)

동리는 자신의 문학의 동기가 선이의 죽음 때문이었다는 말을 여러 곳27)에서 언급하고 있다. 이는 소설 「우물 속의 풍경」에서도 상세하게 드러나고, 14세 때 쓴 시 <죽음의 집>에서도 드러나고 있다.

김동리는 가장 한국적인 삭가요 한국의 정체성과 전통성을 지닌 작가로 공인되고 있다.

김동리는 문학에 있어서의 사상성28)의 문제에 대해 지속적인 관심을 기울여 온 작가다. 또한 시대와 사회를 초월하여 인간이 영원히 지니는 인간의 운명을 주제로 나타나고 있다.

3. 「무녀도」와 「을화」

장편 「을화」는 모두 16개의 소제목으로 되어 있다.

-무녀의 집. 두 하나님. 강신. 달빛 아래. 을화무. 을화무의 발전. 교회를 찾다. 박 장로. 태주 할미. 굿과 예배. 베리데기. 나들이가 불러온 것. 성을 찾다. 생부 집에서. 성경과 칼. 종이 등불.

주인공 을화(乙火)는 무당이 되기 전에는 옥선(玉仙)이란 이름으로 불렸다. 옥선은 16세 때 이웃 더벅머리 성출(性出)과 보리밭에서 정을 맺고 배가 불러오자 이사가서 영술이를 낳는다. 영술은 기림사로 보내져 11세에

---

26) 김정숙,『김동리의 삶과 문학』(집문당, 1996), 61쪽
27) 서울신문, 1984. 1.18. 한국일보, 1983.11.6 등
28) 김동리, 「문학적 사상의 주체와 환경」,『문학과 인간』(청춘사, 1952), 92쪽

서 16세까지 머물고 나중 평양 외국인 선교사 밑에서 예수교 교인이 된다. 을화는 여러 번 이사를 간다. 영술을 낳은 후는 밤나무골로, 다음은 역촌 동네 삼가리 길갓집으로 가서 술청을 연다. 다음엔 백곡(잣실)으로 그리고 읍내로, 그 다음엔 성밖동네(성건동)로.

월희(月姬 달희)는 을화가 안강에 굿하고 올 때 모래밭에서 성도령(성방돌 : 빡지무당의 작은 박수)과의 사이에서 태어난 딸인데 벙어리다. 그림 그리는 것 외에는 손거울을 들여다보는 게 일이다. 파란 달조각 같은 얼굴. 옥을 깎아놓은 듯한 희고 어여쁜 몸뚱어리를 지녔다. 그 외 등장인물로는 정부자집과 장로 박건식이 있다. 줄거리는 「무녀도」와 비슷하고 조금 더 부연되어 있을 뿐이다.

「을화」에 대한 연구로는 김봉군의 "무속과 「을화」"29)와 류보선의 "「을화」에 대하여"30) 김윤식의 "「을화」론"31) 그리고 이동호32)의 연구가 있다.

「무녀도」와 「을화」, 두 작품의 유사성과 차이성을 살펴보기로 한다.

유사성은 첫째, 등장인물의 구성이다.

「무녀도」의 모화(무녀), 욱이, 낭이는 「을화」의 을화(무녀), 영술, 월희에 각각 해당한다.

둘째는 무녀의 아들이 어머니의 칼에 죽는다는 극적 사실이며 또한 그 주제가 샤머니즘과 기독교의 대립이라는 것이다. 몸집만을 달리 했을 뿐이지 근본 주제나 스토리는 같다.

차이점은 첫째, 성적 분출이 남매에서 어머니에로의 이동이다. 곧 「무

---

29) 김봉군, "무속적 충동과 영인적(靈人的) 언어결속의 파괴-김동리의 「을화」"
30) 류보선, 탈근대적 지향과 전근대적 귀결-김동리의 「을화」에 대하여, 《문학정신》 (1992, 7)
31) 김윤식, "「을화」론-이승과 저승 사이에 걸린 등불 하나"『김동리전집6』「을화」(민음사, 1995)
32) 이동호, "「을화」, 自我中心性을 넘어선 삶의 추구",『김동리』앞의 책, 372쪽

녀도」에서는 욱이와 낭이의 근친상간이 이루어지는데 반해, 「을화」에서는 을화와 이웃의 더벅머리 이성출, 그리고 박수 성방돌과의 성관계가 맺어지게 된다.

둘째는 「무녀도」가 1인칭 액자소설인데 비해 「을화」는 삼인칭 소설이다.

셋째, 결말의 차이다.

「무녀도」의 모화는 서천 냇가에서 부잣집 며느리의 혼백을 달래주는 굿판을 벌이다가 스르르 예기청수에 몸을 던져 죽는다. 그 후 동해안에서 해물장사를 하던 낭이의 아버지가 돌아와 뒷수습을 하고 딸을 데리고 떠났는데, 이 부녀가 작중 화자인 나의 집에 달포 가량 머물다가 떠나면서 남긴 소녀 낭이의 그림이 바로 무녀도다.

「을화」는 성방돌이 영술의 장례를 마치고 돌아오니 을화는 방에 없고 딸 월희가 울고 있다. 성방돌은 월희를 나귀에 태우고 어디론가 길을 떠난다. 「을화」의 끝장면은 이러하다.

> 사흘 뒤 영술의 시체는 조촐한 교회장으로 공동 묘지에 묻혔다.……빡지 할매가 왔더냐?…… 방돌은 월희를 안아서 나귀 위에 앉혔다. 그러자 담 밑에 쭈그리고 있던 마부가 부스스 일어나 나귀 고삐를 잡았다.…… 그 날 밤에도, 을화의 집 처마 끝에 달린 종이 등에는 전날과 같은 희뿌연 불이 켜져 있었다. ─『김동리전집 6. 을화』(민음사, 1996), 192쪽

「무녀도」는 기독교와 샤머니즘의 대립에서 자식을 죽인 모화도 죽게 함으로써 샤머니즘의 종말을 예고한 것에 비해 「을화」에서는 모화를 살려둠으로써 샤머니즘의 존속을 뜻한다고 할 수 있다.

김동리가 「을화」의 '작가 후기'에 밝혔듯이 「을화」의 전신은 「무녀도」다. 「무녀도」는 100매 분량의 단편으로 1936년 동리 24세 때의 작품이다. 「을화」는 분량 800매의 장편으로 1978년 66세 때 탈고한 작품이다.

　1972년 ≪문학사상≫ 창간 때 이어령의 '「무녀도」에 대한 이야기를 써 달라'는 부탁이 시초가 되어 5년 동안 끙끙거리다가 1977년에 착수하여 만 1년 후인 1978년에 ≪문학사상≫에 발표한 작품이다.

　1982년 팬클럽은 김동리의 「을화」를 비롯하여 우리나라의 대표작가 다섯 사람의 작품을 영역해서 스웨덴의 왕립 아카데미 도서관을 비롯하여 세계 여러나라의 문화단체에 보낸 적이 있었다.……김동리의 「을화」가 노벨상 후보에 올랐다는 소식을 접하게 되었다.[33]

　1996년(11.29) 서울에서 '한국문학의 세계화' 심포지움이 열렸다. 「설국」을 영어로 잘 번역하여 가와바다 야스나리를 노벨문학상에 이르는 길을 열어준 미국의 사이덴스티커(Edward Seidensticker)는 회고하기를 「설국」이 노벨문학상을 수상하게 된 원인을, 너무도 일본적이기 때문에 그 상을 주게 되었다고 했다.[34] '너무도 일본적'이란 말은 가장 민족적인 것이 세계적인 것이 될 수 있다는 말이다.

4. 맺음말

　「무녀도」는 샤머니즘의 미학이며, 작품 구조로 보아 샤머니즘과 기독교를 대등한 위치에 두었다기보다는 샤머니즘을 상위에 두었으며, 「을화」에서 무녀인 을화를 존속시킨 것으로 보아서도 샤머니즘의 존속을

---

33) 이태동 교수가 1986년 4월 「을화」가 단행본으로 간행되었을 때 한 이야기
34) 이진우, "「김동리론」-「을화」이야기", 『현대작가론』(삼영사, 1999) 참조

뜻한다. 「무녀도」나 「을화」에 나타난 근친상간은 우리의 토속적인 정신세계로 볼 수 있다. 두 작품의 배경이 경주라는 지역성이 전통성과 토속성을 말하고 있다. 그리고 「을화」가 노벨 문학상의 후보에 올랐다는 것은 가장 지역적인 것이 가장 세계적인 것이라는 것을 증명하고 있다.♠

오영수

　전형적인 단편소설 작가인 난계 오영수(蘭溪 吳永壽, 1907~1979)는 향수와 토속성을 띤 소박한 한국적인 서정주의를 주조로 하고 있다. 또한 그의 작품은 수필적 경향이 짙으며 인정과 향수를 노래한 작품이 많다. 대표작으로 「갯마을」「머루」「메아리」「후일담」「수련」「명암」「고개」「후조」「요람기」 등이 있다. 울산 언양보통학교를 졸업하고 일본과 만주를 전전하면서 여러 가지 직업에 종사했다. 한때는 경남여고 교사를 지냈고, 김동인 조연현 등과 친교하면서 ≪현대문학≫ 창간에 관여했다.

　대표작「갯마을」은 일정시대 그 괴로웠던 시절, 동해 바닷가 일광에서 면서기를 하면서 얻은 경험을 토대로 한 작품이다.

　그는 자연과 인간의 조화된 삶과 잃어버린 우리의 서정을 구가했다. 우리들은 그의 작품을 통해 문명으로 인하여 망각된 저 유년의 늪에서 생명감과 훈훈한 인정을 맛보게 된다.

인정과 향수의 작가
― 오영수를 찾아

1. 「갯마을」과 오영수

「갯마을」은 단조로운 구성으로 된 해녀 해순이의 이야기다.

―동해 바닷가의 한 갯마을. 초여름 어느 날 밤, 멸치 후리가 행해진다. 유독 과부가 많은 마을인데 스물셋 나이의 해순이도 과부였다. 해순이는 숙이 엄마의 권유로 멸치 후리에 나간다. 멸치 그물을 거두어 들이는 작업 중 덥석 손을 잡는 사내가 있었다. 해순이는 밤 늦게 일을 끝내고 짓(작업 대가로 분배되는 고기)을 받아 집으로 왔다. 시어머니는 "애야, 문을 닫아 걸고 자거라!"라고 밤마다 며느리가 안쓰러워 말한다. 해순이는 제주도 보재기(해녀)의 딸이었다. 해순이가 어부 성구와 짝을 짓자 어머니는 고깃배에 실려 물길로 떠나버렸다. 해순이의 남편 성구는 고등어잡이 철에 칠성이네 배를 타고 나갔다가 폭풍을 만나 돌아오지 않았다. 바닷가 모래톱에 모인 아낙네들은 뱃노래를 슬피 불렀다.

어느 날 밤 해순이는 미역바리를 하고 곤하게 잠들다가 어떤 사내의 급습을 받았다. 며칠 후 해순이가 방바위에서 한천을 널고 있는데 상수가 나타났다. 상수는 상처를 하고 바닷가로 흘러온 사내다. 상수는 해순이에게 같이 살자고 했다. 해순이는 상구의 첫 제사를 치르고 상수를 따라 산골로 갔다. 일년 후 멸치 후리할 때쯤 해순이는 갯마을로 돌아온다. 남편 상수가 징용으로 끌려가 버렸고 오뉴월 땡볕에 밭매기가 어려웠고 바다 생각이 간절했기 때문이다. 갯마을의 아낙네들에게 다시는 산골로 돌아가지 않겠다며 함께 멸치 후리막으로 간다.

– 오영수 선생이 1953년 ≪문예≫ 12월호에 발표한 「갯마을」은 1943년 기장군 일광면에 거주했던 경험을 바탕으로 씌어진 작품이다.

언양보통학교에서 교편을 잡게된 아내에게 가계를 맡기고 1942년 만주 신경으로 떠났다. 그 곳에서 우연히 일본에서 장식사 직공으로 같이 일했던 요내다(米田)를 만나 만주국 건국 10주년 기념 박람회의 일을 하게 된다. 일이 끝나자 향수를 달랠 길 없어 다음 해 귀국한다. 오영수는 만주에서 벌어온 돈으로 고향에서 진 빚을 모두 청산한다. 그때 아내가 기장군 일광보통학교로 전근하자 아내를 따라 어촌인 일광으로 이사를 하게 된다. 오영수는 처형의 도움으로 일광면 면서기가 되어 비교적 안정된 생활을 하게 된다. 이때 선생은 일광역 앞 다리를 건너 포구로 낚시를 다녔다. 1943년 당시 김동리 선생의 백형 김범부 선생이 독립운동을 하다 일광에 피신하고 있었다. 형을 만나러 온 김동리를 오영수는 자연스럽게 만나게 되었다. 오영수는 김동리에게서 문학적 영향을 받게 되었고 뒷날(1949년) ≪신천지≫에 김동리의 추천으로 「남이와 엿장수」를 발표하게 되었다.[1]

「갯마을」 이외에도 어촌이나 바다를 배경으로 한 작품으로는 「울릉도 뱃사공」이 있고, 바다와 관계되는 작품으로는 「섬에서 온 식모」 「실걸이

---

[1] 이재인, 「오영수의 전기적 생애」, 『오영수 문학연구』, 175~176쪽에도 이와 유사한 내용이 있으며, 필자가 1978년 여름에 선생님을 방문하여 면담한 사실이기도 하다.

꽃」 등이 있다.

"난 인자 안 갈테야. 성님들하고 여기서 같이 살래!"
"수수밭에 가면 수숫대가 모두 미역발 같고, 콩밭에 가면 콩밭이 왼통 바다 같고…"

작품의 주인공인 해순이가 정들었던 곳에 살고자 하는 귀향의식이 결말 부분에 강하게 나타나 있다. 물론 남편 상수가 징용으로 가버린 것도 한 원인이지만 근본적으로 갯가에 자라 산골 생활에 적응할 수 가 없었고 고향이 그리웠던 것이다.

우리가 「갯마을」의 무대배경인 일광면 이천리의 동쪽 갯마을을 찾았을 때는 50년도 넘게 흘러버린 세월 탓인지 옛 모습은 찾을 길 없었다. "덧게덧게 굴딱지가 붙은 모 없는 돌로 담을 쌓고, 낡은 삿갓 모양 옹기종기 엎딘 초가 스무남 집" 이런 풍경은 전혀 없었다. 골목길을 들어가 보니 몇 곳에 돌각담이 그대로 남았고 기와집과 슬레이트집이 간혹 보였다. 그런데도 골목에서 해순이가 광주리를 끼고 튀어나올 것만 같았다.

1997년 늦가을 시인 이해웅 교수의 안내로 몇 문우들과 「갯마을」의 현장을 탐방하였다. 일행은 평론가 김천혜 송명희, 소설가 고금란, 시인 김미순 양은순 등 여러분이었다. 표지석은 고목나무 아래의 사당 아래쪽 길가에 있었는데, "상수도 징용으로 뽑혀가고 말았다. 허전했다. 생각 끝에 해순이는 전 남편의 제삿날 다시 갯마을을 찾았다. 그녀는 갯마을이 더 좋았다." '―「갯마을」 중에서'라고 씌어 있었다.

난계 오영수(蘭溪 吳永壽, 1907.2.11~1979.5.15) 선생은 억압과 혼란과 전쟁과 독재와 산업부흥의 시대를 살았다. 그는 소박한 리리시즘으로 소외된 인간들에게 따뜻하고 흐뭇한 애정을 쏟아 보냈고, 유년과 고향에 대한 향수를 글로써 노래했다.

그는 김동인, 이효석, 김유정 이후 한국의 대표적인 단편작가로 손꼽히며, 1949년 「남이와 엿장수」를 《신천지》 7월호에 발표하고 뒤이어 1950년 서울신문 신춘문예에 「머루」로 입선한 이래 30여 년간 200여 편의 단편을 발표했다.

흔히들 그를 가장 한국적인 향토작가라 일컫고 있지만 한편으로는 시민과 도시를 버린 나약한 작가란 비난도 받았다. 오영수의 작품은 그만큼 개성적이고 특수성을 지녔다.

오영수에 대한 연구는 크게 세 가지로 나눌 수 있다. 첫째는 주제에 관한 연구[2]다. 자연 속에서의 순수한 삶, 원초적 세계로의 회귀, 귀향의식이 그 주조이다. 둘째는 서정소설론에 대한 연구[3]이다. 셋째는 형식적 특성(구성, 문체, 배경 등)에 대한 연구[4]이다.

가장 많이 다루어진 것은 주제론이다. 주제론을 셋으로 나누면 전기에는 자연의 서정적 이해와 인간의 선성(善性) 문제에 대해, 중기에는 전쟁과 물질문명으로 인한 숙명적 비극과 인간성 상실 문제에 대해, 후기에는 귀향의식과 이상향의 문제를 다루었다고 분석하고 있다.[5] 그리고 종합적이고 긍정적인 평가는 김영화의 오영수론[6]과 이재인의 오영수 문학연구[7]이

---

2) 이영숙, 「오영수 소설에 관한 연구」, 연세대 교육대학원 석사논문, 1983
   김경수, 「오영수 소설론」, 동국대 교육대학원 석사논문, 1989
   장승우, 「오영수 소설 연구」, 계명대 교육대학원 석사논문, 1996
3) 송하섭, 「한국현대소설의 서정성 연구」, 단국대 박사학위논문, 1986
   이혜진, 「오영수 소설에 나타난 서정성과 주제 연구」, 연세대 석사학위논문, 1989
4) 김학진, 「오영수 소설론」, 동국대 교육대학원 석사논문, 1985
   하선경, 「오영수 소설론」, 동국대 교육대학원 석사논문, 1997
5) 이재인, 『오영수 문학연구』(문예출판사, 2000), 33쪽
6) 김영화, 「오영수 소설 연구」, 제주대 논문집 24집, 1987.
7) 이재인, 앞의 책

다. 한편 오영수 소설에 역사의식의 부재나 현실의식의 한계를 지적한 연구가들로는 박동규[8]와 장승우[9] 등이 있다.

필자는 작품에 나타난 주제적 특성으로, 유년과 향수·인정의 미학·이상향의 추구, 형식적 특성으로 수필적 경향, 이 넷으로 나누어 보고자 한다. 그리고 연구 대상작품은 『오영수대표작선집』[10]에 실린 114편을 중심하여 고찰하고자 한다.

2. 유년과 향수

일반적으로 단편소설에서는 그 구성의 단계를 브룩스 워렌의 분류처럼 발단(exposition) 전개(complication) 절정(climax) 대단원(denouement)[11]으로 나누어 서술하고 있다. 오영수 소설에 있어서 극적인 장면으로 독자에게 감명을 줄 그런 절정은 없다. 더욱이 절정과 대단원이 동시에 끝날 때 가슴 찌릿한 충격을 맛보는 경우가 많은데, 모파상의 「목걸이」나 오우·헨리의 「마지막 잎새」같은 것들이 그 경우에 해당된다.

오영수의 작품에서 클라이맥스가 있다고 보아지는 작품은 총 114편[12] 중에서 「고개」「후일담」「용연삽화」「소쩍새」등이다. 클라이맥스는 없지만 단일한 효과와 구성의 긴밀로 긴장감을 가져오는 것으로는 「후조」「갯마을」「머루」정도다. 절정이 없다는 말은 극적 드라마가 없다는 말이다.

---

8) 박동규, 「오영수론」, 『전후 한국소설의 연구』(서울대 출판부, 1996), 172-222쪽 참조
9) 장승우, 「오영수 소설 연구」, 계명대 석사학위논문, 1995
10) 『오영수대표작선집』(전7권 1974.1, 동림출판사)
11) 브룩스와 워렌의 소설의 이해
　　C.Brooks. R. P. Warren- "Understanding Fiction." New York, 1959
12) 『오영수대표작선집』(전7권 1974.1, 동림출판사)

퍼어시·라복크는 소재를 다루는 방법으로 회화적(pictorial) 방법과 극적 (dramatic) 방법[13]으로 나누고 있다. 그러므로 극적 드라마가 없다는 말은 회화적 방법으로 일관하고 있다는 말이 된다. 회화적 방법은 수동적인 의식으로 사건이나 대상을 한 폭의 그림과 같이 정적(靜的)으로 그려나감을 말한다.

또한 포오스트는 등장인물을 평면적 인물(flat character)과 입체적 인물 (round character)[14]로 나누고 있다. 한 작품 속에서 그 인물의 성격이 변하지 않는 인물을 평면적 인물로 보았다. 에드윈 미어는 이를 정적 인물 (static character)[15]이라 했다.

김유정의 「소나기」의 주인공 '춘호'는 평면적 인물이요, 「감자」의 '복녀'나 「이방인」의 '뫼르소'는 대표적인 입체인물이다. 오영수의 인물은 발전적이고 변화 있는 인물이 아니라 평면적 인물이 주류를 이루고 있다.

인간의 복잡하고 미묘한 심성을 연구하려는 것이 현대소설의 특징이라고 볼 수 있는데 비해 그는 오히려 인간의 복잡성을 되도록 간추려서 단순화로 귀납한다.[16] 그는 등장인물의 성격을 단순화함으로써 순박한 인간성을 그렸다고 볼 수 있다. 퍼어시 라복크는 스토리의 제시방법으로 장면 중심적 방법과 파노라마적 방법으로 나누고 있는데, 오영수 소설은 전개법은 한가롭게 명상에 잠겨 관조적 경지에서 회상의 흐름을 택하고 있다. 극적인 작품이라 할 수 있는 「고개」나 「대장간 두칠이」마저 회상적 수법으로 스토리를 전개하고 있다. 「산호물부리」, 「황혼」, 「추풍령」, 「요람기」, 「흘러간 이야기」, 「지나버린 이야기」, 「고향에 있을 무렵」, 「후일담」 등은 제목 자체도 그렇고 전개 방법도 회상적이다.

---

13) "The Craft of Fiction" - Percy Lubbock. 송욱 역, 일조각, 1977
14) E. M. Forster "Aspect of the Novel"
15) Edwin Muir, "The Structure of th Novel"
16) 김병걸, 「오영수의 양의성」, 《현대문학》, 1967.9

이러한 회상적인 파노라마 기법의 작품은 작품의 정신적 고향을 유년과 고향에 두고 있기 때문이다.

고향에 대한 그리움 곧 향수라는 말에는 유년과 어머님과 향토에 대한 그리움이다. 오영수의 경우 소년소녀는 어떠한 경우라도 순진무구하게 그려지고 있다. 오늘날 과잉보호로 인한 문제아와 현대문물의 악영향으로 '무서운 아이들'이 곧잘 이야기되고 있는데 반하여 오영수의 경우 소년소녀가 주인공이 된 소설 16편은 한결같이 그 순진성만을 말하고 있다. 이것은, 좀도둑질하면서 구걸하는 거지에게 이웃부인의 만류를 속여가면서 거지소년에게 쌀을 떠주는 「거지와 진주반지」와 「후조」의 구칠이에게서 잘 나타나고 있다. 소년소녀에 대한 사랑은 곧 동물에 대한 사랑으로 이어진다. 닭, 소, 새, 맹꽁이, 매미, 개, 쥐, 나비, 두꺼비, 제비, 까마귀 등 가축 이름이나 어린이들과 유사한 속성을 지닌 동물이 그대로 제목으로나 주제로 사용되고 있다. 이에 반해, 흔히 산골에서 곧잘 이야기되는 범과 같은 맹수에 대한 이야기가 전혀 없음은 주목할만하다. 그의 동물에 대한 애정은 「흘러간 이야기」의 정 노인과 남 생원과의 대화에서 그 극치를 이룬다.

"짐승이지만 정이 들대로 들어서…"
"자넨 별나게도 소를 아꼈지."
"생각을 좀 해보렴. 그 소가 어떤 손지."
"근데 형, 저녁마실이라도 갔다 들어오면 마굿간에 누웠다. 소가 푸우─하고 일어서서 찡그렁 요령이라도 흔들라치면 말요…"
"온 집안이 훈훈하고 꽉 차지."
"그럼요, 그렇게 마음 든든할 수가 있겠소."
"누가 아니라."

다음으로 모성애를 다룬 작품을 보면 「고개」 「어떤 여인상」 「응혈」 「화산댁이」 「망향수」 「용연삽화」 「염초네」 등이 있는데 그 중에도 「두메 모자」와 「노을」에는 육친애가 가장 잘 나타나 있다.

그의 작품 중에 모성애에 관계된 작품이 많음은 어머니가 영원한 마음의 고향이란 인간의 원초적인 심리와도 관계 있겠지만 장남이어서 어머니에 대한 사랑이 각별했기 때문이다.

"어메가 앞서면 좋겠는데 안주 이슬이 안 말랐으요."
"오냐오냐, 어서 가자. 내 걱정을랑 말고, 짐이 좀 무겁제?"
"오데에 게안심더."
"마리지도 안한 나무로 그렇게 졌노, 쯧쯧."
"아, 걱정 마이소." (「두메 母子」에서)

…수(壽)야, 니도 어서 커서 우리도 옛말하고 살재이–하고 했으나 국민학교 이학년인가 삼학년이었던가 한 나는 무슨 말인지 알 수가 없었다.
옛말도 한번 못해 보고 어머니는 가셨다. 옛말은 못해도 오늘도 저렇게 노을은 도미비늘처럼 곱게 타고 있다.
…어메야 옛말도 못해보고 가신 어메야… 그래도… 어메야 뿔세는 저렇게 곱게곱게만 타네.
어메야–
어메야– (「노을」에서)

그의 작품을 주제별로 보면 낚시에 관한 것이 11편으로 많은 편이지만 그보다 산골, 섬 등 고향에 관한 작품이 23편으로 가장 많다. 도시를 배경으로 한 작품일지라도 주인공들은 대개 시골에서 도시로 흘러 들어온 사람의 얘기다. 그의 작품의 주제는 유년과 자연과 고향이라고 볼 수 있다.

3. 인정의 미학

오영수의 소설에 있어서 주인물은 대개가 우리들 생활에서 소외된 잊혀진 사람들이다. 주인물이 펼치는 사건에 따라 주제가 형성되므로 주인물이 어떠한 사회적 경제적인 위치에 놓여 있느냐에 따라 그 소설은 이미 그 행방이 정해지는 것이다. 오영수 소설의 주인물을 그 신분별로 보면 하층민 13편[17], 소외되고 버림받은 노인들 6편[18], 현실에 소외당하고 산골에서 새 삶을 개척하는 사람들 6편[19], 전쟁의 피해자들 5편[20], 이밖에도 「낙엽」의 안양댁, 「종차」의 종우삼촌, 「어떤 여인상」의 여인 등 소외당한 하층민이 주인공인 작품이 모두 42편이나 된다. 이들은 모두 헐벗고 굶주리는 하층민이거나 아니면 우리들의 정상적인 일상에서 소외된 밑바닥의 생활군이다.

김봉군[21]은 1)무지렁이 익살스런 토속 인간 2)피해자, 피학자, 소외인간의 두 부류로 나누어 설명하고 있다.

이런 사람들을 등장인물로 내세워서 이들에게 겨울날 따사한 한 줄기

---

17) 「섬에서 온 식모」의 월례, 「도라지꽃」의 식모 덕순이, 「용연삽화」의 여종 춘례, 「염초네」의 마을 하인 염초네, 「소쩍새」의 종의 딸 순이, 「개개비」의 식당 숙수 윤도, 「어떤 죽음」의 머슴 김천만, 「시계」의 기생 계월, 「명암」의 죄수 껄떡이, 「고개」의 전과범 사나이, 「상춘」의 거지인 길이엄마, 「안나의 유서」의 전쟁 고아 안나, 「대장간 두칠이」의 두칠이.
18) 「떡」의 박 노인, 「춘한」의 추강 선생, 「명촌 할아버지」, 「뚝섬 할머니」, 「기러기」의 황곡 노인과 이 주사, 「지나버린 이야기」의 윤생원.
19) 「흘러간 이야기」의 정노인과 윤생원, 「메아리」의 양동욱 내외와 박 노인, 「망향수」의 할머니, 「두메모자」의 영천댁, 「은냇골 이야기」의 김 노인과 박 노인. 실직이거나, 있으나마나한 직장을 가진 전직교사와 소시민들 8편 - 「박학도」의 박학도, 「불구」의 영석, 「여우」의 달오, 「제비」의 그, 「낙수」의 기수, 「합창」의 박두헌, 「초가을」의 그, 「웅혈」의 명구.
20) 「두 피난민」의 마동이와 이가, 「전우」의 녀석, 「추풍령」의 그와 아내, 「설야」의 억수, 「후일담」의 여인.
21) 김봉군 외, 「오영수론」, 『한국현대자가론』(민지사, 1997, 제3판), 741~743쪽

햇빛과 같이 훈훈한 애정을 불어 넣는 것이 오영수 소설의 본질이라고 하면 지나친 말일까?

성격과 주제와 구성은 삼위일체인 상관속이다. 우리가 소설을 쓰는 데 있어서 늘 명심해야 하는 것은 바로 이러한 삼자의 상호보완적인 관계를 올바로 인식해야 한다.[22] 사실상 작가가 형상화하려는 주제에 따라 성격과 구성이 이루어짐은 주지의 사실이거니와 오영수 소설에서 이 삼자의 상관관계를 주제 곧 작가의 인생관에 따라 구성이나 인물이 처하는 상태를 알아보기도 한다.

오영수의 작품은 비록 현실의 비리를 고발할 때도 그대로 dramatic하게 하지 않고 언제나 담담한 에세이로, 아니면 우화적인 표현을 한다. 그런 가운데도 해학과 유모어의 훈훈한 인정미가 넘치고 있다.

감방 안의 죄수들의 이야기인 「명암」에서는 감방장의 신참에 대한 훈계에서 읽는 사람으로 하여금 미소를 자아내게 한다. 「낮도깨비」에서는 허 생원이 저승차사에게 잡혀가 국제회의를 구경하게 되는데, 공자와 예수의 대화가 나온다.

"그럼 기독씨에게 묻겠는데, 이 나라에서는 전부가 미신과 광신의 소굴로 변해가고 있다는 사실을 아시오. 피를 흘린 당신의 사랑이 수십파로 갈라져 서로 할퀴고 뜯고만 있으니 이것이…"

현실의식이 풍자적인 수법으로 나타난다. 또한 「엿들은 대화」에서는 개 누렁이와 닭 꼬꼬씨가 주인을 비방한다.

"말 마오. 세상은 왼통 도둑놈 판이오!"
"허…"

---

22) 『소설기술론』(정한숙, 고려대학교 출판부, 1973)

"온 세상이 도둑놈 판인데 내가 그걸 일일이 다 짖어대다간 이 울대가 글쎄 하룬들 배겨나겠소. 그래서 숫제 안 짖기로 했소. 어쩌다가 가뭄에 콩 나듯 양심 바른 사람이 보이면 경의를 표하는 뜻에서 한두 번 짖어줄 뿐이요."

이렇게 우화로써 표현한다. 「여우」에서는 성호의 여우같은 악과 달오의 순박한 '선'이 맞부딪치면서 전개되는 양호원에 관한 이야기는 아이러니와 유모어를 가져다주고, 달오의 지나치게 순박한 인정미는 단칸방에 성호를 오랫동안 함께 기거하도록 허락하여 정상을 이탈해 버린다. 악을 고발하고 선을 옹호하려는 주제가 그만 인정에 묻혀 오히려 삭감되고 만다. 나아가 독자에게 따스한 미소를 띄게 하는데 이것이 바로 오영수 문학의 본원이다.

이러한 동양적인 휴머니즘은 전쟁의 비정을 읊은 「후일담」에도, 생활에 탈기한 기수가 저지르는 도둑질의 「낙수」에서도, 구두 닦기 소년 구칠이가 교사인 민우에게 베푸는 인정의 「후조」에서도 잘 나타나고 있다.

"그 놓고 앉아라."
도둑은 박스를 들고 양복을 낀 채 와들와들 떨기 시작한다.
사나이는 머리위로 손을 뻗어 담배를 붙이면서
"앉아라 거기"
도둑은 조심조심 정강이를 꿇고 앉는다.
사나이는 천장으로 연기를 한 모금 뿜고는
"너 가진 것부터 내 놔라."
"……"
"내 놔 빨리!"
도둑은 연신 떨면서
"가 가진거라니요 돈 말이요?"
"돈이 아냐. 그 연장말야…"

"연장이라니요."
"아니 그래, 이런 영업을 하러 다니면서 맨손으로 다니냐?"(「낙수」에서)

극장 안에 들어서자 구칠이는 부리나케 앞으로 다가가서 자리를 잡아 민우를 앉히고는 귀에다 대고,
"선생님 연속임더. 아시지요 이거 마치면 또 첨부터 합니다. 보고 가이소. 내 저 사람들 신닦아 놓고 올께요." (「후조」에서)

흐뭇한 인정의 세계, 우리 인간의 본심에 흐르는 순수한 그리움― 그것을 향수라 해도 좋고 육친애라 해도 좋고 자연애라 해도 좋다. 오영수는 이런 훈훈한 인정, 곧 동양적 휴머니즘을 담담한 에세이 식으로 읊었다. 송하섭[23]은 전통적 아름다움과 정서를 환기시켜, 이효석·김유정·황순원에 이어진 서정적 소설이 오영수에 이르러 정점에 이른 발전을 이룩했다고 평가했다. 이런 면에서 가장 오영수적인 작품은 「후조」「수련」「어린 상록수」「두메 모자」라 할 수 있겠다.

4. 이상향의 추구

오영수는 「메아리」에서, 산골에 들어가 자연에 묻혀 사는 양동욱 내외와 박 노인과 윤 생원의 등장인물들을 통해 자연귀의를 구가했다. 그리고, 전쟁으로 삶의 터전을 잃게 된 정 노인 내외와 남 생원이 운문산 속 뜀지 마을에서 새 삶을 영위하는 「흘러간 이야기」에서도 「메아리」와 같은 자연귀의의 은둔사상을 그렸다. 「어린 상록수」에서는 위의 두 작품과는 다르

---

[23] 송하섭, 「한국현대소설의 서정성 연구」, 단국대 박사학위논문, 1986

게 버림받은 사람들의 새로운 인생이 아니라 젊은 지성인이 버려진 땅을 개척하며 이상향을 실현하는 자연에의 도전을 훈훈하게 그렸다. 이 작품은 전라도 부안에서 황무지를 개척하며 살아가는 작자의 막내아들을 모델로 하여 건실하고 소박한 현대적인 새 농촌 일꾼을 통해 이상향을 노래했다. 오영수의 작품은 후기에 갈수록 그 분량이 줄어들어 수필에 밀착하고 있고 주제도 유년과 고향에 대한 끝없는 향수를 나타내었는데, 이 「어린 상록수」는 그 분량이 중편에 육박하는 걸로 보아서도 가장 오영수적인 작품이라 할 수 있다.

'탈도시 자연귀의'를 몸소 실천하려는 의지는 「오지에서 온 편지」에서 아주 강하게 그려졌고, 「황혼」에서는 직접 향리를 찾아가 옛날 이웃의 체머리할머니를 만나 유년시절을 회상해 보기도 한다. 그러나 「실향」에서는 상경한 고향 친구 B를 통해 완전히 변모된 고향 소식을 듣고 실망한다. 어릴 때 소 먹이던 밤밭 등엔 잠사공장이 들어서고 고속도로에 미나리꽝도 부엉덤이 먹터도 먹혀 버림을 알게 된다. 그러나 그의 꿈을 저버릴 수 없어 77년 낙향을 단행한다. 그러나 너무나 변모해 버린 향리 울주군 언양에는 가지 않고 백리 상거의 웅촌 곡천으로 낙향했다. 낙향 후 나온 그의 창작집 「잃어버린 도원」은 바로 자신의 자연귀의를 잘 형상화하고 있다.

그 제목이나 형식에 있어서 수필에 가까운 「속두메 낙수」에서는 다음과 같이 자신의 자연애를 순박하게 그려 자연과 합일의 경지에 이르고 있다.

    두루마기를 논둑에 벗어놓고 두렁을 꼬불꼬불 타고 깊숙이 들어갔다.
    사람의 내왕이 없는 논둑인데… 그러나 그럴 수도 없었다. 허리띠를 풀라하니 갓이 그대로 정수리에 얹혀 있다.
    — 아무리 일이 급하기로 보는 사람이 없다기로 갓을 쓴 채 뒤를 볼 수야… 갓을 벗어 논둑에 박힌 소나무 말뚝에 걸어놓고 몇 걸음 더 들

어가서 중의 춤을 까고 시속말로 기분 좋게 뒤를 보기 시작했다.
　올려다 보는 하늘에는 새털구름이 한두 조각 떠 있을 뿐 티없이 맑다.
　추석 전 들녘은 벼가 한창 고개를 숙이고 서풍에 튀길 듯이 익어가고 있다.
　- 올해도 장히 거두겠는데… 아니 저 저, 저게, 아니 저게 내 갓 아냐. 아 저런 놈 봤나. 저, 저, 야 이놈아, 어른 갓으로… 저런 버르장머리 없는 놈. 빨리 제자리에 갖다 놓지 못해. 허 그 놈 장난도 분수지.
　그러나 황새란 놈 아랑곳없이 유유히 원을 그리면서 날고만 있다.

　그리고 앞에 든 「두메 母子」에서도 순수한 인간본능의 인정미와 훈훈한 모자지정을, 그리고 「노을」에서는 유년과 어머님을 회상하여 눈시울을 적신다. 향토애는 「소박한 사람들」의 농부들의 물싸움에서도 잘 나타난다.

　　"오냐, 올라카거던 자식놈에게 유언부터 해 놓고 오나라아!"
　　"오냐 이놈, 두고 보자아!"
　　"아암 봐야지, 눈깔에 흙이 들 때까지 두고 봐야지이!"
　이러다 보면 배도 꺼지고 입아귀도 아프다. 헛기침소리와 함께 담뱃불이 떨어진다. 그러나 다음날 밤이면 또
　　"야아, 아무개 이놈아아-"
　대개는 윗논이 공세고 아랫논이 뱃장이다.
　　"오냐, 이놈아 그렇잖아도 기다리는 참이다아!"
　　"니 5대조 때…"
　이렇게 몇 대 조상까지 들먹이고 심지어는 족보까지 캐고 든다. 이런 싸움이 끝장이 날리 없다. 그러나 이러다가도 비만 함뿍 와버리면 언제 그런 일이 있었던가 싶게
　　"비가 자알 왔지?"
　　"논에 사태나 밀리지 않겠는가?"
　하면 그만이다.

오영수의 이상향은 자연귀의란 말로 요약할 수 있다. 낙향하여 머문 웅촌의 집 이름을 스스로 침죽재(沈竹齋)라고 한 것만 보아도 알 수 있다. 그리고 낙향 후 쓴 일련의 작품들「속두메낙수」「노을」, 창작집『잃어버린 도원』「두메 母子」등을 보아도 알 수 있다.

5. 수필적 경향

현대 단편소설이 수필을 닮아가는 경향은 주지의 사실이지만, 오영수의 경우처럼 수필에 접근한 소설이 많은 분도 드물 것이다.

우선 그의 소설을 서술의 시점(point of view) 별로 보면 논의의 대상으로 한 114편 중에서 1인칭 서술 시점이 21편으로 ―「촌뚜기의 변」「병상기」「두꺼비」「난」「시계」「수변춘추」「요람기」「바캉스」「매미」「오지에서 온 편지」「고향에 있을 무렵」「말을 앞세웠던 후회」「입추전후」「입원기」「축견기」「대화」「매미와 바캉스」「황혼」「건망증」「노이로제」「노을」. 1인칭 관찰자 시점이 10편 ―「박학도」「동부전선」「명촌 할아버지」「산딸기」「어린 상록수」「피로」「실향」「산호물부리」「목에 걸린 가시」「화장산에 얽힌 이야기」.

이밖에 3인칭 시점으로「수련」의 B,「실소」의 B,「심정」의 그,「입추전후」의 그,「장자늪」의 그,「뜸」의 Y,「낚시광」의 Y,「삼호강」의 그,「어느 여름밤의 대화」의 그,「세배」의 그, 등 11편에 나오는 인물들도 작자 자신이라 볼 수 있다. 이렇게 볼 때 42편의 인물들도 작자 자신이라 볼 수 있다. 그러므로 오영수 소설은 대체적으로 수필적 경향이 짙다.

그리고 분량별 즉 길이로 보아도 원고지 200장을 넘는 것은「메아리」「안나의 유서」「어린 상록수」「실걸이꽃」「오지에서 온 편지」, 이 다섯

편뿐이며 가장 긴 것이 원고지 250장 내외의 「오지에서 온 편지」이며, 가장 짧은 것은 짧은 수필에 지나지 않는 「잡초」로 원고지로 6장밖에 되지 않는다.

여기서 원고지 20장 이내인 것을 가려보면 －「윤이와 소」「코스모스와 소년」「촌뚜기의 변」「병상기」「봄」「떡」「욱이란 아이」「낙엽」「까마귀와 소녀」「어떤 대화」「촌경A」「심정」「낚시터 인심」「골목안 점경」「도라지꽃」「화장산에 얽힌 이야기」「잡초」「메기와 권위」「말을 앞세웠던 후회」「입추전후」「낚시광」「매미와 바캉스」「악몽」「입추전후」「두메낙수」「봄」「노을」「게와 술」「어떤 애처가」－ 등 29편이다. 이 중에도 10장도 되지 않는 것이 몇 편 있다. 사실 오영수의 경우는 소설과 수필을 동일시하는 경향마저 있는 것이다. 분량이 짧다하여 콩트(掌篇)라고 간주하기에는 매우 어려운 작품들이다.

이무영[24]은 "장편(콩트)은 가벼운 유모어, 반등, 기지 등이 많이 쓰여진다. 처음부터 끝까지 독자를 딴 세계로 끌고 가다가 최종 일이행에 가서 홀딱 뒤집어 보인다든가 어쨌던 인생의 아주 작은 면을 붙잡아서 심각한 면을 보여주는 것이 특징"이라고 말하고 그 분량도 이백자 원고지 십매라고 말했다. 분량은 꼭 콩트에 상응하지만 그 내용상 도저히 콩트라 말할 수 없다. 그 구성면에서 앞에 든 200장이 넘는 작품들도 단편일 따름이지 결코 중편일 수 없는 것이다. 「인정」과 「입추전후」는 자신이 연재소설을 쓸 수 없는 심리적 콤플렉스와 결백성을 대화형식으로 잘 나타내고 있다.

"저쪽에서는 재미나게만 써 주면 딴 조건은 없다잖아 눈 딱 감고 해 보는 거다."

"그렇지만 그 재미란 게……"

---

[24] 이무영, 『소설작법』(계진문화사, 1953.9)

"옛다. 제어길헐. 그 뭐 택시 안에서도 젊은 계집 옷도 좀 벗기고, 다방, 캬바레, 비밀요정, 사장족, 술, 계집, 도박, 마약… 이런 것들을 원료로 해서 범벅탕을 끓이는 거야."

"그렇지만 도박은 십원내기 섰다밖에는 해 본 적이 없고, 술은 맥주 두 잔이면 벌벌 기는 판이고, 계집이라면 아냐, 젊은 계집들의 환한 겨드랑이만 봐도 얼굴이 붉어지고, 마약은 구경도 못한 주제에 어떻게 그런 걸 쓴담."

「입추전후」에서는 이렇게 말하고 있으며 「잃어버린 도원」의 후기에서는 다음과 같이 술회하고 있다.

"내게는 테제나 형식이 따로 있지 않다. 생활이 즉 테제요, 문학이 즉 생활이기 때문이다. 예술은 어디까지나 개성이 창조인 이상 거기에 무슨 틀(型, 形)이 있겠는가?"

이 말은 생활 자체와 문학을 통일시하고 형식에 아무런 구애됨이 없음을 말함인 즉 수필과 소설을 그 장르상으로 혼동 내지 동일시하고 있다고 볼 수 있다. 또한 오영수가 즐겼던 생활, 난초와 낚시처럼 정적이고 관조적인 생활 그 자체가 그대로 문학화 되어 나타났다. 애수적이면서도 담담한 수필을 방불하게 하는 「수련」을 중심하여 많은 작품이 있다. 그는 확실히 소설에 있어서 허구를 제거하고 오로지 신변의 이야기를 함으로써 사소설 내지 수필에 접근하고 있다.

이재선[25]은 한국의 소설을 ①서술자 주관적 3인칭소설 ②1인칭소설 ③서술자 퇴행적 3인칭소설의 3유형으로 분화시켜 1인칭소설을 정의하여 '서술자가 곧 소설의 주인공이거나 또는 부차적인 인물'인 경우인데 이런 유형의 서술방법상의 특징은 역시 보고적 기법이 우세하다. 소설의 세계

---

25) 이재선, 『한국단편소설연구』(일조각, 1977)

는 회상 속에서 재구성된 세계다. 또한 서술자는 그만큼 제약을 받기 때문에 체험이나 관찰의 영역을 일탈할 수 없고 고백과 방관의 형식을 취한다고 했다. 위의 소론은 오영수 소설이 수필에 밀착되어 있음을 뒷받침하고 있다.

6. 맺음말

성선설에 입각한 humanism으로, 시대적으로 사라져 가는 저층의 인간군의 애상(pathos)를 노래하는 마지막 한 사람, 고고한 인생을 살다가 간 그는 '한국 서민의 일상적 애환을 문체적으로 간결하게 시점상으로 소박하게 다루어온 작가'로 널리 알려져 있다. 그러나 현실사회를 버리고 동양적 선유적인 기질로 낚시와 자연과 회고에 한거해 버린 작가라 하여 그 작품의 많은 분량이나 독특한 경지를 무시하고 많은 평가들의 논외의 대상이 되어 왔음은 과연 올바른 일일까?

오영수의 작중 인물은 수동적·평면적 인물이거나 인정적·선의적이면서도 버림받은 인물들이다. 그리고 구성은 단순 구성이고 배경은 주로 농어촌이다. 주제는 휴머니즘과 동양적 자연주의다. 자연과 더불어 사는 삶의 기쁨을 노래했다.

오영수의 향토에 대한 애정은 물의를 일으킨 「특질고」를 쓰게 하였으며, 그 내용이 지방적 차별을 조장한다하여 지나치게 혹평하는 것까지는 좋으나 일생을 창작에 전심한 원로작가의 붓을 끊게 해버린 처사는, 그리고 그것이 직접 운명의 한 원인이 되었을 것을 생각하면 너무나 가혹한 일이 아니었을까?

오영수는 「잃어버린 도원」 출간 이후 「녹슨 칼」(현대문학, 1978.10) 「편지」(울산문학 제4집) 등 수 편을 발표했는데, 이제 오영수 선생의 창작은 그의 운명과 함께 매듭을 지었다.♠

김정한

요산 김정한(樂山 金廷漢, 1908~1996)은 동래에서 출생했다. 서울 중앙고보에 입학했다가 동래고보로 전학하였다. 1929년에 도일(渡日)하여 동경제일외국어학원에서 1년간 수학했고, 그 다음해 동경 와세다대학 부속제일고등학원 문과에 입학하여 조선유학생이 발간하던 ≪학지광(學之光)≫ 편집에 참가하면서 문학활동을 시작했다. 1936년 단편「사하촌」이 조선일보 신춘문예에 당선되었다. 「옥심이」「항진기」「월광한(月光恨)」「낙일홍」「추산당과 곁사람들」 등을 발표하였으며, 1956년에 소설집『낙일홍』을 출간한 이후 작품 활동을 중단하였다가 1966년에「모래톱 이야기」로 작품 활동을 재개하였다. 대표작은「사하촌」「모래톱 이야기」「뒷기미 나루」「가야부인」「사밧재」등이다. 그의 문학 경향은 민중문학, 민족문학, 농민문학, 리얼리즘 문학이라 할 수 있다.

대쪽같은 삶과 리얼리즘
— 김정한을 찾아

1. 대쪽같은 삶

요산 김정한(樂山 金廷漢, 1908~1996)은 1936년 조선일보 신춘문예에 「사하촌」 당선을 시작으로, 해방을 맞이할 때까지 「옥심이」 「항진기(抗進記)」 「추산당과 곁사람들」 「월광한(月光恨)」 등을 발표하였으며, 25년 후인 1966년 「모래톱 이야기」로 문단에 복귀하게 된다.

대표작은 「사하촌」 「모래톱 이야기」 「수라도」 「뒷기미 나루」 「인간단지」 「사밧재」 등으로 볼 수 있다.

"글은 사람이다."라는 말도 있고 그 반대로 "일단 글이 사람으로부터 떠나면 단지 작품으로 남을 뿐이다."라는 말도 있다. 요산은 "글은 사람이다."라는 말에 가장 잘 어울리는 작가다.

요산의 작품을 말할 때는 늘 그의 삶에 대한 이야기를 함께 하는 것은 그만큼 요산에게서는 그의 세계관과 창작의 실제가 전 생애를 통해 일치한다[1]는 뜻이다. 또한 요산의 일생은 현실에 대한 저항과 비판으로 일관해 온 리얼리즘 작가이기 때문이다.

요산은 서정시를 싫어했다. 특히 목가적인 시를 더욱 싫어했다. 그것은 작품에서 삶의 현장성을 잃어버리면 문학의 대상이 될 수 없다는 문학관 때문이다. 대개의 문인들은 문학의 초기에는 서정시에서 출발하는데 요산은 아예 청년시절부터 서정시를 배격했다. 요산은 철저한 실증주의자였기 때문에 기록과 자료를 소중히 했다.

"이름모를 새가 지저귀고 어쩌고…… 이런 엉터리 글을 쓰는 작가가 되어서는 안된다."고 소설 쓰겠다는 젊은 문학도에게 곧잘 말했다.[2]

식물채집을 손수 하여 만든 식물채집 노트와 우리말 사전노트를 내 보이면서 나무 이름 풀이름은 말할 것도 없고 사라져 가는 우리말을 작품에 가능한 많이 써야 한다고 강조했다.

동대신동 아파트 13동 305호, 이 곳은 선생님이 1976년부터 임종시까지 살던 집인데, 아파트 앞 빈땅을 녹지로 계획했던 것을 업자 측이 슬그머니 팔려하자 주민들이 항의하게 되었을 때, 요산은 인부들이 쌓고 있는 블록 담을 발로 차서 무너뜨리고 공사를 중단시켰다. 그것이 인연이 되어 한때는 아파트 운영위원회 위원장을 맡기도 했다.[3]

"순사 온데잇!"하면 울던 울음도 그쳐야만했던 것이 사회에 대한 나의 첫 몸짓이었다. 겉으로는 울음을 그쳤지만 그 울음은 안으로 안으로만 들어갔다. 그러니까 문학은 내게 있어서 하소연이었고, 때로는 반항이었다.[4]

1) 김종철, 「저항과 인간해방의 리얼리즘」, 『한국문학의 현단계 Ⅲ』(창작과비평사, 1984), 84쪽
2) 1972년 필자가 부산대 대학원 석사과정에 들어가 김정한 선생님의 <현대문학 특강>을 수강하던 때도 여러 번 이와 유사한 얘기를 했던 적이 있음.
3) 김정한, 수필집 『황량한 들판에서』(황토, 1989), 49쪽
4) 김정한소설집, 『인간단지』(한얼문고, 1971.12), 자서(自序)

요산은 1928년 9월 울산 대현공립보통학교 교사로 있을 때 조선인 교사에 대한 차별을 해소하기 위해 교원연맹조직에 관한 이야기를 친구에게 편지로 썼다가 검열에 발각되어 사직하게 되었다. 그리고 1932년 동경유학 중 일시 귀국하여 양산농민봉기사건에 관계하다 학업을 중단하게 되었다. 그리고 또 1936년 등단 작품인 「사하촌」이 스님들의 비행을 고발한 작품이라 하여 범어사 스님들로부터 봉변을 당한 것이나, 1940년 봄 교사직을 그만 두고 동아일보 동래지국장을 맡은 것이나, 4·19때 교수 데모에 앞장 선 것, 모두가 부정과 불의를 참지 못하는 대쪽같은 성품과 현실을 중시한 요산의 인생관에서 나온 행동이었다.5)

    놈들은 농주 냄새를 잘도 맡았다. 나무가리 속에 숨겨둔 것도 잘도 찾아내고 짚가리 속에 깊이 묻은 것도 용케 알아냈다. 그러니까 들에 갖다두는 게 제일 미더웠지만 나중에는 그것도 알게 되고 급히 가져다가 길바닥에 엎지르기도 했다간 삼이웃이 혼이 나기도 했다.
    어머니들이나 아버지들의 뺨에 놈들의 손이 철벅하고 닿는 것을 보았을 때 마음속에는 "조놈의 새끼들"하는 말이 연신 맴돌았다. "원수를 갚아야지─." 나는 이런 생각을 하며 유년시절을 보냈다.6)

    이십 년이 넘도록 내처 붓을 꺾어오던 내가 새삼 이런 글을 꺼적거리게 된 것은 별안간 무슨 기발한 생각이 떠올라서가 아니다. 오랫동안 교원 노릇을 해온 탓으로 우연히 알게 된 한 소년과, 그의 젊은 홀어머니, 할아버지, 그리고 그들이 살아오던 낙동강 하류의 어떤 외진 모래톱 ─ 이들에 관한 그 기막힌 사연들조차, 마치 지나가는 남의 땅 이야기나 아득한 옛날 이야기처럼 세상에 서 버려져 있는 데 대해서 까지는 차마 묵묵할 도리가 없었기 때문이다.7)

---

5) 김정한, 앞의 책, 『황량한 들판에 서서』, 237쪽
6) 김정한, 『낙동강의 파숫군』(한길사, 1978), 78쪽
7) 『김정한소설선집』 증보판(창작과비평사, 2002), 143쪽. 「모래톱이야기」의 서두

불의를 보면 참지 못하기 때문에 그의 기질은 모가 나고 따지기를 좋아한다고들 한다.

언제나 부산서부경찰서장은 부임에 앞서 형사를 대동하고 요산을 찾아 인사를 드렸다는 사실이나, 시정에 관한 질책과 시민의 불편을 해결하기 위해 자주 부산시장을 만났다는 사실[8] 등은 이를 여실히 말해 주고 있다.

작품 속에 등장하는 인물들을 살펴보아도 요산에게서는 내쪽같은 인물들이 곧잘 등장한다.

첫째, 작품 속의 노인들은 그냥 놀고 먹는 사람들이 아니라 생산에 종사하는 당찬 노인들이다. 문둥이 원생들을 이끌고 새로운 삶의 터전을 만드는 「인간단지」의 칠십대의 우중신 노인. 「산거족」의 황거칠 노인은 권력자에 의해 산수도가 빼앗기자 새로 산수도를 만들어 마을 사람들의 식수를 해결하는 지도자다. 「모래톱 이야기」의 갈밭새 영감은 권력자의 앞잡이 청년을 흙탕물 속으로 태질해 버리는 용기와 힘을 지녔다. 「사밧재」의 팔순이 다 되어가는 송 노인은 전장으로 끌려가는 청년들을 비웃는 늠름한 기품을 지녔다. 「뒷기미 나루」의 박 노인은 아들이 죽고 며느리가 감옥을 가게 되자 소나무에 목을 매달 정도로 강직한 기품을 지녔다.

둘째, 주인공이 되는 여성 등장인물들 역시 강직하고 당찬 여인들이다. 「나의 작품 속의 모성상」[9]에서도 밝혔듯이 「사하촌」에 나오는 어머니(어용단체 어머니는 제외하고), 「옥심이」와 「기로」의 여주인공, 「낙일홍」의 여주인공, 「모래톱 이야기」의 건우 어머니, 「제3병동」의 오동댁, 「뒷기미 나루」의 심속득, 「수라도」의 가야부인 등은 모두 작가가 그려본 이상적인 모성상으로 강하고 당찬 여인들이다.

---

8) 김중하, 「인간 김정한론」, 새미작가총서15 『김정한』, (새미, 2002.8), 35쪽
9) 김정한, 수상집 『사람답게 살아가라』(동보서적, 2000.11) 384~385쪽

2. 민중과 리얼리즘

요산은 강의 첫 시간이면 종종 다음과 같은 질문을 했다.

"아이가 어머니 뱃속에서 나오는 소리를 고고지성(呱呱之聲)이라 하는데, 아이가 왜 소리를 지르고 울지?"

갑작스런 질문에 아무 말 않고 있으면, "어떤 사람은 그 울음소리가 우렁차다고도 하고, 또는 탄생의 기쁨을 노래한다고도 하지?" 학생들이 가만히 있으면, "그건 말이야, 따뜻한 어머니 뱃속에 있다가 전혀 환경이 다른 바깥 세상으로 나오니 깜짝 놀라서 그런 거지. 환경의 변화 때문이야."라고 했다.[10]

요산은 이렇게 제자들에게 환경에 대한 운을 떼고는 환경론에 대한 강의를 했다.

"'문학은 현실의 반영이다. 또 문학의 주인공은 인간이다.'라고 할 때 문학의 소재, 내용은 인간 중심의 얘기가 되겠는데 이러한 내용에는 두 가지가 있다. 첫째로는 현실・인간・생활의 반영으로, 그러한 것이 어떠한 제도 속에 있느냐 하는 것이고, 둘째는 한 인간이 생각하는 바람(이상)・사상・감정・기호 등으로 나눌 수 있다. 그런데 전자는 가변적인 것으로 인간의 의상, 현재의 결혼습관과 하등 다를 바가 없다. 그러나 후자는 불변적인 것으로서 모성애와 같은 기본적이고도 고유한 것으로 비유하고 싶다. 물론 대부분의 경우에 있어서 불변이 가변보다 더한 가치를 지닌다 것을 전제로 한 것이다."[11]

---

10) 이 얘기는 내가 부산대 박사과정에 들어가 동대신동 요산 선생 댁에서 강의를 받던 1983년에 들은 얘기이기도 하다.
11) 김정한, 수상집 『사람답게 살아가라』, 374쪽

이 말은 인간의 이상은 영원하고 가치 있는 것이며, 단순히 현실만을 주장한 것은 아니고 현실을 개선하여 이상세계로 나아가야 하는 것이 리얼리즘의 본령이라는 뜻이다. 리얼리즘의 단계는 현실의 재현을 위한 객관적이고 정확한 묘사가 그 첫 단계이고, 그 다음으로는 현실 중에서도 부정이나 비리 부폐 등을 폭로하는 것이며 제3단계는 현실의 개선인 것이다.

요산의 대표작[12]인 「사하촌」, 「모래톱 이야기」, 「뒷기미 나루」, 「수라도」, 「인간단지」, 「사밧재」 등을 중심으로 리얼리즘을 살펴보고자 한다.

「사하촌」은 큰절 아래의 마을 사람이 겪는 못된 스님들의 횡포를 그렸다.

요산이 최초로 발표한 작품은 1932년 동경유학에서 돌아와 양산농민봉기에 관계하던 무렵 ≪신계단≫이란 잡지에 투고한 「구제사업」이란 단편이지만 검열에 걸려 전문이 삭제되어 버렸다.

「사하촌」은 보광사 절의 아랫마을 성동리의 소작인의 얘기다. 성동리의 한 가정의 아버지 치삼노인과 그의 아들 들깨, 그리고 아내와 아이가 소개되고 부자간의 대화가 어려운 상황을 말하고 있다.

 "논은 어떻게 돼 가나?"
 "어떻게라니요, 인젠 다 틀렸어요. 푸려야 풀 물도 없고, 병아리 오줌만한 봇물도 중들이 죄다 가로막아 놓고, 제에기······."

---

[12] 대표작으로 여섯 편을 선택한 것은 출판사나 평론가들이 그렇게 선정했고 또한 수상 대상작품이기 때문이다. 「사하촌」은 1936 조선일보 신춘문예당선작이며, 「인간단지」는 『인간단지』(한얼문고, 1971)란 책명으로 출판되었고, 「수라도」는 문고판 『수라도·인간단지』(삼성출판사, 1973)로 출판되었을 뿐 아니라 예술문화상의 대상작이었고, 『제3병동』(김정한소설선집, 창작과비평사, 76.3) 역시 평가들의 칭찬을 받은 작품이며, 「모래톱 이야기」와 「사밧재」 역시 그러하다. 『모래톱 이야기』(문고판, 범우사, 1976)와 『사밧재와 인간단지』(문고판, 동서출판사, 1977)는 여러 평론가들이 이 작품에 대해 연구한 바 있다. *송명희 "「사하촌」과 「모래톱 이야기」의 거리"(우리문학, 1990) *조갑상, "「수라도」 연구"(한국문학논총 11, 한국문학회, 1990) *조정래, "「김정한론」 - 사하촌을 중심으로"(국제어문학 12, 1991) 등.

"꼭 기사년 모양 나겠군그래."
"그랬지, 지금은 그 수돗 바람에……."
"그것도 원래는 약속을 할 때는 농사철에는 냇물은 아니 막아가기로 했다는데, 제에기, 면장 녀석은 색주가 갈보 놀릴 줄이나 알았지, 어디 백성 죽는건 알아야죠."
"할 수 없이 이곳엔 인제 사람 못 살 거여."13)

가뭄 때문에 성동리 사람들은 하나 둘씩 마을을 떠나게 된다. 막판에 몰리게 되자 남은 농민들은 궐기하게 된다. 작품의 마지막 대목에 성동리의 소작인들이 차압 취소와 소작료 면제를 탄원하기 위해 행렬을 지어 마을을 떠나 절로 향하는 장면은 자각한 농민들의 행동이다.

> 그러나 또쭐이, 들깨, 철한이, 봉구―이들 장정을 선두로 짚단을 든 무리들은 어느 새 벌써 동네 뒤 산길을 더위잡았다. 철없는 아이들도 행렬의 꽁무니에 붙어서 절 태우러 간다고 부산히 떠들어댔다.14)

「사하촌」은 압박자와 피압박자의 양자 대결 구도로 되어있다. 보광사의 중들과 그 배후에는 일제의 식민지 권력이 있고 그 아래 기생충같은 존재들인 쇠다리 주사, 진수, 수동이, 산지기가 있다. 다른 한 편에는 피압박자들인 소작농 곧 들깨, 철한이, 봉구 등이 있다. 이 양자 대결 과정에서 부쳐오던 절논을 이유없이 떼이고 살길이 막막하자 목매어 자살을 한 허 서방과, 나무 한 짐 하려다 산지기에 쫓기어 상한이가 낭떠러지에 떨어져 죽고 가동할멈은 실성을 하게 되고, 피땀 흘려 지은 곡식을 차압당하자 야반도주하는 고 서방이 있다.

평론가 염무웅의 말15)처럼, 「사하촌」은 식민지 조건에 처한 우리 농촌

---

13) 『김정한소설선집』(증보판), 10~11쪽
14) 위의 책, 39쪽
15) 염무웅, 「김정한의 사하촌」, 『김정한』(새미작가론총서 15), 258쪽

의 모순을 정확히 보고 이를 농민의 편에 서서 가차없이 묘사한 작품이다. 「사하촌」은 피압박자가 계속 압박만 당하는 것이 아니라 궁극엔 저항의 불길로 향한다는 강한 민족의 저력을 역설하고 있다.

「모래톱 이야기」는 요산이 붓을 꺾은 지 25년만에 문단 복귀를 하게 된 작품이다. 이 작품은 20년 전 작가의 경험담이다. K중학 교사였던 '나'는 나룻배 동학생 선우에게 관심을 갖게 된다. 가정방문을 갔다가 건우가 살고 있는 조마이섬이 그 곳에 뿌리박고 사는 주민과는 무관하게 소유자가 바뀌고 있다는 일기장 속의 글을 읽는다. 그리고 깔끔한 집안 분위기와 예절 바른 건우 어머니의 태도에서 범상한 집안이 아니라는 인상을 받는다.

주머니처럼 생긴 '조마이 섬'은 일제 시대에는 동척의 소유였고 광복 후에는 나환자 수용소로 바뀌었다. 땅 소유를 주장하다가 윤춘삼은 '빨갱이'라는 누명을 쓰기도 한다. 그 후 어떤 국회의원이 간척 사업을 구실로 자기 소유로 만들어 버렸다. 땅은 섬사람들과 무관하게 소유자가 바뀌고 있었다.

선비 가문의 후손임에도 건우네는 자기 땅이 없다. 아버지는 6·25 때 전사했고, 삼촌은 삼치잡이를 나갔다가 죽었고, 어부인 할아버지 갈밭새 영감의 몇 푼 벌이로 겨우 생계를 유지한다. '나'는 우연히 돌아오는 길에 윤춘삼씨를 만난다. 그는 '송아지 빨갱이'라는 별명을 지닌 인물로 과거 한때 '나'와 같이 옥살이를 한 경험도 있다. 갈밭새 영감을 만나 그들의 삶에 대한 이야기를 듣게된다.

그 해 늦여름, 홍수 때문에 섬은 위기를 맞는다. 둑을 허물지 않으면 섬 전체가 위험하므로 주민들은 둑을 파헤친다. 그 때 둑을 쌓아 섬 전체를 집어삼키려던 유력자의 하수인들이 나타나 방해한다. 분노에 치민 갈밭새 영감은 그 중 한 명을 탁류에 태질하고 만다. 결국, 노인은 살인죄로 투옥

된다.

2학기가 되었으나 건우는 학교에 오지 않는다. 황폐한 모래톱 조마이섬은 군대가 정지(整地)작업을 한다는 소문만 들릴 뿐이다.

「모래톱 이야기」의 줄거리는 위와 같다.

― 이 글에서 주제가 가장 잘 나타난 곳은 절정에 해당하는 유력자의 하수인을 갈밭새 영감이 태질하여 물에 집어던지는 부분이다. 이 글을 쓰게 된 계기를 요산은 『낙동강의 파숫군』에서 이렇게 적고 있다.

> 이 글은 작가가 12세 때인 1920년의 여름 대홍수의 낙동강을 산 위에서 보고 천여 명이 물에 휩쓸려 죽어가던 비참상을 뒷날에 작품화한 것이다.16)

낙동강 하류의 농민들, 그들의 곤궁한 삶과 삶의 터전마저 잃어버리고 감방에까지 가야하는 사람들의 쓰라린 이야기다. 작품에 나오는 조마이섬은 을숙도로 추측이 되며 을숙도는 이 작품이 발표되던 1960년대 중반에는 나룻배로 왕래했고 양파와 땅콩 무 배추를 심었던 비옥한 땅이지만 진작 그 소유주는 그 곳의 농민이 아니고 권력자이거나 정부이었다.

맨 끝의 문장 "황폐한 모래톱―조마이섬을 군대가 정지를 하고 있다는 소문이 들렸다."(『김정한소설선집』, 167쪽)에서 권력 횡포의 대명사로 당시의 군부를 암시하면서 권력의 횡포는 앞으로도 계속되어진다는 사실을 암시하고 있다.

「모래톱 이야기」에는 민중의 저항과 민중의 슬픈 삶이 그려져 있다.

「**뒷기미 나루**」는 시간적으로는 일제시대를, 공간적으로는 낙동강 나루터인 삼량진의 뒷기미 나루를 배경으로 하고 있다.

---

16) 김정한, 『낙동강의 파숫군』(한길사, 1978), 198쪽

― 일정시대, 밀양 땅꼴이 고향인 심속득이는 열여섯 어린 나이에, 뒷기미 나루의 뱃사공 춘식이에게 시집온다. 춘식은 말없고 성실한 사람이고, 시아버지 박 노인은 인자한 분이다. 춘식이와 속득이가 열심히 농사일을 하고 나룻배 일에 매달린 덕분에 집안 살림은 차차 좋아졌다. 아들(칠손이)도 태어난다. 박 노인은 무척 기뻐한다. 그리고 나루를 오가는 사람들이 한결같이 말하듯이 이 모든 행복이 며느리 덕분이라고 생각하며 흐뭇해한다.

여름날 밤이면 강물에서 남몰래 함께 미역을 즐길 만큼 춘식이와 속득이의 금슬도 좋다. 모든 것이 낙동강 강물처럼 평화롭게 흘러간다. 그래서 박 노인은 백중날 용왕님께 제사를 지내고 마을 사람들을 불러 잔치를 열기도 한다.

그러던 어느 날 밤비가 억수같이 퍼부었는데 난데없이 나타난 밤손님들이 있었다. 그들은 춘식이에게 강을 건네줄 것을 요구한다. 춘식이 이들을 태우고 강심에 이르렀을 때, 나루터 쪽에서 배를 세우란 고함과 함께 곧이어 총알이 날아오기 시작한다. 춘식은 밤손님과 함께 총을 맞고 강물에 떨어지고 만다.

폭도를 도왔다는 죄목으로 박 노인과 속득이는 경찰에 끌려가 혹독한 고문을 받고 풀려나지만, 춘식의 생사는 알 길이 없다. 그 후, 늘 박 노인의 집을 감시하던 사복 형사 하나가, 어느 날 밤에 술이 취해서 속득이에게 강을 건네 줄 것을 요구하는데, 강 한가운데 이르러서 속득이를 겁탈하려 덤빈다. 속득이가 몸을 피하자 사내는 제풀에 물에 빠져 죽는다. 속득이는 살인죄로 감옥에 가게 되고 박 노인은 뒷기미 나루 뒷산 소나무에 목을 매달게 된다.

뒷기미 나루는 삼랑진읍 북쪽에 위치한 나루로 밀양강이 낙동강 본류와 만나는 곳이며 강건너 밀양군 상남면의 동산 백상 명례 오산 등의 마을 사람들이 삼량진으로 오려면 반드시 이 나루를 이용했다. 지금은 밀양강 하류 그러니 뒷기미 나루 위쪽에 다리가 놓여져 나루엔 빈배만 한 척 떠 있을 뿐이다. 이 작품은 순박한 민중을 폭도로 만들고 살인자로 만드는 실체는 일본이라는 것을 암시하고 있다. 핍박받는 민중의 이야기다.

「모래톱 이야기」나 「뒷기미 나루」는 그 제목만으로 보면 서정과 낭만이 있음직하다. 그러나 두 작품에는 민중의 고통이 있을 뿐이다. 일제 때는 왜놈의 마수가, 해방 후는 권력자의 횡포가 순박하고 성실한 백성들을 못살게 굴었던 것이다.

「수라도」는 중편으로, 요산의 「사하촌」「모래톱 이야기」와 같이 대표적 작품으로 평가되어 왔다. 「수라도」는 백낙청의 「문화 연구의 자세와 민족문학」[17] 이후 김정한 문학의 핵심이 되어왔다. 대체적으로 「수라도」는 허 진사 댁의 수난사가 곧 우리 민족의 그것과 일치하고 있으며 가야부인을 민족 수난의 여인상의 한 전형[18]으로 파악하는 점에서 일치하고 있다.

가야부인은 김해에서 시집왔다하여 붙여진 이름인데, 아주 당찬 성격이라 집안 대소사를 맡게 된다. 허 진사인 시할아버지는 합방 은사금을 거절하고 만주로 가버렸고, 시아버지 오봉 선생은 엄격한 성격이나 그녀에겐 자상하다. 남편 명호 양반은 내성적인 성격이다. 시집온 지 9년째 되던 해 3·1운동이 일어나고 만주로 가서 야학을 하던 시할아버지는 유골이 되어 돌아온다. 둘째 시숙은 일경의 총에 맞아 죽고 시어머니는 죽은 둘째 아들을 위해 불공을 드리러 다닌다. 가야부인은 고명딸이 시집가서 죽게 되자 딸을 위해 미륵당을 지으려 한다. 오봉 선생은 일제가 꾸민 한산도 사건에 연류되어 잡혀가 고문 때문에 죽는다. 학병 때문에 막내아들은 도망가고,

---

17) 백낙청, 『민족문학과 세계문학』(창작과 비평사, 1973)
18) 구중서, 「김정한-리얼리즘문학의 지맥」, 『민족문학의 길』(새밭, 1979)

정신대로 끌려가게 될 계집종 옥이를 홀로된 사위와 결혼시켜 옥이를 구해 준다. 광복 후 친일파였던 이와모도 아들은 국회의원이 되어 득세한다. 가야부인의 가세는 점점 기울고 막내아들 석이를 부르며 가야부인은 눈을 감게된다.

「수라도」가 민족문학으로서의 가치를 갖는 것은 단순한 가족과 이웃의 수난과 저항성으로서가 아니라 가야부인이라는 한 인물의 시집살이와 일생의 삶과 행동의 구체성을 통해서이다. ……가야부인이 보여주는 진취성과 근면성, 평등정신은 종래의 부덕이라는 전통적 덕목과 더불어 쇠락해 가는 집안을 일으키는 구체적 노력이 되면서 전통적 가치관과 문화의 지속과 진보라는 측면을 내포하고 있다.[19]

민족의 수난사 속에서의 강인한 가야부인의 삶을 그렸다. 특히 인고와 효성과 불심으로 버틴 우리의 모성상이다. 가야부인은 요산의 처조모를 모델로 그렸다고 요산은 술회하고 있다.

요산은 1966년 문단 복귀 이후 낙동강을 소재로 한 작품을 발표했다. 「모래톱 이야기」, 「뒷기미 나루」, 「수라도」 등이 모두 낙동강 하구를 배경으로 하고 있다. 더 구체적으로는 삼량진에서 낙동강 하류 삼각지에 이르는 바다와 만나는 가장 척박한 땅 지번도 제대로 없는 모래톱 땅, 그래서 권력자의 야욕과 공권력의 희생이 된 곳이다.

「인간단지」는 1970년에 발표되어 71년에 작품집 『인간단지』에 수록되었으며 요산 소설을 집약적으로 보여주는 작품이다.[20]

문둥이가 된 우중신 노인의 이야기다. 음성나환자 수용소 자유원에서 살던 우중신 노인은 부랑자 수용소인 희망원의 습격을 받고 아내와 두 젊

---

19) 조갑상, 「수라도」연구, 『한국문학논총』11 (한국문학회, 1990), 412쪽
20) 류경동, 「척박한 삶을 향한 인간의 저항」, 『김정한』, 259쪽

은이와 그 곳을 나와 산 속에 움막을 치고 살게 된다. 나중엔 원생들을 모두 산골짜기로 오게 하여 인간단지를 만들어 행복한 삶의 터전을 이루려 애쓴다. 이웃 마을의 반대로 공무원과 경찰이 들이닥쳐 싸움이 벌어진다. 원생들은 쓰러지고 도망간다. 우 노인도 쓰러진다.

거처할 곳 없는 불쌍한 백성을 정부는 도와주기는 커녕 핍박만 하고 있는 현실에 분노를 터뜨린 작품이다. 이 작품에는 지극한 휴머니즘이 어려 있다.

「인간단지」는 민중의 삶에 밀착해 그들의 고통을 자신의 것인 양 받아들이고 이를 보다 사실적으로 드러내고자 하는 치열한 작가 정신의 소산이다.

「사밧재」는 팔순에 가까운 송 노인의 이야기다. 송 노인은 누님을 만나보기 위해 수수엿과 뱀술 한 병을 싸들고 사밧재를 넘는다. 버스 안에는 일본순사와 조선인 순사가 학도지원병을 호송하고 있는 중이다. 송 노인은 머리에 붉은 일장기를 두른 지원병을 보면서 군대에 가지 않고 독립운동을 하겠다고 만주로 도망간 누님의 손자를 생각한다. 뱀술을 빼앗긴 데다 목탄가스 버스가 고개를 오르지 못하자 내려 걸어간다. 송 노인은 고개를 넘어 주막에 들렀을 때 그 버스가 벼랑 아래로 굴러 떨어졌다는 소식을 듣는다. 송 노인은 상덕이의 친구라는 청년과 길을 걷는다.

대동아 전쟁에 나가는 학도지원병을 보고 송 노인은 이렇게 중얼거린다.

> 지원? 말이 지원일 테지. 와 도망질들을 몬 했을꼬? 머저리 같은 녀석들! 헷공부 했지, 헷공부……. (『김정한소설선집』, 424쪽)

사밧재란 고개는 현재 부산의 두구동에서 양산으로 가는 옛날 신작로인

고갯길이다. 작가의 고향인 범어사 아랫마을인 남산동에서 처가인 양산의 화재 마을로 가는 고갯길이다.

「사밧재」에는 다른 작품처럼 직설적이거나 투쟁적이 아니라 간접적이고 우회적인 차원에서 항일과 조국애를 형상화하고 있다. 읽는 독자들에게 심리적 부담을 주지 않고 은근하게 항일정신을 불어넣고 있다.

한국 리얼리즘 문학을 열고 그 세계를 지속했던 횡보(橫步) 염상섭(廉想涉)을 거목으로 여기는 것과 마찬가지로, 아니 그 보다 요산을 보다 높이 평가하는 이유는 그 문학정신이 시작에서부터 수십 년의 세월을 건너뛰고도 치열함을 더해갔다는 점에서, 그리고 만년으로 올수록 가열했다는 점이다.[21]

김중하 교수의 말[22]처럼 요산 선생은 부산의 문단에 지대한 영향을 끼쳐 윤정규·이규정·강인수·성병오·윤진상·조갑상·정형남 등 2세대 소설가들 모두가 한결같이 리얼리즘 정신에 투철한 작가이며 제3세대라 할 수 있는 김하기·정태규·옥태권 등의 젊은 작가 역시 그러하다.

김정한은 문학이 삶과 별개의 것이 아니라 하나이며 인간적인 삶을 방해하는 시대와 권력에 대해 힘없고 약한 자의 편에서 맞서는 "양심선언"으로 생각하는 것이다.[23]

요산의 문학은 핍박받는 민중에 대한 애정과 부조리한 현실에 대한 비판을 담은 저항의 리얼리즘으로 일관하고 있다.[24]

---

[21] 김중하, 「인간 김정한론」, 새미작가총서15 『김정한』 (새미, 2002.8), 30쪽
[22] 김중하, 위의 논문, 위의 책, 31쪽
[23] 조갑상, 「시대의 질곡과 한 인간의 명징함」, 『김정한』(새미작가총서 15), 25쪽
[24] 류경동, 「척박한 삶을 향한 인간의 저항」, 『김정한』, 259쪽

3. 요산의 문체

사실 요산의 소설은 읽는 사람의 마음을 불편하게 한다. 그 이유는 민중들의 거친 삶을 그들의 언어로 전달하기 때문이다. 그 내용도 우리 사회의 치부나 불의와 부조리에 대한 작가의 진지한 항의를 담고 있기 때문이다. 요산의 소설은 자기 유희나 심미적 즐거움을 추구하는 독서 태도를 거부하며, 현실과 거리를 유지하려는 안온한 독서를 방해한다.[25] 어쩌면 작품 내용이나 형식마저도 투박하고 거칠다고 할 수 있다.

그래서 그런지 김정한에 대한 연구는 포괄적인 김정한론[26]이거나 아니면 리얼리즘과 관계되는 것들[27]이 대부분이다. 김정한의 문장에 대한 언급이나 심미성에 대한 언급은 거의 없다. 단지 몇 개의 석사학위 논문[28]에서 김정한의 문체를 다루었을 뿐이며, 이기인의 「김정한 소설의 심미성과 작가의식」[29]도 작품이 주는 감동의 차원에서 주로 극적인 장면을 다루고 있다.

그러나 나름대로 김정한 소설의 문장의 특성을 말한다면 1)적확한 묘사

---

[25] 류경동의 앞의 논문에도 이와 유사한 말이 언급되고 있다.
[26] 김정한론-대표적인 논문들
　　김종출,「김정한론」,≪현대문학≫, 1969.1
　　임중빈,「김정한론」,≪창조≫, 1972.3
　　홍기삼,「김정한론」,『한국현대작가연구』(백문사, 1989)
　　조갑상,「김정한 소설연구」, 동아대박사논문, 1991
　　김중하,「인간 김정한론」,≪창작과비평≫, 1997.봄
[27] 리얼리즘과 관계되는 것들
　　김병걸,「김정한 문학과 리얼리즘」,≪창작과비평≫ 1972.봄
　　백낙청,「문화연구의 자세와 민족문학」,≪월간중앙≫ 1973.9
　　구중서,「김정한- 리얼리즘 문학의 지맥」,『민족문학의 길』(새밭, 1979)
　　김종철,「저항과 인간해방의 리얼리즘」,『한국문학의 현단계 Ⅲ』(창작과비평사, 1984)
　　조정래,「현실을 보는 눈과 역사를 보는 눈」,≪작가연구≫4호 (새미, 1997.10)
[28] 김인배,「김정한 소설의 문체 연구」, 동아대 석사논문, 1980
　　정경수,「김정한소설 문체연구」, 국어국문학논집7, 동아대, 1987
[29] ≪작가연구≫ 4호(새미, 1997.10)

2) 서정성의 결여 3)단문의 사용과 가능한의 수식어의 배제 4)화자인 '나'가 아닌 작가가 작품 속에 직접 뛰어듦 등이다.

첫째의 적확한 묘사에 대한 것은 리얼리즘 작가들의 기본기라 할 수 있다. 적확한 묘사에 대해서는 강의 중에도 강조하지만 그 외 일체의 문장에 대한 말은 하지 않는다. 그리고 그 누가 작품을 들고 와서 글을 보아 달라고 해도 읽어 주지도 않을 뿐 아니라 설령 읽었다 하더라고 메모는 일체 하지 않는다. 오직 작품의 주제와 사상성에 대한 언급뿐이다. 특히 서정적이고 아름다운 미사여구는 아예 거들떠보지도 않는다.[30]

둘째 셋째의 것도 리얼리즘 작가들에게 공통적인 사항일 것이다.

그리고 넷째의 작품 속에 화자가 아닌 작가 개입은 화자로서의 나와 작가로서의 나를 구별하지 않는 데서 오는 결과일 것이다. 「모래톱 이야기」의 서두가 그렇고 중간 부분이 그러하다.

> 이십년이 넘도록 내처 붓을 꺾어오던 내가 새삼 이런 글을 꺼적거리게 된 것은 별안간 무슨 기발한 생각이 떠올라서가 아니다. 오랫동안 교원 노릇을 해온 탓으로 우연히 알게 된 한 소년과, 그의 젊은 홀어머니, 할아버지, 그리고 그들이 살아오던 낙동강 하류의 어떤 외진 모래톱 ― 이들에 관한 그 기막힌 사연들조차, 마치 지나가는 남의 땅 이야기나 아득한 옛날 이야기처럼 세상에서 버려져 있는 데 대해서까지는 차마 묵묵할 도리가 없었기 때문이다.(『김정한소설선집』, 152쪽)

> "이야깃군들이 곧잘 쓰는 <우연성>이란 것을 아주 싫어하는 나이지만, 그날 저녁 일만은 사실대로 적지 않을 수 없었다."(『김정한소설선집』, 143쪽)

이런 말은 책의 서문에나 들어가야 할 말인데 작품의 모두에 나오는 것

---

[30] 이러한 사실은 필자 뿐 아니라 여러 제자들이 경험한 바이다.

은 창작의 세계와 작가의 인생관이 동일시되기 때문이다.

　글은 그 기술방식 방식에 따라 문장으로 표현하는 데는 서술문(설명문), 묘사문, 대화문의 셋으로 나눌 수 있다.
『김정한소설선집』에 실린 17편 작품의 서두 단락을 분류해 보면 다음과 같다.
・설명문-「모래톱 이야기」, 「옥심이」, 「기로」, 「추산당과 곁사람들」, 「제3병동」, 「축생도」, 「지옥변」, 「홰나뭇골 사람들」, 「오키나와에서 온 편지」
・묘사문-「사하촌」, 「인간단지」, 「항진기」, 「산거족」, 「산서동 이야기」
・대화문-「수라도」, 「뒷기미 나루」, 「사밧재」

　대표작인「사하촌」, 「모래톱 이야기」, 「뒷기미 나루」, 「수라도」, 「인간단지」, 「사밧재」을 중심으로 문장을 살펴보기로 한다.

　　건우란 소년은 내가 직접 담임했던 제자다. 당시 나는 K라는 소위 일류 중학에서 교편을 잡고 있었다. 비가 억수로 내리던 날 첫시간의 일이었다. 지각생이 많았다. 지각생이 많으면 교사는 짜증이 나기 마련이다. 그럴 때 유독 닦이는 놈은 으레 그런 일이 잦은 놈들이다. (「모래톱 이야기」)

단문 중심의 서술로 정확한 설명을 하고 있다.

　　국립X대학 부속병원 제3병동-
　제3병동이라 하면, 새로 선 현대식 고층건물인 1,2병동의 북쪽 뒷구석에 자리잡은 낡은 구식건물로서, 의사들뿐만 아니라 간호원들까지도 들어가기를 꺼리는 곳이다. 현재 헐려가고는 있지만 남쪽에 있는 역시 낡은 보일러실과 소독실을 겸한 2층 건물에 가리어, 햇빛조차 제대로 들어오지 않는 아래층은 더욱 그러했다. (「제3병동」)

「제3병동」의 첫 단락에서는 병동의 위치를 적확하게 설명하고 있다.

> 타작마당 돌가루 바닥같이 딱딱하게 말라붙은 뜰 한가운데, 어디서 기어들었는지 난데없는 지렁이 한 마리가 만신에 흙고물 칠을 해 가지고 바동바동 굴고 있다. 새까만 개미떼가 물어 뗄 때마다 지렁이는 한층 더 모질게 발비둥질을 한다. 또 어디선가 죽다 남은 듯한 쥐 한 마리가 튀어나오더니 종종 걸음으로 마당을 질러서 돌담 구멍으로 쑥 들어간다. (「사하촌」)

초여름 시골의 타작 마당의 가뭄 현상을 지렁이와 쥐를 통해서 묘사하고 있다.

> 비록 음성이라고 하지만, 눈이 뒤틀리고, 입이 비뚤어지고, 손가락 발가락이 문드러져 나간 나환자들이 들어갈 감방은 없었다. 현대적 위용을 자랑하는 새청사 안은 물론, 그 뒤쪽에 있는 특수 용의자들의 취조장처럼 돼 있는, 헐다 남은 구청사 일부에도 그들이 들어 갈 곳은 없었다. 가뜩이나 세밀 경계가 엄한 때라 늘어난 통금 위반자를 비롯해서 사기꾼, 절도, 강도, 공금 횡령, 졸때기 밀수, 매음……이런 따위들이 벌써 다 차지하고 있었다. (『인간단지』)

나환자들의 모습, 감방 안의 모습이 구체적으로 세밀히 묘사되고 있다.

> "저 애씨는 시집 몬 갈까 봐 불공드리러 왔나? 이 비좁은 방에 온!"
> "와 그러나 우리 부채새끼를……. 그라지 말라 내 손지다."(「수라도」)

교도소의 젊은 간수들 사이에 미인으로 알려져 있는 심 속득이는 한편 모범 죄수이기도 했다.

> "속 눈썹이 긴 고눔의 눈두덩이만 보아도 사내 몇 놈 좋이 골병들이

겠던데."
"게다가 새침떼기라……."
"여러 여자 사귈 게 있나, 한 번 그러고 그랬더라도……."
"어느 놈처럼 죽어도 좋다는 게지?"
"죽은 넋도 그리 후회는 안 할 걸 아마." (「뒷기미 나루」)

투박한 경상도 사투리가 여실히 나타나고 있다.

위에 인용한 작품의 첫머리에서 우리는 다음과 같은 사실을 발견할 수 있다.

첫째, 적확한 묘사문. 이건 플로베르의 일물일어설(一物一語說)을 생각하지 않더라도 리얼리즘 작가라면 객관적이고 정확한 묘사를 그 기본으로 하고 있다.

둘째, 요약적 서술―강한 톤을 위해 수식어는 가능한 줄인다.

셋째, 민중의 언어―주인공이 낙동강변이나 부산 유역의 사람들이기 때문에 대화에서는 민중의 언어 곧 경상도 사투리가 실제 그대로 재현되고 있다.

4. 작가의 품성

실제 요산은 대쪽같이 강직하면서도 겸손한 품성을 지녔다. 책 발간의 머리말을 보면 요산이 얼마나 부끄러워하며 겸손해 하는가를 알 수 있다.

―이것이 나의 네 번째 창작집이다. 네 번째의 책이 나온다는 것은 네 번째나 부끄러움을 자초하는 느낌이 든다. 나는 작품을 가끔 자식에

비교한다. 나는 내 자식에 대하여 큰 소릴 못 하는 심경이듯이 내 작품에 대해서도 마찬가지다. 특별한 재주도 없으면서, 또 미처 손질할 새도 없이 변변치 못한 작품들을 덜컥 발표해서 괜히 마음만 괴로워지기 때문이다. 나도 사람일까?―가끔 자신을 이렇게 반성해 볼 때가 있다.
(『김정한소설선집』, 머리말)

다음으로, 남(이웃)을 생각하는 인간미를 엿볼 수 있다.

희곡 「인가시(隣家誌 이웃집 이야기)」는 요산이 1943년 「춘추(春秋)」지에 발표한 것으로 그 동안 작품명만 전해져 오다가 경남대학교 박태일 교수에 의해 그 작품 내용이 발견되고 또한 공개되었다.[31]

그 내용은 아들을 결혼시킨 뒤 일제 지원병으로 전장에 내보내려는 아버지와 이웃 처녀의 부모 사이에 일어난 일을 다루고 있다. 박 교수는 "요산이 겪었을 어려움은 짐작하지만 친일 작품이라는 점에선 논란이 많지 않을 것이며…지원병 가족을 이웃이 도와주어야 한다는 뜻을 분명히 하고 있어서 이른바 '국력총력운동' 실천에 이바지하고자 한 '국책극'이 됐다."고 주장했다. 이 작품 하나를 가지고 그를 친일작가라고 규정하는 것은 위험한 일이지만 이 작품은 분명 친일작이라고 했다.

요산은 현실적 불의와 부정의 체험을 또한 그가 겪은 일제시대와 6·25 이후의 개인적 고통을 작품화하여 모든 한국의 평론가들뿐 아니라 자타가 공인하는 대표적인 저항작가요 민족작가요 리얼리즘 작가인 그를 아무도 친일작가로 보는 이는 없다. 오히려 그것은 인간이기에 충분히 그럴 수 있다. 정보가 없던 암흑기에 영원히 일본이 승리하고 한국을 지배하리라고 판단할 수도 있는 게 어쩜 그 시대의 상황이며 보편적인 사실이다. 그렇기 때문에 많은 작가들이 친일로 기울어진 것이 아니었을까. 요산은 오직 이

---

31) 중앙일보(2002.4.18 목 17면) "특정 시기의 특정 작품만 가지고 작가 삶 온통 규정짓는 건 위험"이라는 제하에 상세히 보도되었다.

한 작품만 친일적일 뿐이다. 이런 점에서 요산은 보다 인간적이라고 할 수 있다.

셋째로 요산은 항상 당당하게 살아왔다.

1969년 제6회 한국문학상이나 1971년 제3회 문화예술상은 문단 복귀 후 왕성한 작품 활동에 대한 시상이라고 생각했지만, 1976년 은관문화훈장은 그 경우가 좀 달랐다. 1976년은 군부 독재자의 그 말기적 현상으로 많은 문학인들이 자유롭지 않은 때이었으며 특히 리얼리즘 문학의 기수로 정의와 자유를 부르짖던 요산이 과연 그 상을 받을 것인가 하는 관심이었다. 그 상은 문학인들의 입막음이나 회유책으로 보는 이가 많았기 때문이다.

수상 후 어느 사석에서 수상 이유를 이렇게 말했다. "수상식장에서 내가 박 대통령에게 이렇게 말했다. 입 다물라고 상을 주는 모양인데, 나는 더 크게 말하라고 주는 상이라 생각한다. 그러이 이제 더 큰 소리로 할 끼다. 저거가 상까지 준 사람을 함부로 다루지는 못할 거 아이가."[32] 불요불굴의 당당함을 엿볼 수 있다.

넷째, 임종 즈음의 요산의 태도다. 가톨릭에의 귀의 말년 몇 년 동안을 병원 생활로 보냈다. 외로움과 아픔 때문에 요산은 타개하기 2년 전에는 가톨릭에 귀의했다. 선생에게는 원래 특별한 종교가 없었다. 그리고 김중하 윤정규 두 분이 마지막이 될 병문안을 갔을 때 "이 어려움을 너거는 어떻게 겪을래" 했고, 또한 그 며칠 앞에는 필자가 병문안을 갔을 때 윤정규가 와 있었다. "윤 군, 나 끈 좀 구해다도고." "예? 끈을 어디다 쓸라고요?" "나 목 매 죽어야겠다." 선생은 몹시 찡그렸다.♠

---

32) 김중하, 「인간 김정한론」, 앞의 책, 36쪽

이광수

　근대문학의 선구자 춘원 이광수(春園 李光洙)는 1892년 평안북도 정주에서 출생했다. 1903년 양친을 잃고 동학교도가 되어 박찬명 대령 집에서 기숙하며 서기로 지냈다. 14세(1905)에 독학으로 공부하여 일진회에서 세운 소공동소학교 일어선생이 되었다가 그 해 일진회(천도교)의 일본 유학생으로 선발되었다. 1909년 귀국하여 남강 이승훈이 세운 오산학교의 교원이 되었고, 1915년 재차 도일하여 와세다 고등 예과에 편입하고, 1917년 매일신보에 최초의 현대 장편소설 『무정』을 연재했다. 1919년(28세)에 「조선독립선언서」를 기초하고, 1921년 「흥사단」에 입단하고 「민족개조론」을 썼다.

　『가실』(1923) 『재생』(1924) 『마의태자』(1926) 『단종애사』(1928) 『이순신』(1930) 『흙』(1931) 『그의 자서전』(1937)을 발표하고, 1938년에 『무명』 『사랑』을, 1939년에 『세조대왕』과 『꿈』을 집필했다. 1940년에 향산광랑(香山光郞)으로 창씨개명했다. 그 해 『원효대사』를 집필. 1949년 반민족특별법에 의해 육당과 함께 서대문형무소에 수감되었다가 병보석으로 출감했고, 1950년 북한공산군에 납치되어 북으로 가게 된다.

이광수와 동학
— 「거룩한 죽음」을 중심으로

1. 머리말

1) 지금까지의 연구

먼저 춘원문학에 대한 지금까지의 연구의 개요를 알아보기로 한다.
김동인의 춘원연구1)를 효시로 하여 춘원문학의 외적 연구와 더불어 작품연구가 활발히 전개되었다. 그 중 박사학위논문만 해도 한승옥2), 우남득3), 한용환4) 등 여러 편이 있으며 또한 춘원문학을 집대성한 논문집5)만도 여러 권 나와 있다.

---

1) 김동인, 『춘원연구』(춘호사, 1956)
2) 한승옥, 「이광수 연구」 -「무정」을 중심으로, 고려대학교대학원, 1980
3) 우남득, 「한국근대소설의 인물 서사연구」, 이화여대대학원, 1984
4) 한용환, 「이광수소설의 비평적 연구」, 동국대 대학원, 1984
5) 이에 대한 대표적인 것으로는, 동국대학교부설 한국문학연구소 편 『이광수 연구』 상・하권(태학사, 1984)이 있고, 구인환 교수의 『이광수소설 연구』(삼영사, 1983) 등이 있다.

구체적으로 춘원의 작품에 대한 연구로는 그의 대표작인 「무정」6)과 「사랑」7)에 대한 것이 집중적으로 발표되었다. 또한 그의 문학작품이 토대가 되는 문학사상에 관한 연구는 김붕구8) 전대웅9) 정명환10) 김영덕11) 구인환12) 등 여러 분에 의해 발표되었고, 이광수의 종교사상에 관한 연구도 활발히 전개되었는데 주로 기독교사상13)과 불교사상14)에 관한 논의가 많다.

구인환 교수는 그의 논문15)에서 지금까지 이광수 문학에 대한 논의는 ①신문학의 개척자요 최고의 작가다. ②계몽주의 문학이며 설교의 문학이다. ③역사의식이 결여된 위선의 문학이다. ④민족주의 인도주의문학이다. ⑤연애소설의 창시자며 통속소설이다, 하는 평가로 압축되어진다고 했다. 또한 이광수 문학에 대한 연구는 대체로 인상비평의 단계에서 부정적인 입장의 비평, 재평가와 새로운 방법에 의한 연구, 이렇게 3단계로 변이되고 있다고 했다.

이광수의 문학사상 내지 문학관에 대한 연구도 수십 편이 된다. 대표적

---

6) 『무정』에 관한 주요 논문은, 정창범의 「작중인물의 심층분석」(학술지, 1960년 6월), 송민호의 "춘원의 습작기작품과 장편「무정」"(국어국문학 25호, 1962.), 성현경의 "「무정」과 그 이전소설"(어문학 32호.), 이보영의 "「무정」론"(표현 1,2,3권, 1980) 등이 있다.
7) 『사랑』에 관한 주요 논문은, 최정석의 "작품『사랑』의 사랑 분석"(효성여대논문집 8, 9집, 1971.), 김용태의 "『사랑』의 사상적 연구"(수련논문집 부산여대, 1974.), 신상철의 "『사랑』논고"(국어국문학 7집 서울사대, 1978.), 등이 있다.
8) 김붕구, 「신문학초기의 계몽사상과 근대적 자아」, 『한국인과 문학사상』(일조각, 1964)
9) 전대웅, 「춘원의 작품과 종교적 의의」, 『동서문화』(계명대, 1967)
10) 정명환, 「이광수의 계몽사상」, 『성곡논총』 1집, 1970
11) 김영덕, 「춘원의 인생철학관고」, 『한국문화연구원논총』 제 20집, 이화여대, 1972
12) 구인환, 「이광수 사상의 원류」, 『이병주선생회갑기념논총』(이우출판사, 1981)
13) 백철의 「춘원문학과 기독교」(기독교사상 75호, 1964). 김영덕의 「춘원의 기독교 입문과 그 사상과의 관계 연구」(한국문화연구논총 5권 1호, 이화여대 1965). 김태준의 「춘원의 문학에 끼친 기독교의 영향」(명지대 논문집 3집, 1969.) 등.
14) 이화형의 「춘원소설에 나타난 불교사상」(어문논집 10호, 고려대, 1967) 최원규의 「춘원시의 불교관」(현대시학 98호, 1971), 최정석의 『춘원의 대승불교사상연구』(학문사, 1977) 등.
15) 구인환, 「이광수소설의 문학적 공간」, 『한국현대소설사연구』(민음사, 1985), 135쪽

인 것으로 이선영, 김열규, 김윤식, 김태준, 오양호, 조동일, 김용직, 장백일, 송명희 등 여러 분16)의 연구가 있다.

이 글에서 다루고자 하는 춘원의 동학사상과 문학과의 관계 연구는 거의 미답의 상태로 오직 최원식의 논문17) 한 편만이 있을 뿐이다. 춘원뿐만 아니라 어떤 작가와 동학사상과의 연구는 거의 전무한 상태다. 동학은 오직 그 사상이나 정치·사회적 측면이나 역사적 측면에서 다루어졌고 문학사상과의 관계 연구는 1970년대 와서야 동학의 창시자 수운(水雲)의 「용담유사」에 대한 연구가 발표되기 시작했고, 동학소설에 관한 연구는 70년대 말에 이르러 주종연18) 최원식에 의한 한두 편의 논의가 있었을 뿐이다.

최원식은 동학소설을 정의하여 "1910년대에서 1920년대에 걸쳐 동학교인 자신들에 의해 동학경험을 제재로 창작되어 주로 교단 기관지에 발표된 일군의 소설"이라 하였다. 물론 1910년 이전이나 1920년 이후에 있어서도 동학사상이나 동학신앙을 소재나 주제로 다루었다면 이것 역시 동학소설이라 할 수 있다. 동학소설19)은 소설의 한 장르에까지는 이르지 못하지만 외연적 범위로서 동학사상 내지 동학신앙을 나타낸 소설이다.

춘원의 「거룩한 죽음」은 그 소재나 주제 면에서 동학소설이며, 이는 춘

---

16) 이선영, 「이광수론」, 《문학과지성》 22호, 1975). 김열규, 「이광수 문학론의 전개」, 『인문연구논집』 2집(서강대, 1969). 김윤식, 『한국근대문예비평사연구』(한얼문고, 1973). 김태준, 「춘원 이광수의 예술관」, 『명지어문학』 4호(명지대, 1970). 오양호, 「춘원의 초기 문학론」, 『영남어문집』 2집(영남어문학회, 1975). 조동일, 『한국문학사상사시론』(지식산업사, 1977). 김용직, 「춘원의 문학사적 위치」, 《문학사상》 창간호, 1972. 장백일, 「춘원의 역사소설관」, 『최남선과 이광수의 문학』(신동욱 편, 새문사, 1981). 송명희, 『이광수의 민족주의와 페미니즘』(국학자료원, 1997)
17) 최원식, 「이광수와 동학」, 『백사 전광용 박사 화갑 논문집』(서울대 출판부, 1979)
18) 주종연, 「황산 이종인의 단편소설」, 『백사전광용 박사 화갑 논문집』. 최원식, 「동학소설연구」, 『논문집』 40, 1980
19) 본격적인 의미의 최초의 동학소설은 1911년 천도교월보에 발표된 오상준의 「화악산」이라 할 수 있으며, 이는 포덕(布德)과 박해를 담은 단편소설이다. (강인수, "신소설 「화악산」에 관한 연구", 부산개방대 논문집 26집, 1984)

원이 32세 때 장백20)이란 필명으로 《개벽》지 33호와 34호(1923. 3. 4)에 발표한 200자 원고지 약 90매 분량의 단편소설이다. 동학의 창도주 수운 최제우의 순교를 소재로 다루고 있다.

이 글에서는 먼저 춘원과 동학과의 관계를 알아본 후, 「거룩한 죽음」의 작품 내용을 통하여 작품과 사실과의 거리를 알아보고 나아가 동학사상 (수운사상)이 작품에 어떻게 반영, 수용되었나를 고찰해 보려 한다.

2) 춘원과 동학과의 관계

춘원연보에 의하면 춘원이 동학을 알고 동학과 깊은 관계를 맺었던 것은 그의 나이 12세(1903년)부터 14세까지의 만 3년간으로 되어 있다.

1903년(계묘) 12세 …동학 대접주 승리달의 인도로 「포덕천하 광제창생 보국안민지대도덕」이라는 동학의 이념에 크게 감명하다. 동학에 입도하여 박찬명 대령 집에 기숙하며, 동경과 서울로부터 오는 문서를 베껴 배포하는 서기의 일을 보다.

1904년(갑신) 13세…정주성에서 벌어진 일·로의 첫 육박전을 보고 민족의식에 눈을 뜨다. 일본관헌의 동학강압에 따라 현상체포령이 내려 향리를 떠나 한때 피신하다. (편자주-이는 동학 박 대령의 서기 일을 본 빌미이며, 잡아오면 백원, 밀고해 주면 이십원의 상금이 붙었다 함) 정주읍 연훈루에 수백의 동학도인이 모여 진보회를 조직하는 데 가담하다. (8월 29일) 조부에게 상경할 뜻을 말하고 진남포에서 선편으로 제물포를 거쳐

---

20) 이광수 연보(이광수전집 별권. 노양환편 삼중당 1971)를 참조해 보면, 춘원이 1922년 《개벽》지에 '민족개조론'을 실어 필화사건이 일어나자 한때 문필권에서 제외되다시피 했는데 1923년 송진우사장의 추천으로 단편 「가실(嘉實)」을 Y생이란 익명으로 동아일보에 연재하였고, 안도산을 그린 장편 「선도자」를 장백산인이라는 아호로 동아일보에 연재를 시작함과 동시에, 《개벽》에 「거룩한 죽음」을 長白이란 필명으로 게재하였다.

서울에 이르다. 부모의 유산 세목 두 필, 명주 세 필, 광목 한 필을 일흔냥에 팔아 그것을 노자로 하다. 상경한 동안에 서조모 별세. (진보회는 유신회와 합하여 일진회로 개정하다. 8월 9일)

1905년(을사) 14세…일진회와 접촉하는 한편 개화사상에 눈을 뜨다. 반년만에 하향하여 손녀(큰누이 동생)를 앞세우고 사는 조부에게 도일유학의 결심을 말하다. 진남포에서 화륜선 「순신호」편으로 인천을 거쳐 상경하는 길로 삭발하다. 궁장중영(弓場重榮)의 「일어독학」을 암송한 것을 밑천으로 일진회에서 세운 소공동학교(광무학교의 전신)의 일어교사로 채용된다. ≪황성신간≫ ≪제국신문≫등을 통하여 국내의 시운과 일로전쟁의 전황이며 세계정세에 대한 안목을 넓히다. 유근·장지연·박은식의 논설을 숙독. 광무학교가 설립됨으로부터 학생으로 수학하다. 일어교사 五味成助를 통하여 일어를 실습하는 한편 산술을 배우다. 일진회의 유학생으로 선발되어 구국의 웅지를 품고 도일하다. (춘원연보21))

춘원은 11살 때 아버지와 어머니를 8일 간격으로 콜레라로 잃고, 누이 둘을 친척에 의탁시키고 자신도 외가와 재당숙 집을 전전 기식하며 방랑생활을 하던 중 동학에 입도하여 일신을 의탁하게 된다. 그간의 사정은 1936년에 춘원이 술회한 「다난한 반생의 도정22)」에도 상세히 기록되고 있고, 춘원의 자전인 「나의 고백23)」에도 같은 내용이 보인다. 춘원의 유년시

---

21) 노양환 편, 「춘원연보」, 『이광수전집』 별권 (삼중당, 1971), 152~153쪽
22) 1936년 ≪조광≫지 4월~6월호에. "임인년(계묘년의 착오임), 겨울에 나는 길에서 어떤 상인(승리달)하나를 만났는데 그는 어떻게 나를 알았는지 (조부의 친구로 추측됨. 편자) (고아가 된)나를 그의 집으로 인도했습니다. 나를 집에 재우고 그 부인이 머리를 빗겨주고 밤 동안에 옥양목으로 새옷을 지어 입히고 그리고는 동학 이야기를 하고 동학책을 보여 주었습니다. 그 중에는 가사라는 것이 있는데 그것은 동학선생이 지은 노래입니다. 이것이 또한 내가 읽은 조선시가 중에 중요한 것이었습니다. 지금은 거의 다 잊어버렸지만 그 때에는 거의 다 그것을 대부분 암송하였습니다."
23) 「나의 고백」, 『이광수전집』 13, 185쪽에. 「나는 이 기회에 동학이 나에게 준 영향을 말하고 싶다. 내가 동학에 입도한 것은 열 두살 적 겨울이었거니와, 나를 동학에

절에 관한 기록은 「그의 자서전」「나」「소년의 비애」 등에도 잘 번영되어 있지만 이것은 어디까지나 작품(소설)이기 때문에 허구화되어 있다. 그의 자전에 가깝다는 「그의 자서전」도 그 작가의 말에 "「그의 자서전」은 어떤 산 사람의 자서전은 아닙니다. 더구나 나 자신의 자서전은 아닙니다. 그러나 넓은 의미로 볼 때에는 내 자서전이라고 할 것입니다."라고 한 것을 보면 자기 자신의 확실한 기록은 아니다. 그러므로 그의 가장 정확한 자전은 「나의 고백」으로 보아야 할 것이다.

춘원이 접한 최초의 사상이랄까 정신의 터전은 동학이다. "그 후 나는 중학교 삼학년 적에 성경을 배웠고, 또 톨스토이의 저서를 애독하여 그의 무저항주의에 공명하였고, 또 그로부터 십년쯤 지나서는 간디의 진리파지와 무저항운동에 심취하였거니와, 이것은 아마 내가 동학에서 배운 정신이 터가 된 것일 것이다.24)"라고 한 것을 보아도 확실하다.

춘원은 「나의 고백」25)에서 동학을 통해서 다섯 가지의 정신을 배웠다고 상당한 지면을 할애하여 서술하고 있다. 이를 요약하면, 겸손과 친절, 평등의 정신, 민족주의와 후천개벽, 평화 내지 무저항주의이다.

춘원의 이러한 정신과 사상은 「거룩한 죽음」에서도 모두 반영되고 있다.

끌어넣은 이가 승이달(承履達)이라는 유식한 선비 두목이었기 때문에 동학의 교리를 잘 들었고, 또 박찬명 두목의 서기로 있어 동경과 서울에서 도인들에게 오는 모든 문서를 베껴서 각지로 돌리는 일과 입으로 전하는 일을 하였기 때문에 동학의 이론적 내용과 도인의 실천하는 일상생활을 볼 기회도 많았다. 「布德天下. 廣濟蒼生. 輔國安民之大道大德」이란 그 목표의 감화를 나는 아니 받을 수가 없었으니…」
24) 「나의 고백」,『이광수전집』 13, 188쪽
25) 「나의 고백」, 앞의 책, 186~188쪽

2. 본말

1) 작품 내용과 구성

「거룩한 죽음」은 춘원의 유일한 동학을 소재로 다룬 소설로 모두 다섯 단락으로 나뉘어져 있는데 그 구성의 단계를 요약하면 다음과 같다.

　　<발단>

　①박대여의 부인 김씨는 배를 짜다가 저녁밥 할 때임을 알고 베틀에서 내려온다. ②부인 김씨는 선생님과 모든 도인을 위해 기도 드린다. ③부인 김씨는 갓난 딸 아이의 잠자는 모습을 바라보며 감사하고 기뻐한다. ④외출한 남편 박대여가 돌아와 오늘 밤 선생님이 오신다는 기별을 전한다. ⑤부부는 선생님 일행을 맞이할 준비로 방을 치우고 청소를 한다. 그 때 눈이 내린다. ⑥아들 정식이가 밖에서 놀다 들어와 동학장이라고 놀림 받았다며 울먹이자 부인 김씨는 달래며 오늘 선생님이 오신다며 기뻐한다.

　　<전개1>

　①산골마을의 밤은 깊어가고 하늘의 별도 총총한데 마을의 등잔불도 모두 꺼졌다. ②외딴집 박대여의 집은 밤중인데도 선생님 맞을 준비로 바쁘다. ③부부는 청수를 모시고 기도를 하며 주문도 염송한다. ④정성 어린 내외의 기도와 주문 염송 속에 공중으로부터 주문 소리가 들리며 하얀 옷 입은 어른을 보게 된다. ⑤첫닭 울음소리를 듣고 부인 김씨는 부엌으로 나가고 박대여는 선생님을 모시러 나간다. ⑥선생님과 일행 둘이 도착하자 김씨 부인은 박대여를 따라 방에 들어가 선생님께 인사

를 한다.

<전개2>

①일행은 밤엔 기도와 주문 염송으로 보내고 낮엔 잠을 잔다. 그러나 박대여는 양식과 나무 준비로 낮에도 일을 하고 선생님은 깊은 생각에 잠겨 있다. ②눈 많이 오는 닷새 째 되는 날 밤, 주문을 외우다가 운무 속에 뭇 사람들이 칼과 창으로 서로 죽이는 광경을 보게 된다. 박대여와 김덕원의 질문에 선생님은 두려워 말고, 울되 창생을 위해 울고, 모든 사람은 한울님을 믿어야 한다고 하며, 그대들이 세상 사람을 구할 첫 사람들이라고 한다. ③선생님은 세상을 떠날 때가 가까웠다고 하며 모든 일을 그대들에게 맡긴다고 하며 한울님을 모시고 성심수도 해야 한다고 한다. ④선생님과 제자들이 묵도를 드리고 있는데 청수를 받쳐놓은 백지 위에 '광제창생 보국안민'의 여덟 글자가 나타난다. ⑤닭이 두 홰를 칠 때 해월이 와서 대구영장 정기룡이 체포하려 오니 피신해야 한다고 간곡히 말한다. ⑥선생은 조용히 때가 왔다며 제자들에게 피신할 것을 말한다.

<위기>

①동학선생이 서울로 암송되던 중 국상으로 대구감영에 갇혀 두 달이 지나는 동안 구구한 소문이 나돈다. 감사 서헌순은 스물 두 번 째 심문을 한다. ②감사는 처음엔 별 것 아니라고 여겼는데 심문이 더해갈수록 오히려 무서움에 잠까지 설친다. ③다리가 부러지도록 심한 고문에도 선생은 오히려 죽어서 덕을 천하에 펴고 후천오만년을 기약한다고 함에 감사는 모골이 송연해진다. ④밤이 깊어 생사를 확인하고자 감사가 방자를 보냈더니 돌아와 말하길 동학선생은 살아 있으며 단정히

면벽하고 앉아 있다는 말에 감사는 눈이 휘둥그래진다.

<절정>

①삼월 초열흘날 대구장대에는 동학선생의 사형광경을 보기 위해 사람들이 구름 같이 모였다. ②한 노인과 청년이 입씨름을 하는데 동학선생이 결코 죽지 않을 거라고 하고 또 한 편으로는 감사가 살려 준다 해도 말을 듣지 않을 거라고 한다. ③동학선생이 큰칼 쓰고 뒷짐결박 당한 채 끌려 형장에 나온다. ④차일 속에서 감사가 나오고 망나니가 칼을 든다. 구경꾼들은 통곡한다. ⑤다시는 혹세무민하지 않겠다면 살려주겠다는 감사의 말을 아전이 전해도 선생은 묵묵부답이다. ⑥감사의 신호로 사형집행을 하려함에 선생은 청수를 청한다. 청수를 앞에 놓고 선생은 묵도를 드린다. 때에 사람들은 주문을 왼다. 선생은 망나니의 칼을 받는다. 사람들은 통곡한다.

이상의 줄거리를 더욱 요약하면 <발단>-선생님 맞을 준비. <전개1>-선생님 오심. <전개2>-선생님 모심과 종교적 의식과 선생의 강론. <위기>-대구감영에 갇힌 선생. <절정>-대구 장대에서의 순교-이렇게 된다. 그리고 그 장면은 박대여의 집과 사형장의 둘로 볼 수 있다. 동학사상이 집중적으로 나타난 것은 <전개2>이다. 이렇게 볼 때 「거룩한 죽음」은 시간순서에 의한 순행적 구성이며 그 등장인물의 행위나 사건을 통해 단순구성임을 알 수 있다.

2) 작품과 사실과의 관계

「거룩한 죽음」은 수운의 순교를 작품화했으므로 역사소설이라 할 수 있다. 허구화된 문학작품과 실제적인 역사적 사실을 비교 검토해 봄으로써 춘원의 동학에 대한 이해와 인식을 파악할 수 있다. 그래서 「거룩한 죽음」의 등장인물과 실제 역사적 인물의 비교, 작품 속의 체포될 때의 장면, 순교의 장면과, 역사적 기록과의 거리를 가늠해 보고자 한다. 일반적으로 보아 역사는 사실만을 추구한다면 문학은 사실보다는 진실을, 역사가 과학적 방법에 의존한다면 문학은 작가의 상상력에, 역사가 동기보다 결과를 중요시한다면 문학은 결과보다 동기를 중요시한다고 할 수 있다.[26]

본고에서는 편의상 역사적 사실의 text로서 『천도교창건사』[27]를 중심으로 하여 작품과 비교 검토하고자 한다.

2.1) 등장 인물

등장인물은 주인공 최제우, 부인물 박대여와 부인 김씨, 김덕원, 그 외 보조인물로 해월, 대구 영장 정기룡, 대구감사 서헌순 등이다.

①최제우: 「거룩한 죽음」에서는 수운 최제우는 '선생, 선생님, 동학선생'으로 서술되고 최제우란 말은 꼭 한 번만 나온다. '선생'은 객관적 서술형식일 때 주로 사용되었고 '선생님'은 제자들이 호칭할 때 국한시켰고, '동학선생'은 대구 장대에 모인 군중들이 쓴 말이다. 수운이란 말은 아예 등장하지 않고, '최제우'란 말은 단 한 번밖에 표현되지 않는 것은 춘원의 의도적인 것으로, 이는 당시의 시대상황과 춘원 자신의 개인적 상황 때문이었을 것이다. 그러나 실존인물이며 그 명명만 간접적 표현을 썼을 뿐이다.

---

26) 홍사중, 「역사와 문학」, ≪실천문학≫ 2호, 1981, 249쪽
27) 『천도교창건사』는 1933년 야뢰 이돈화가 편술한 것으로, 이것은 1920년에 천도교청년교리연구회가 개최됨에 그 교재로 『천도교서』가 편찬되어 사용되었는데, 『천도교창건사』는 『천도교서』를 골격으로 하였으므로 「거룩한 죽음」이 발표된 3년 전에 나온 『천도교서』와 부합하고 또한 그 내용이 구체적이고 더 많은 자료를 보완하였으므로 이를 text로 택한다. 아울러 1981년 천도교사편찬위원회에서 펴낸 천도교사의 정사라 할 수 있는 『천도교백년약사』도 위의 『천도교창건사』를 모체로 했음을 밝혀 둔다.

②박대여와 김씨 부인: 김씨 부인은 동학관계의 여타 기록에도 나오지 않으므로 작가의 상상에 의한 허구이며, 박대여는 실존 인물이며 수운의 제자다. 『천도교창건사』[28])에 다음과 같이 기록되고 있다.

- 임술년(1862년) 3월에 수운 선생은 남원 은적암으로부터 경주로 돌아와 경주 현서면의 백사길의 집에 들어와 동행했던 심부름꾼 최의중으로 하여금 책을 전달케 하고 백대여의 집으로 가서 숨어 지내더니 최경상이 뜻밖에 찾아뵈었다.

(壬戌年 三月에 大神師—隱寂庵으로부터 慶州에 돌아오사 慶州 縣西面 白士吉家에 들어 崔義仲으로 하여금 家書를 傳케 하고 因하여 朴大汝家에 隱居하시더니 崔慶翔이 意外에 來謁하거늘…『창건사』1편, 35쪽)

- 이 길로 여러 곳을 순회하여 서산의 박대여의 집으로 향하는데 밤에 큰비가 급히 쏟아져 수운 선생은 백대여의 집에 여러 날을 설법하셨다.

(이 길로 數處를 巡回하야 西山內 朴大汝의 집을 向하고 가더니 밤에 大雨가 急走하야… 大神師—朴大汝家에서 數日을 說法하시더니…『창건사』1편, 38쪽)

위의 기록으로 보아 수운 선생은 1862년 임술년에 남원 은적암으로 피신했다가 돌아온 직후에 주로 머문 곳은 박대여의 집임을 알 수 있다.

③김덕원: 김덕원은 최제우가 사형당한 사흘 후 문도들과 함께 시체를 거둔 사람이다.

- 사흘 후 신도들인 김경필 김경숙 정용서 곽덕원 임익서 김덕원 등이 수운 선생의 시체를 거두어

(三日後에 門徒 金敬弼 金敬淑 鄭龍瑞 郭德元 林益瑞 金德元 等이 大神

---

28) 『천도교창건사』(아세아문화사 간행, 동학사상 자료집2, 1979). 이하 『창건사』라 약기한다.

師의 屍體를 걷어…『창건사』제1편, 54쪽)

- 그때 수운 선생의 시신을 수습한 사람은 김경숙 김경필 정용서 곽덕원 임익서 상주사람 김덕원이다.

(收屍其時斂襲人 金敬淑 金敬弼 鄭龍瑞 郭德元 朴益瑞 尙州人 金德元 也…『崔先生文集 道源記書』)29)

④해월과 서헌순: 해월 최경상과 대구 감사 서헌순은 동학관계의 사료와 정부의 기록에도 나온다.

⑤대구영장 정기룡:

"대구영경 귀룡이가 삼십명 라졸을 다리고…"(≪개벽≫ 33호, 36쪽)로 표현되어 있고『창건사』와『도원기서』에는 "선전관 정귀룡"으로『천도교백년약사』에는 "선전관 정운귀"로 되어 있다.

이상에서「거룩한 죽음」에 등장하는 인물들은 실제 역사적 인물과 일치하며 단지 박대여 부인인 김씨는 작가의 창작적 인물이다. 이 작품 역시 역사소설이므로 실존했던 인물을 그대로 작품상의 인물로 했다.

2.2) 체포

작품 전체의 내용과 <전개2>의 ⑤⑥을 통해 선생이 박대여의 집에 와서 닷새를 머물던 밤에 해월이 새벽에 와서 피신할 것을 애원했으나 선생(수운)은 천명이라고 하면서 다른 문도들을 모두 피신하게 하고 혼자 대구영장 정귀룡에게 잡혀간다.

『도원기서』30)『수운문집』31)『천도교창건사』32)『천도교100년약사』33)에

---

29) 『동학사상 자료집』1, (아세아문화사, 1979), 196쪽. 『崔先生文集 道源記書』는 교조 최제우의 일대기로 1880년(경진)에 처음으로 동경대전을 간행한 인제에서 강시원 등이 주동하여 기술했던 것이다. (『동학사상자료집』해제에 의함). 이하『道源記書』라 약기한다.

나타난 수운의 체포되던 당시의 상황을 다음과 같이 요약할 수 있다.

첫째 수운이 임술년 십이월 십일에 체포되었고, 둘째 그 장소는 용담정이며, 셋째 혼자만이 체포된 것이 아니라 제자들과 함께 되었으며, 넷째 체포한 사람은 어명을 받은 선전관 정귀룡과 그 나졸임을 알 수 있다.

작품에는 박대여의 집으로 되어 있고 혼자 체포된 것으로 되어 있다. 이 두 가지 점이 사실과 상충된다. 그렇다면 그 이유는 어디 있을까?

---

30) 『자료집』1. 190~191쪽 - 初十日而留宿者近於五六十人也是日夜先生獨定內狹房寢所明燭高掛坐不安席起動不已而如有憂色焉不寐觀時於是宣傳官鄭龜龍奉命而到本部 前日府中道人來告于先生曰生等聞之則方有廟堂之論而欲害於先生云先生豫避似好也先生曰道則自吾所由而出也寧爲當之況於諸君何爲不聽其言已及此龜龍多率將羅不意突入以 御命招捉先生以 御命之致勢無奈何而順其命捉去其時曠境不司勝言同時所捉者十餘人也並到于本府

31) 『수운문집』에 是月二十日, 酬接中道弟, 此夜先生, 定內夾房寢所, 明燭挑懷, 心身散落, 有不豫色, 終夜而待曙. 府中道人, 來告于先生曰生等聞之, 則廟堂之論, 方欲害先生云, 先生豫避似好耳. 先生曰, 道則自吾所由而出, 寧爲當之, 況於諸君何爲乎 不聽其言. 當是時, 宣傳官鄭龜龍(雲龜)奉命而到本邑府, 多率將羅, 不意突入, 以御命招捉, 先生顔色若曰, 旣犯御命, 順受捉去, 其時光景不可忍言. 同時被捉者, 十餘人. 並到本府.

『수운문집』일명 水雲行錄. 金庠基, 「아세아연구」 제7권 제1호, 고려대아세아문제연구소간행 1964. 181쪽 해설에 의하면 수운문집은 金正元씨의 소장으로 필사인은 김씨의 조부 金玉熙씨로 광무2년 무술년(1898)에 丹谷(영주군 단산면)으로 이거한 뒤에 쓴 것이라 하여 단곡본이라고 했다.

32) 『창건사』 자료집2, 82쪽에, 十二月九日 아침이라 海月神師-大神師에게 나와 告하야 갈으되 「今年은 特別히 先生을 모시옵고 換歲코저하야 왓나이다」 한대 大神師-이 말을 듣고 놀래여 갈으되 「내 네에게 特別히 付託할 말이 잇더니 이제 잘 왓도다 네 이 時間으로부터 다시 내 門庭에 드러서지말라 너뿐아니라 다른 사람에게도 特別히 이 말을 傳하라」 하신대 神師-그 까닭을 알지 못하야 躊躇할 즈음에 大神師-다시 끊어말하되 「어서 자리를 일어 집으로 돌아가라 萬事-다 天命이니 조곰도 어기지 말라」 하심에 神師-할길없어 先生에게 四拜하고 눈물을 흘리고 집으로 돌아오시다 이날밤에 大神師-特히 雜人을 嚴禁하고 房內를 灑掃한 뒤 燭불을 밝히시고 兀然히 獨坐하야 밤을 밝히며 有意의 人을 기다리는 듯 하더니 밤 五更이나 하야 京卒五六十이 龍潭亭을 둘러싸고 宣傳官 鄭龜龍이 御命을 傳達하거늘 大神師-곳 行裝을 차려 길을 떠날세……

33) 『천도교백년약사』, 92쪽에
이 날 밤에 大神師께서 방안을 청소한 뒤에 촛불을 밝히고 홀로 앉아 밤을 밝히며 사람을 기다리는 듯하더니 밤 五更이나 되어 朝廷에서 파견된 宣傳官 鄭雲龜가 30餘名의 校卒을 거느리고 용담정을 포위, 梁و豊 張漢翼 등이 앞장서서 대신사를 체포한 후 용담정에 모여 講讀修煉하던 23名의 從弟들까지 함께 포박하여 送致했던 것이다 수운이 체포되기 일년 전인 신유년 구월에 경주부의 윤선달이란 사람의 무고로 경주영장에게 잡혀갔다가 놓여난 일이 있는데 그 때 수운은 박대여의 집에 머물렀고 그 후 신변의 두려움 때문에 남원 은적암으로 약 8개월간 피신했다가 돌아와 다시 박대여의 집에 머물렀던 사실이 있다.

이러한 기록은 『천도교창건사』34)와 『도원기서』35)에 잘 나타나고 있다. 그러므로 춘원은 이를 혼동했을 것이거나 아니면 작품의 주제 부각을 하기 위해 허구화했을 것이다. 그러나 춘원과 동학과의 관계를 보면 춘원은 입도까지 했으며 동학에 많은 영향을 받았으므로 이러한 역사적 사실을 모를 리 없다는 판단아래 춘원이 작품의 효과를 노리기 위해 허구화했다고 보는 것이 옳을 것이다.

한적한 산골 박대여 집에서 몇몇 제자들과 기도를 드리며 강론함이 보다 더 종교적 분위기에 걸맞고 또한 부인 김씨를 등장시켜 남녀평등사상을 나타낼 수 있게 했다. 일차 체포당할 때가 박대여의 집이었으므로 단편에서 구태여 사건을 복잡하게 할 필요성을 느끼지 않았을 것이다. 동학사상과 수운의 거룩한 죽음을 집중적으로 표출하기 위한 춘원의 의도적인 허구라고 보아야 할 것이다.

2.3) 순교

수운의 순교 장면을 작품 「거룩한 죽음」과 역사적 사실인 「천도교창건사」의 내용과 대비시켜 본다.36)

---

34) 『천도교창건사』(동학사상자료집 2) 70~71쪽에 "…대신사 박대여가에서 수일을 설법하시더니 이 때에 경주본부에 윤선달이라 칭하는 자 있어 본래 영장과 상친함으로 영장을 부동하야 갈으되… 영장이 그 말에 쫓아 곳 차사를 박대여가에 보내여 대신사를 체포하니 때는 구월이십구일이라……"
35) 『최선생문집도원기서』(동학사상자료집 2) 175쪽에, 本府中有尹先達者與其時營將相親之聞也符同營將曰此邑崔先生弟子至於千數云若以崔先生捉治則每名一婚言之近爲千有餘金捉治如向營將聞其人之言卽爲發差使捉去崔先生時則秋九月二十九日也…

〈작품〉
　삼월 초열흘 -갑자년 삼월 초열흘-
　대구 장대에는 사람이 백차일친 듯이 모혔다. 대구 감영 사람들 사방으로서 모혀 들어온 동학하는 사람들. 동학선생이 죽는 것을 보량으로 아츰 일쯕부터 모혀들었다. -〈절정〉①

　선생의 마즈막 청을 들어 라졸이 냉수 한그릇을 새로 떠왔다. 선생은 등상에서 닐어나 흙우해 백지 한 장을 깔고 그우해 냉수그릇을 노코 가만히 흙우해 꿀허 안더니 눈을 감고 손을 읍하고 한참이나 무엇을 생각하는 듯이 잇다. 돌아선 사람들 중에도 선생모양으로 꿀어안는이가 여기져기 보이며 어대선지 모르게 떨리는 목소리로
　　「포덕턴하 광제창생 보국안민지 무극대도대덕
　　　지기금지 원위대강
　　　시턴쥬 조화뎡
　　　영세불망 만사지」
　하는 소리가 울려온다.
　션생은 닐어나 한번더 사람들을 휘둘러보고 등상에 안는다.
　칼든쟈 칼을 두러메고 뚜벅 세거름을 거러나와 선생의 왼편에 서더니 「웨-이-」하는 소리에 칼을 번젹 머리우에 급히 든다. 햇볏히 칼날에 비최어 흰 무지개가 선다.
　「션생님! 션생님!」하는 통곡성이 사면에서 닐어난다……(끗) 〈절정〉⑥

---

36) 역사적 기록은 「수운문집」이나 「도원기서」나 「백년약사」가 모두 「창건사」와 일치하므로 「천도교창건사」를 인용한다

<역사적 사실>

○29일에 서울서 조령(朝令)이 내림애 익월(翌月) 10일에 대신사 대구 장대(將臺)에서 참형을 받을세 처음에 형졸이 누차 목을 버히되 조곰도 검흔(劍痕)이 없는지라 감사 이하 모든 관료들이 창황실색하야 어찌할 줄을 몰을 즈음에 대신사 형졸에게 청수 일기(淸水一器)를 가져오라 하시고 청수를 향하야 한참동안 무엇을 묵도하시더니 태연 형리를 향하야 「이제 안심하고 버히라」하신 후 종용히 형에 나아가시니 때는 대신사 탄생 41년 3월 10일이라 이때 천랑기청(天朗氣淸)하든 일기가 돌변하면서 광풍이 대작하고 뇌우가 여주(如注)하야 천수지참(天愁地慘)의 상(狀)이 실로 신인(神人)의 사(死)를 조(吊)하는 듯 크게 인심을 놀래였었다. (창건사(자료집 2, 86쪽))

「천도교백년약사」에도 「창건사」와 동일한 기록이 보이고 「수운문집」이나 「도원기서」에는 ―계교(啓敎) 三月十日 시위엄형선생수욕별세(施威嚴刑先生受辱別世)―라고 간략히 기록되어 있다.

「창건사」는 동학교인이요 지도자격인 야뢰 이돈화가 편술했기 때문에 교주의 신성성을 가미했다. 작품의 순교 장면과 역사적 기록은 거의 대동소이하다. 이는 춘원이 「천도교서」를 숙독했으며 또한 동학의 지도자들로부터 들어 익히 알고 있다고 볼 수 있다.

3) 작품에 반영된 수운사상

동학사상(수운사상)의 핵심을 여러 가지로 보고 있지만, 김용덕, 신복룡, 김의환, 신일철 등 여러분[37]의 연구를 종합해 보면 평등주의 혁명주의 민

---

37) 김용덕, 「동학사상연구」, (중앙대논문집 제 9집, 1964). 신복룡, 『동학사상과 한국민족주의』(평민사, 1981). 김의환, 「초기 동학사상에 관한 연구」(우리나라 근대문화사논

족주의의 셋으로 볼 수 있다.

평등주의는 천도교의 종지인 인내천사상의 핵심이다. 인내천사상의 전개과정은, 수운의 시천주사상에서 해월의 사인여천 의암의 인내천이다. 평등주의는 곧 수운의 시천주신앙에서 근원되었다. 혁명주의는 수운의 후천개벽사상의 현대적 표현이다. 그래서 필자는 수운의 신앙 내지 사상의 이대 근간을 시천주사상과 개벽사상으로 단정하고자 한다. 물론 시각에 따라 다른 주장들[38]이 있긴 하지만 수운의 저서인 동경대전과 용담유사를 관찰해 보면 이 둘로 집약할 수 있다.

이 글에서는 「거룩한 죽음」에 나타난 수운의 시천주사상과 개벽사상을 중점으로 알아보고자 한다.

3.1) 시천주사상

「侍天主」는 한울님의 공경이요 천주에 대한 경외지심을 가진 상태로, 시천주는 한울님의 존재를 믿는 신앙상태다. 한 걸음 나아가 주술적 강령체험의 상태라 할 수 있다.[39] 시천주란 말은 한울님을 내 마음에 모시는 것으로 내가 곧 한울님이 되는 과정으로 인간지상주의다. <지기금지원위대강, 시천주조화정 영세불망만사지>[40] —이것은 동학의 주문으로 「거룩

고, 삼협출판사, 1964). 신일철, 「동학사상의 전개」(동학사상논총1, 천도교중앙총부, 1983). 길암 박응삼: 『동학사상개론』(원곡문화사, 1975). 김월해, 「천도교사상」(천도교중앙총부, 1983)
38) 신일철님은 '동학사상의 전개' (동학사상논총 1)란 논문에서 '수운의 중심사상은 성경신의 태도로 한울님을 모시는 시천주신앙을 바탕으로 한 보국안민의 종교'라고 하여 시천주신앙과 민족주의를 들고 있다. 한편 천도교중앙총부 발행 「천도교입문」에서는, 수운사상을 대신사의 심법이라 하여, 한울님 곧 시천주, 지기론, 불연기연론, 무위이화론, 운수설, 성경신, 후천개벽 등을 들고 있다.
39) 최동희, 「수운의 기본사상과 그 상황」, 『한국사상』제12집(태광문화사, 1975), 189쪽
40) 至氣今至願爲大降—지극한 기운이 지금 저에게 내려지기를 원합니다. 侍天主造化定 永世不忘萬事知—한울님을 모시면 조화가 체득되고 한울님을 길이길이 잊지 않으면 만사가 깨달아집니다.

한 죽음」에 무려 일곱 번이나 나온다. 지기금지원위대강(至氣今至願爲大降)
은 강령주문이고, 시천주조화정영세불망만사지(侍天主造化定永世不忘萬事知)
는 본주문이라 하는데 이 주문 속에 동학과 수운사상의 요체가 있다.

「논학문」41)에 나타난 시천주란 내 마음 속에 한울님을 지극한 정성으로 모시는 것이라 요약할 수 있다. 수운의 시천주사상은 동학의 요체다. "열석자 지극하면 만권시서 무엇하리"42)라고 수운은 읊어 주문의 중요성을 강조했다.

> 그대 네가 성심수도하량이면 알지 못할 것이 무엇이며, 하지 못할 일이 무엇이겟소? 그대네는 한우님이오, 텬디를 지은이도 한우님이오 텬디를 다스리는 이도 한우님이니 한우님은 곳 나요 그대네요, ……그러므로 창생을 구하는 길은 오직 하나이니 곳 사람들에게 한울을 깨닷게 하는 것이오…(≪개벽≫ 33호, 34쪽, 36쪽)

위의 인용문은 「거룩한 죽음」의 <단락3>의 ③에 나오는 것으로 수운이 박대여집에 머물며 수도할 때 제자들의 문답에 답한 것이다. 이것은 논학문의 "吾心卽汝心 天心卽人心"을 말한 것으로 시천주사상이다. 시천주사상은 『용담유사』의 「교훈가」「권학가」에도 나타나 있다.43)

---

41) 「논학문」은 수운의 동경대전에 있는 경으로 동학의 핵심사상이 들어있다.
"'侍'자는 內有神靈하고 外有氣化하여 一世之人이 各地不移也오, '主」자는 稱其尊與父母同事者也오."라고 하였으니 이를 쉽고 간략히 옮겨 말한다면 내 마음속에 지극한 정성으로 한울님을 모신다고 해석할 수 있다. 또한 논학문에 "曰 吾心卽汝心也라, 人何知之리오. 知天地而無知鬼神하니 鬼神者도 吾也니라."
"曰「天心이 卽 人心則 何有善惡也니까」曰「吾道는 無爲而化矣니라, 守心正氣하면 率性受其敎하여 化出於自然之中也니라……」"라 하였는데 여기서 오심즉여심 천심즉인심, 내 마음이 네 마음이고 한울님 마음이 곧 사람 마음이라고 했다
42) 「몽중노소문답가」에 나오는 구절
43) 나는 도시 믿지 말고 한울님만 믿었어라.
네 몸에 모셨으니 사근취원하단말가 (교훈가)
誠之又誠 공경해서 한울님만 공경하소 (권학가)

인간 평등 사상의 일환으로 겸손과 친절함이 작품에 반영되고 있다. <단락2> ⑥에, 박대여집을 내방한 수운 선생에게 박대여 부부가 수운 선생과 인사를 하는 장면에서도 엿볼 수 있다.

> …내외가 들어온 것을 보고 션생이 일어나고 다른 사람들도 일어난 다. 김씨는 션생압헤 업듸여 절을 들였다. 션생도 마조 업듸어 절을 바 닷다. 다른 이와는 다만 상읍만하고 각각자리에 안젓다. 션생은 김씨다 려 안즈라하며,「그러케 신심이 독실하시고 또 나를 위해서 그처럼 애 를 쓰시니 고맙소이다」한다. 김씨는 다만 고개를 수기고 맘속으로「션 생님」할 뿐이엇다. (≪개벽≫ 33호, 32쪽)

원래 동학도인들은 서로 만나면 수인사를 하며 일반 사람들에게도 친절 과 겸손으로 대한다. 윗 인용에서 보듯이 교주인 수운 선생이 천사문답을 통해 각도한 거룩한 분인데도 여인에게도 겸손과 친절로 대하고 있다. 이 것은 곧 인간 평등의 정신으로 계급과 남녀관계를 떠난 인간중심주의로 수운의 시천주사상에서 비롯된 것이다.

종전의 모든 종교들이 오직 보편자 절대자「天」「天主」「하늘님」을 경 외의 대상으로 본 것에 대해 수운은 사람이 곧 한울, 한울님을 내 마음에 모시는 인간지상주의를 부르짖고 있다. 이것은 인간존엄성을 강조한 평등 사상의 기반인 시천주사상이다.

3.2) 개벽사상

수운은 각자위심으로 효박하고 질병에 가득 찬 이조말기의 부패상과 그 모순을 비판 고발하고 새로운 변혁을 바라다가 경신년(1860년) 사월초 오 일에 무극대도의 천도를 득도하게 된다. 그리고 만민평등의 지상낙원을 건설하려 한다. 각도 이전을 선천이라 하고 각도 이후를 후천오만년의 개벽시대라고 한다. 동학의 기본 목적은 후천개벽의 지상낙원 건설이며 이의 전단계로는 개체 인격의 완성을 뜻하는 도성덕립(道成德立)이 그 첫 단계로 이는 개인의 완성을 의미하고, 둘째 단계는 사회적인 완성으로 보국안민을 말한다. 보국안민은 덕치국가의 건설과 나라의 안보이다. 그래서 제폭구민하고 척양척왜한다. 제 3단계는 포덕천하 하여 광제창생하는 세계석인 완성이다.

>下元甲 지내거든 上元甲 호시절의 만고 없는 무극대도 이 세상에 날 것이니 (몽중노소문답가)

>부하고 귀한 사람 이전시절 빈천이오
>빈하고 천한 사람 오는 시절 부귀로세 (교훈가)

>입도한 세상 사람 그날부터 군자되어
>무위이화 될것이니 지상신선이 아니냐 (교훈가)

용담가의 곳곳에 지상천국의 도래를 노래하고 있다. 그럼 지상천국이란 어떤 것인가? 인간 사회에 있어서 제도상으로나 정치상으로나 또는 경제적으로나를 막론하고 모든 분야에 있어서 인간격본위의 인내천사상이 실현되어 세계일가의 합리적인 생활이 이루어짐으로써 인간총화의 힘에 의하여 우주만물이 진화·발전하는 선경의 나라를 이 땅 위에 실현한 때를 말한다.44)

「거룩한 죽음」에 나타난 개벽사상을 살펴보면 <단락3>의 ③에 주로 나타나 있다.

---

44) 김월해,『천도교사상』(천도교중앙총부, 1983) 131쪽

「창생이 도탄속에 든 것을 볼 때에는 통곡하지 아니할 수 없소. 이 창생을 보고 통곡할 줄 모르는 이는, 텬성을 일허 버린이오. 그대네는 무슨 일에도 놀라지 말고, 겁내지도 말고, 두려워하지도 말되 오직 창생을 위하야 울으시오. 이것은 셩인의 말이오」(《개벽》 33호, 34쪽)

「내가 세상을 떠날 날이 갓가왓소. 포덕천하 광제창생의 오만년무극대도를 그대들에게 맛기고 가는 것이니 그대네들은 한울의 뜻을 어그래지 마시오」하고 창연한 빗을 보인다 (《개벽》 33호, 34쪽)

「나는 무극대도를 텬하에 펴서 창생을 구하고자 함이니 이 도가 세상에 난 것은 한울이 명하신 바요, 또 내가 이 몸을 도를 위하야 죽어 덕을 후텬오만년에 펴게 하는 것도 한울이 명하신 바니 공은 맘대로 하오」 할 때에는 감사는 모골이 송연하야 등골에 어름냉수를 끼언는 듯하였다. (《개벽》 34호, 64쪽)

「포덕텬하 광제창생 보국안민지대도, 무극대도대덕, 지기금지원위대강……」(《개벽》 33호의 25, 31면 34호의 68쪽)

수운이 제자들에게 설법할 때나 감사에게 심문을 받을 때 그의 개벽사상을 읽을 수 있다.
어쨌든 수운은 타락된 사회윤리를 부정하고 새로운 사회질서를 요구하여 인간성의 회복과 역사적 위업 달성이 곧 그의 후천개벽사상이며 실천이라고 믿은 것에 틀림없다.[45]

---

45) 이현희,「수운의 개벽사상연구」,『동학사상과 동학혁명』(청아출판사, 1984), 56쪽

3. 맺음말

춘원문학에 대한 논문들이 수없이 쏟아져 나왔지만 그의 동학사상과 관련된 논의는 거의 없는 상태다.

춘원이 1923년 ≪개벽≫지에 발표한 「거룩한 죽음」이란 단편소설은 동학의 창도주 수운 최제우의 순교를 다룬 동학소설로서 동학사상이 잘 반영된 작품이다.

「거룩한 죽음」에서는, 수운과 그 제자들이 박대여의 집에 머물면서 기도와 묵도의 종교의식과 제자와의 문답을 통해 수운 자신의 사상이 표출된다. 제자들이 관의 체포가 있을 것인즉 피신하시라 해도, 수운은 오히려 제자들을 모두 피신시키고 스스로 천명에 따른다며 체포당한다. 서울로 압송 당하던 중 철종임금의 국상으로 대구감영에 갇혀 두 달간 심문을 당한 후 떳떳이 사형을 당한다는 내용이다. 등장인물은 주인공 동학선생 수운과 그 제자 박대여 부부, 김덕원 등이며 그 구성도 단조롭고 장면도 박대여의 집과 사형장이 중심되어 있는 간략한 내용이다. 그러나 수운의 행위와 강론에서 수운사상이 잘 나타난 작품이다.

작품내용과 실제 역사적 사실을 비교해 본 결과, 등장인물이나 순교의 내용이 거의 사실과 일치를 이루고 있다. 그러나 수운의 체포된 것과는 일치하지 않는다. 체포된 것이 실제 역사적 사실과 어긋남은 '거룩한 죽음'이라는 주제를 작품에서 살리기 위해 춘원이 의도적으로 창작한 것이라 봄이 타당하다.

「거룩한 죽음」에 나타난 수운의 사상은 ①시천주사상 ②개벽사상 ③운수관 ④민족주의, 이 넷으로 요약할 수 있다.

춘원은 「나의 고백」에서 동학을 통해, 겸손과 친절, 평등의 정신, 민족주의, 후천개벽정신, 평화 내지 무저항주의의 정신을 배웠다고 기록하고 있다. 이러한 정신은 「거룩한 죽음」에 나타난 네 가지 사상과 거의 부합된다.

「거룩한 죽음」에 나타난 수운의 사상이나 실제의 수운사상의 핵심은 시천주사상이다. 수운의 시천주사상은 발전 전개되어 오늘날 인내천사상이 되었다.

춘원이 고아가 되어 유년시절(12세~14세) 만 3년간을 동학에 입도하고 동학 지도자 밑에서 서기 노릇을 하였고 또한 동학재단의 도움으로 유학을 하게 되었고, 자신의 정신의 터전이 동학이었다고 술회한 점에서 우리는 춘원의 사상 내지 정신의 터전이 동학이었음을 간파할 수 있다.♠

작품을 찾아서

김동인·····「배따라기」와 「감자」의 거리

염상섭·····「삼대」의 등장인물

박태원·····박태원과 「갑오농민전쟁」

김승옥·····「무진기행」과 「서울, 1964년 겨울」

이인화·····「영원한 제국」과 역사소설

한승원·····생태문학과 「연꽃바다」

김동인

　금동 김동인(**琴童 金東仁**, 1900~1951)은 평양의 평안교회 장로의 아들로 태어난다. 1912년 숭실중학에 입학하고 1914년에 일본으로 건너가 일본 도쿄 학원에 입학한다. 1915년 명치학원 2학년에 편입한다. 1917년 부친 별세로 귀국하여 막대한 유산을 물려받는다. 1919년 동경에서 문학잡지 ≪창조≫를 자비로 간행하고, 창간호에「약한 자의 슬픔」을 발표한다. 1921년 ≪창조≫에「배따라기」를, 1925년 ≪조선문단≫에「감자」를 발표한다. 그 이후「명문」「광염 소나타」「죄와 벌」「발가락이 닮았다」「붉은 산」「잡초」등을 발표한다. 1933년 동아일보에『운현궁의 봄』을 연재하고, 1935년에는「광화사」를 발표한다. 1938년에는 천황 모독죄로 반년간 감옥살이를 한다. 1939년 친일행각으로 북지 황군 위문단에 참석하고 신궁 참배를 한다. 이즈음「김연실전」「선구녀」를 발표한다. 1941년「어머니(곰네)」를 발표한다. 1950년에 전쟁이 일어났을 때 기동을 할 수가 없어 피난을 가지 못했고 1951년 1월 하왕십리 자택에서 영면하게 된다.

「배따라기」와 「감자」의 거리

— 김동인론

1. 삶의 특이성

　김동인(金東仁, 1900~1951)은 한국문학사상 가장 오만한 작가였다.[1] 조선일보 창설자요 사장인 방응모가 편집실을 순방할 때마다 학예부장인 김동인은 인사는커녕 안하무인격으로 원고만 쓰고 있었다. 그래서 40일간 근무하고 쫓겨나게 되었다.

　　"자기 일만 하면 되었지 사장이고 뭐고 굽힐 필요가 있느냐?" 동인은
　　죽마고우 주요한에게 말했다.[2]

---

1) 김우종, 『작가론』(동화출판사, 1973), 3쪽. "김동인은 한국문학사상 가장 오만한 작가였다. 그런데 오만은 미덕일 수도 있다. 어느 누구에게도 양보할 수 없는 자기 세계를 형성했을 때 그것을 지키는 오만은 결코 악덕이 아니다. 악덕은 선의의 타인에게 피해를 줄 때에만 악덕일 뿐이며 언제나 자기의 인격에 긍지를 가지고 이것을 타인 앞에 양보하지 않는 것은 아무에게도 피해를 줄 까닭이 없다."
2) 윤홍로, 「김동인론」, 『현대한국작가연구』(민음사, 1976), 40쪽

> 나도 방응모가 「조선일보」가 될 때 불리어서, 조선일보의 학예부를 40일간 맡아본 일이 있다. 이 40일간의 봉급생활로서 과부의 서방질이나 일반으로 나 스스로 창피하게 생각하는 바이다.3)

김동인 연구가4)인 정한모, 김우종, 윤홍로 들은 모두 동인의 성격에 대해 영웅주의적 오만과 유아독존적 사상 곧 거오(倨傲)의식으로 표현하고 있다.

이것은 그의 출생이나 성장과정과 밀접한 관계가 있다.

금동(琴童) 김동인은 1900년 10월 2일 평양시에서 김대윤의 차남으로 태어났는데, 아버지는 평양토박이로 대대로 내려오는 부자이며 오랫동안 평안교회의 초대 장로로 활동했다. 어머니 옥씨(玉氏)는 여장부라 할 만큼 강한 성격의 소유자였다고 한다. 동인은 17세 때 아버지가 사망하자 분배받은 재산으로 방탕과 사치의 생활을 한다. 이복형 동원은 조만식과 친구로 항일민족지도자였으며 해방 후에는 국회부의장까지 지낸 분이다.

동인은 기독교계 숭덕소학교를 졸업하고 미션계인 숭실중학에 들어갔다. 친구조차 없고 말도 없고 수줍어하는 소년이었다. 집안에 들어가면 귀공자로 대접을 받았다. 성경시험을 치게 되었는데 유아독존식 사상으로 길러진 동인은 누구를 섬긴다는 것은 탐탁지 않아 신에게 믿음을 강요받는 것도 동인에게는 별로 취미가 안 가는 지라 성경을 펼치고 시험을 쳤다. 컨닝 때문에 수모를 당하자 학교를 가지 않았다. 교장 선생의 방문으로 가족들이 알게 되었고 그로 인해 숭실중학은 그만 두었다. 동인은 곧 동경유학을 가게 된다. 그때가 1914년 동인이 14세였고 유일한 친구 주요한이 1년전에 아버지를 따라 일본에 간 것도 일종의 자극제가 되었다. 동

---

3) 김동인, 「문단30년의 자취」, 『동인전집』(홍제, 1964), 463쪽
4) 정한모, 『현대작가연구』(범우사, 1960). 김우종, 『작가론』(동화, 1973). 윤홍로, 「김동인론」, 『현대한국작가연구』(민음사, 1976)

경학원에 들어갔다가 나중 학교가 폐교되는 바람에 요한이 다니는 명치학원에 들어가 문학공부를 하게 된다. 1917년 명치학원을 졸업했을 때 부친상을 당한다. 이듬해 평양의 부유한 어물상 딸인 김혜인과 구식 결혼을 하고 아들과 딸 남매를 낳는다. 김혜인은 소학교를 졸업한 착실한 여자였다. 어린 나이에 외국유학, 문학지망, 부친별세, 많은 상속 재산, 구식 결혼 등은 동인으로 하여금 방탕생활을 하게 만든다. 결혼하던 해 일본으로 건너가 예술에 대한 동경으로 가와바다(川端)미술학교에 입학하고 1년만에 중퇴한다.

1919년 2월 8일 동경유학생 독립선언문 발표 일에 주요한과 둘이서 《창조》를 발간한다. 뒷날 늘봄 전영택과 김환이 들어오고 창간호 비용 200원은 동인이 전액 부담한다.

> 조선 신문학의 봉화는 기묘하게도 3·1운동과 함께 진행하였다… 민족의 역사는 4천년이지만 우리는 문학의 유산을 계승받지 못하였다. 우리에게 상속된 문학은 한문학이었다. 개인의 문학이 없는지라, 우리가 문학을 가지려면 순전히 새로 만들어내는 수밖에 없었다. 문학 가운데서도 나는 「소설」을 목표로, 요한은 「신시」를 목표로 주춧돌을 놓고서 그 자리를 골랐다.5)

> 나는 그때 소년다운 야심이 만만하였던 시절이라, 더욱이 나의 아버지가 나를 기르실 적에 유아독존의 사상을 나의 머리에 깊이 처박았으니 만치 일본문학 따위는 미리부터 깔보고 들었으며 빅토르 유고까지도 통속작가라 경멸하리 만치 유아독존의 시절이었다.6)

동인은 《창조》를 발간하고 귀국한 후 방탕한 생활을 하게 된다. 그가

---

5) 《창조》, 창간사
6) 김동인, 「문단 30년의 자취」, 『동인전집』(홍제, 1964), 463쪽

스스로 밝힌 당시의 생활은 이러했다.

"정오쯤은 요리집에 출근하여 제1차회, 제2차회, 제3차회 어떤 때는 4차회까지 끝난 뒤에 새벽 4시쯤 돌아와서 한잠 자고는 정오쯤 다시 요리집으로 출근하고 …이러한 광포한 생활은 다시 시작되었다. 가정은 다만 수면을 위하여서지, 나의 생활은 요리집과 요리배에서 광포성을 발휘하는 것이었다."7)

1926년 대동강의 지류인 보통강의 관개사업 실패로 막대한 유산을 날려버린 동인에게는 갖가지 불행이 겹친다. 1927년 아내 김혜인의 출분, 그 이후 3년간의 홀아비 생활, 1930년 숭의여고를 갓 나온 김경애와 재혼한다. 경제사정은 더욱 어려워만 갔다. 그 즈음의 사정을 동인은 다음과 같이 술회하고 있다.

> 다시 결혼하기에 마음에 가장 켕기는 것은 경제적 안정인데 둘러보아야 우리나라에 글 쓰는 사람으로 경제적으로 안정된 사람은 거의 없었다… 동아일보의 연재소설 요구는 늘 받아왔지만 일체 신문소설을 거절해오던 나로서도 결혼을 앞두고 경제문제 해결책으로 승낙을 한 것이었다. 이것이 나에게 있어서 첫 훼절이었다…그 겨울 연말 가까이 나는 열편의 창작과 그밖에 4,5편의 수필을 써 가지고 상경하였다. 그새 독신생활 3년에 축적된 정력을 한꺼번에 쏟은 것이었다. 열흘 동안에 창작 열 편과 수필 4,5편을 써 던진 것이었다. (『동인전집』 8, 443쪽)

동인은 40일간의 조선일보 학예부장이란 직장 이외에는 한 번도 직장을 가지지 않았으며 1·4후퇴 당시 서울 신당동 자택에서 병사 아닌 아사(餓死)로 생을 마감한다. 그는 죽음마저 특이했다. 또한 글 쓰는 버릇마저 특별했다. 동인의 애제자 정비석은 「낙양성추야담」(落陽城秋夜譚. 후에 '王府의 落照'로 개명)이라는 500매 가까운 중편을 하룻밤에 쓰셨다고 한다. 저녁 4

---

7) 『동인전집』 8, (삼중당, 1976), 604쪽

시경에 집필-밤새임으로 써서 탈고를 하고 나니까 집에서 아침밥을 먹으라고 하였다는 것이다."라고 말했다.8)

김동인을 이광수를 이은 근대소설의 개척자 혹은 확립자로 규정함은 이미 하나의 정설로 되어 있다. 김동인에 대한 이러한 고평(高評)은 몇몇 선구적 문학사가들의 도움을 거쳐 일반 독자들에 이르기까지 일반화되었다. 그러나 김동인을 재평가하는 새로운 논의는 비판적인 입장을 취하기도 한다. 김동인 소설의 핵심이라고 할 수 있는 예술적 완결성의 현실로부터 일탈, 곧 소설에 나타나는 극단적 인물과 사건 해결방식은 작가의 성격과 창작방법 간의 괴리에 의한 것이라고 폄하(貶下)하기도 한다.9)

김동인은 주요한·전영택·김환 등과 우리나라 최초의 문예동인지 ≪창조≫를 창간하고 처녀작 「약한자의 슬픔」을 1, 2호에 발표하고 그 속편이라 할 수 있는 「마음이 옅은 자여」를 3~6호에 발표한다. 그러나 1921년 「배따라기」를 계기로 새로운 변모를 하며 그 앞의 작품은 아직 미숙한 습작이라 할 수 있다.10)

그리고 「배따라기」는 액자소설로 형식적인 정제성을 지녔고 이 작품을 계기로 형식적인 완결성을 지향하게 된다.11)

김동인의 작품을 백철은 심리주의 계열(「약한 자의 슬픔」, 「마음이 옅은 자여」 등), 자연주의 계열(「감자」, 「발가락이 닮았다」 등), 민족주의 계열(「해지는 지평선」, 「운현궁의 봄」 등)로 나누고 동인은 본래 예술지상주의적인 과제를 고수해 온 삶으로 규정했다.12)

---

8) 윤홍로, 앞의 『김동인론』
9) 박현수, 「김동인의 초기소설 연구」, ≪현대소설연구≫(한국현대소설학회, 2000, 12) 제13호, 75쪽
10) 김윤식, 「김동인 문학의 세 가지 특질」, 『한국근대소설사연구』(을유문화사, 1986), 125~137쪽 참조
11) 이재선, 「액자소설로서의 「배따라기」의 구조」, 『김동인 연구』(새문사, 1982), 78쪽
12) 백철, 『신문학사조사』 4 (신구문화사, 1970), 128쪽

조연현은 심리주의적 경향 탐미주의적 경향 자연주의적 경향 인도주의적 경향 민족주의적 경향, 이렇게 다섯으로 나누었다.13)

황도경도 사실주의 경향과 낭만적 경향으로 가르고 있다.14)

이와 같은 여러 가지 경향은 개화기 이후 신문학기에 혼류되어온 서구 사조의 결과라고 볼 수 있다. 조연현씨15)는, 김동인은 예술지상주의 작가였으며 그의 낭만주의 계열의 작품인 「광화사」, 「광염소나타」까지도 그 근본적인 인생관에 있어서는 「감자」나 「명문」 같은 자연주의적인 기초 위에 서 있었음을 볼 수 있다고 했다. 예술지상주의자였다가 다시 그 근본적 인생관은 자연주의 작가였다는 상반된 견해는 그 당시 시대상으로 보아 사상적인 혼류 현상인 것이다.

김동인에 대한 연구논문이 250여종에다 김동인 전집도 3차에 걸쳐 간행된 바 있을 정도로 김동인에 대한 관심과 연구는 지대하다.16)

평론가 김윤식도 그의 「김동인론」17)에서 "초기작 「약한 자의 슬픔」이나 「마음이 옅은 자여」는 자기 말대로 진정한 단편이라 보기 어려우며 「배따라기」로부터 단편의 시작이라 볼 수 있다……「감자」의 드라이한

---

13) 조연현, 『한국현대작가론』(문명사, 1970), 146쪽에서는 다음과 분류하고 있다.
　심리주의적 경향-「마음이 옅은 자여」, 「발가락이 닮았다」, 「광화사」, 「광염소나타」.
　탐미주의적 경향(혹은 낭만주의)-「배따라기」, 「광화사」, 「광염소나타」, 자연주의 경향-「감자」, 「명문」, 「K박사의 연구」, 「발가락이 닮았다」, 「김연실전」, 「수양」, 인도주의적 경향-「발가락이 닮았다」, 「K박사의 연구」, 민족주의적 경향-「붉은 산」, 「운현궁의 봄」, 「태형」
14) 황도경, 「위장된 객관주의, 김동인의 재평가」, 앞의 책, 53쪽에 이렇게 언급하고 있다.
　"이른바 사실주의 경향과 낭만주의 경향, 객관적 기술의 강조와 주관적 서술, 진실의 추구와 아름다움에의 강조 등 이질적 성격들이 그의 문학에 공존하고 있는 것이다."
15) 조연현, 『한국현대문학사 개관』(정음사, 1974), 146~156쪽
16) 연구가로는 백철 조연현 이재선 정한숙 김동리 김윤식 백낙청 강인숙 유금호 황도경 등이며, 전집의 출판은 1958년 정양사, 1964년 홍자출판사 전10권, 1976년 삼중당 전7권 등이다.
17) 김윤식, 『현대작가론』(형설출판사, 1982), 37~47쪽

터치는 너무 고압적 완결이어서 한국소설사는 아직도 그 높이에 이르지 못하고 있는 것으로 나는 생각한다……"라고 하여 「붉은 산」 「배따라기」 「감자」 이 셋을 김동인의 최대 공적(한국단편소설의 패턴을 확립해 놓음)으로 말하고 있다.

"유미주의(예술주의)를 한국소설사에 심은 것은 동인이며 그 정상에 오른 것도 바로 그였다. 한편 자연주의(리얼리즘)의 첫 주창자도 그요, 최고봉의 한 영역을 점령한 것도 역시 금동(김동인)이었다…… 김우종도 동인에게 '자연주의와 탐미주의'라는 두 가지 명칭을 함께 달아주고 있다."[18] (괄호 안의 '예술주의' '리얼리즘'이란 말은 필자가 넣었음)

결국 김동인의 두 가지 문학 경향은 예술주의(낭만주의의 한 양상)와 리얼리즘(사실주의)으로 규정한다. 본고에서는 김동인의 가장 빼어난 단편 두 편 곧, 예술주의 첫 작품이라고 할 수 있는 「배따라기」와 리얼리즘의 대표요 그런 류의 첫 작품인 「감자」를 중심하여 김동인의 작품을 조망해 보고자 한다.

2. 「배따라기」와 예술지상주의

1) 「배따라기」의 기본 구조

「배따라기」는 《창조》 종간호인 제9호에 게재된 것으로 그 앞에 「약한 자의 슬픔」과 「마음이 옅은 자여」가 있으나 그의 단편소설은 「배따라기」를 뿌리로 한 나무들[19]이라고 할 수 있다.

「배따라기」는 전형적인 액자소설로 액자 밖의 나의 이야기(外話)와 액

---
18) 임헌영, 『한국근대소설의 탐구』(범우사, 1974), 83쪽
19) 유금호, 「김동인론」, 『현대작가론』(삼영사, 1999), 89쪽

자 속의 그(형)의 이야기(內話)로 되어 있는데, 일반적인 액자소설과는 달리 액자 밖의 나의 이야기 곧 외화의 분량이 상당히 많다. 「배따라기」의 줄거리를 요약해 보면 다음과 같다.

가) 1) 삼월삼짇날 대동강 보란봉 기슭, 나는 동경에서 돌아와 오랜만에 산책을 한다.
2) 나는 모란봉 꼭대기에 올라가 진시황에 대해 생각한다.
3) 기자묘 근처에서 영유 배따라기 노랫소리를 듣게 된다. 나는 2년전 여름을 영유에서 지낸 일이 있다. 다시 배따라기에 귀기울인다. 노래의 주인공을 만난다. 사연을 듣게 된다.

나) 1) 그의 살던 마을은 영유의 바닷가 마을. 그에겐 친척이라고는 아우 부처와 자기 부처뿐. 추석 며칠 앞 아내가 부러워하던 거울을 살 겸 장으로 갔다. 쾌활한 성격의 아내는 이웃 사람들과 관계가 좋았다. 그가 영유를 떠나기 반년쯤 전, 그의 생일날이었는데 그는 맛있는 음식은 아꼈다가 나중에 먹는 버릇이 있었다. 그걸 아우에게 주워 버려 아내와 싸움을 했다. 서너 달 후 동생이 영유 고을 출입이 잦았는데 아내는 남편이 동생에게 못 나가게 꾸짖지 않는다고 함에 또 한 번 싸움을 했다. 그런데 아내는 동생집에서 서로 히히덕거리고 있었다. 식칼까지 들었지만 참았다.
2) 그가 거울을 사서 집에 오니 방안에는 이상한 광경이 벌어지고 있었다. 아우는 저고리 고름이 풀어지고 아내는 치마가 내려와 배꼽까지 보였다. 아우는 방에 들어온 쥐를 잡는다고 했다. 형은 아내가 시동생과 붙어먹었다고 속단했다. 형은 실컷 때린 뒤 둘을 내 쫓았다. 어두워진 후 형이 방안에 들어가 성냥으로 불을 켜니 쥐가 기어 나와 도망했다. 다음날 한낮에 아내는 바닷가에서 시체로 발견됐다. 장사를 지낸 뒤 아우는 마을을 떠나고는 돌아오지 않았다.
3) 그도 뱃사람이 되어 아우를 찾아 나섰다. 10년 세월이 지난 그러니 9년 전 가을 연안 앞바다를 지나다 심한 파도에 파선을 하여 그는 정신을 잃었다가 겨우 뭍으로 나왔는데 그를 간호하는 아우를 불빛으로 보았다. 아우는 모든 게 운명이라고 했다. 단잠을 자고 나니

아우는 간 곳이 없었다. 형은 다시 다른 배를 타고 바다로 나갔다. 강화도 곁을 지나다가 배따라기 소리를 듣고 아우를 찾아 인천에 열흘 배가 머물게 되어 강화도로 갔다. 객주집에 들렀더니 아우같이 생긴 사람이 사나흘 전에 떠났다고 했다.

다) 1) 그에게 이야기를 다 듣고 나서 제수는 어떻게 되었느냐고 묻자 모른다고 했다. 그는 다시 한 번 나를 위하여 배따라기를 불러주었다. 그날 밤 나는 배따라기와 숙명에 대해서 생각하느라 뜬 눈으로 밤을 보냈다. 다음 날 아침 기자묘 모란봉 을밀대 부벽루를 다니며 그를 찾았으나 없었다. 강가에 나가 알아보니 그의 배는 오늘 새벽에 떠났다고 했다.

2) 한 해가 가고 다시 봄이 왔다. 그러나 배따라기를 부르던 그는 다시 만날 수가 없었고 그의 추억만 남는다.

위에서 단락 가)와 다)는 외화이고 단락 나)는 내화이다.
먼저 액자 밖의 서술자의 이야기 곧 외화를 분석해 보기로 한다.

①아, 사람을 취케 하는 푸르른 봄의 아름다움이여! 열다섯 살부터의 동경생활에 마음껏 이런 봄을 보지 못하였던 나는 늘 이것을 보는 사람보다 곱 이상의 감명을 여기서 받지 않을 수 없다. ─『김동인전집』 5, (삼중당, 1976), 120쪽

②우리가 시시각각으로 애를 쓰며 수고하는 것은 그 목적이 무엇인가? 유토피아를 생각할 때면 언제나 그 '위대한 인격의 소유자'며 '사람의 위대함을 끝까지 즐긴' 진나라 시황(秦始皇)을 생각지 않을 수 없다.
우리가 어찌하면 죽지 않을까 하여, 소년 삼백을 배를 태워 불사약을 구하러 떠나 보내며……
"큰 사람이었다."
하면서 나는 머리를 저었다. (앞의 책, 121쪽)

인용문 ①은 김동인 자신의 행적을 사실 그대로 나타내고 있다. 김동인은 15세 때인 1914년에 일본에 건너갔고 아버지 상을 당해 1917년에 귀국했다. 그리고 인용문 ②에서는 진시황을 흠모하는 그의 영웅주의 내지 유아독존적인 사상이 잘 나타나 있다.「배따라기」전체 작품의 흐름을 보아서 구성상 진시황에 대한 부분 가)는 불필요한 것인데 굳이 이를 삽입한 것은 자신의 의식이나 사상을 나타내기 위함이다. 더욱이 서술자가 서술하면서 따옴표까지 사용하여 "큰 사람 이었다."라고 하고 있다. 또한 다) 2)도 불필요한 것이다. 오직 자신의 가슴에 남은 추억을 강조하기 위한 것이라고 볼 수 있지만 사족과 같은 것이다.

다음으로 액자 속의 이야기는, 아내와 동생의 불륜을 오해함에 아내는 죽음으로 항거하고 동생은 고향을 떠나 뱃사람이 되고, 형은 동생을 찾으려고 역시 뱃사람이 되어 황해 바다를 떠돌며 한 번은 배가 파선했을 때 동생을 만나게 되었고, 그 다음은 강화도를 찾았으나 동생은 떠나버리고 없었으며, 그 이후는 만나지 못하여 한이 어린 배따라기 노래를 부른다는 내용이다.

「배따라기」의 액자 속의 이야기는 성 문제를 다루었고 그것도 금기시되는 형수와 시동생의 불륜을 곧 성적 갈등을 주조로 했고, 이 갈등의 해소는 형수 곧 아내의 자살(바다에 투신)로 해결되면서 동생은 뱃사람이 되고 형도 아내를 삼킨 바다로 떠나 뱃사람이 된다. 갈등의 해소는 죽음과 떠남으로 해결되고 있다.

일반적으로 액자 구조는 액자 속의 이야기가 진실이라는 것을 강조하기 위하여 또는 작가가 액자 속의 이야기에 대한 책임 회피를 하기 위한 경우가 많다.[20] 이 작품은 액자 밖의 나(서술자)의 이야기와 액자 속의 그의

---

20) 이재선은 『한국단편소설연구』(홍성사 1977, 127쪽)에서, 액자소설의 일반적 효과를 '인증적인 신뢰성의 시도'라고 했다.

이야기가 동일시되고 있다. 그런데 일반 다른 소설보다 액자 밖의 작가 자신의 서술이 너무 많음을 볼 수 있다. 이는 작가의 출생과 성장과정의 배경에서 오는 자기중심적 오만에서 오는 것21)일 것이다.

「배따라기」의 주제는 운명이다. 운명이 이야기의 중심에 놓여 있다. 운명이라는 거대한 힘에 인간은 어쩌지도 못하는 비극을 지닌다. 어찌 보면 이 작품은 설화의 주제와도 유사하다.

2) 「배따라기」와 예술주의

예술주의란 서구로부터 유입된 것이지만 공통적 양식이나 특징을 드러내는 유파나 사조라기보다 미를 독자적인 것으로 부각시키고 또 현실의 반대편에 위치시켜 그 완성을 궁극적인 목적으로 하는 경향을 의미한다. 이는 유미주의 혹은 미적 근대성이라 불린다.22)

김동인의 소설 변모 과정은 근대적 문학을 확립하려는 지향이 예술주의로 귀착된 것이라 볼 수도 있다.

예술지상주의자들의 작품상 특질은 1)모든 가치기준, 도덕기준을 美에 귀착시켜 판단한다. 2)반사회, 반문명, 반이성적 경향이 짙다. 3)향락적이며 현실적인 쾌락을 추구하고 반휴머니즘적이다.23)

「배따라기」를 예술주의 작품으로 규정하는 것은 첫째 그 문장에 있다. 대상의 아름다움을 찾아 아름다움만을 표현하려고 했다.

  좋은 일기라도 하늘에 구름 한 점 없는 – 우리 사람으로서는 감히

---

21) 유금호, 앞의 글, 80쪽
22) 박현수, 앞의 글, 86쪽
23) 임헌영, 앞의 책, 82쪽

접근 못할 위엄을 가지고 높이서 우리 조그만 사람을 비웃는 듯이 내려다보는 그런 교만한 하늘은 아니고, 가장 우리 사람의 이해자인 듯이, 낮게 뭉글뭉글 엉키는 분홍빛 구름으로서, 우리와 서로 손목을 잡자는 그런 하늘이다.

그리고 거기서는 기생들의 노래와 함께 날아오는 조선 아악은, 느리게, 길게, 유창하게, 부드럽게, 그리고도 애처롭게 - 모든 봄의 정다움과 끝까지 조화하지 않고는 안 두겠다는 듯이 대동강에 흐르는 시커먼 봄물…….

모란봉 기자묘에 다시 봄이 이르러서, 작년에 그가 깔고 앉아서 부러졌던 풀들도 다시 곱게 대가 나서 자주빛 꽃이 피려하지만 끝없는 뉘우침을 다만 한낱 배따라기로 하소연하는 그는 이 조그만 모란봉과 기자묘에서 다시 볼 수가 없었다. 다만 그가 남기고 간 배따라기만 추억하는 듯이, 기념하는 듯이, 모든 잎잎이 속삭이고 있을 따름이다.

둘째로 숙명적인 운명과 비현실적인 사건의 전개에 있다. 사건이 인과 관계에 의하지 않고 우연과 실수로 인생이 결정되는 운명이 「배따라기」의 등장인물인 형과 아우 그리고 아내에게 일관하고 있다.

「배따라기」이후 동인은 48편의 단편을 발표하는데 그 중 반 정도가 「배따라기」처럼 1인칭 서술을 취하고 있다. 48편 중 22편이나 된다.[24] 일인칭소설은 작가가 비현실성이나 반도덕성에 대해 자유로울 수 있는 작가의 서술 방편이라 할 수 있다. 「배따라기」에 앞서 《창조》 8호에 발표된 단편 「목숨」도 액자소설이며 2,3년 후에 발표된 「눈을 겨우 뜰 때」(《개벽》 제37~41호, 1923.7~11)와 「거치른 터」(《개벽》 44호, 1924.2)도 액자소설이다. 「배따라기」를 전후한 시기에 김동인의 소설은 크게 세 가지 유형으로 구별하여 발표되어 지고 있다.

---

24) 유금호, 앞의 글

「음악공부」「전제자」「이 잔을」과 같은 순객관적 허구와,「태형」「어지러움」과 같은 1인칭 형식과,「배따라기」「눈을 겨우 뜰 때」「거치른 터」같은 액자소설 형식이 그것이다.25) 그러나「배따라기」와 가장 그 구조나 내용상으로 닮은 작품은「광염 소나타」(1930)와「광화사」(1935)이다. 이 두 작품의 외화의 앞 서두를 살펴본다.

> 독자는 이제 내가 쓰려는 이야기를 유럽의 어떤 곳에서 생긴 일이라고 생각하여도 좋다. 혹은 사오십 년 뒤에 조선을 무대로 생겨날 이야기라고 하여도 좋다. 다만 지구상의 어떤 곳에 이러한 일이 있었는지도 모르겠다. 혹은 있을 지도 모르겠다. 가능성 뿐은 있다. ─이만치 알아 두면 그만이다.(……)이러한 전제로써, 자 그러면 내 이야기를 시작하자 (『광염소나타』(삼중당, 앞의 책, 286쪽)

> 샘물!
> 저 샘물을 두고 한 개 이야기를 꾸며 볼 수 있을까, 흐르는 모양도 아름답거니와 흐르는 소리도 아름답고 그 맛도 아름다운 샘물을 한 재미있는 이야기가 여의 머리에 생겨나지 않을까?(……) 한 화공이 있다. ─화공의 이름은? 지어내기가 귀찮으니 신라 때의 화성의 이름을 차용하여 솔거(率居)라 해 두자. ─시대는? 시대는 이 안하에 보이는 도시가 가장 활기 있고 아름다운 시절인 세종 성주의 때쯤으로 하여 둘까.(「광화사」, 앞의 책, 438쪽)

앞의「광염 소나타」의 서두는 "생각하여도 좋다" "모르겠다" 등의 말과 밖의 액자(外話) 속에 음악 비평가와 K씨 그리고 사회교화자까지 등장시켜 속의 액자(內話)에 탐미적이고 악마적인 이야기를 전개할 기틀을 마련하고 있다.「광염소나타」는 성과 죽음에 대한 것보다는 인간의 악마주의 곧 인

---

25) 손정수,「김동인 초기 소설에 나타난 서사 형식의 변모과정에 관한 고찰」,『김동인 문학의 재조명』(새미, 2001), 193쪽

간에게 원초적으로 잠재되어 있는 마성 내지 파괴본능을 통해서 창조행위를 그려보려 했다. 방화와 살인과 시체에 대한 모욕, 그리고 시간(屍姦) 등의 사회적 통념의 금기를 다루면서 그 속에서 창조를 발견하는 예술지상주의 내지 악마주의를 나타내고 있다.

뒤의 「광화사」에서도 내용의 허구성을 강하게 강조하고 있다. 「광화사」 역시 성적 순결을 잃은 소경 처녀의 죽음 이야기다. 30년을 야행성으로 살아온 추남 화가 솔거가 절세의 미인인 어머니에 대한 모성복합관념으로 현실에서는 그 대상을 찾을 수 없다고 절망하여 그 상실감으로 살인하고 절대미를 완성하는 예술주의를 표출했다.

「광염소나타」와 「광화사」는 「배따라기」에서 나타난 진시황에 대한 흠모 곧 현실파괴적인 극단의 탐미성과 연결되어 있다. 그리고 「광염소나타」와 「광화사」를 발표하던 시기인 1930년대 초반 동인에게는 본부인의 가출과 보통강 관개사업 실패로 인한 불면의 건강상태와 일제의 검열이 심했던 고통스런 시기였고 동인의 거만한 선구자적 기질이 이러한 탐미적인 예술세계로 빠져들게 하였다. 윤홍로는 "반도덕적·반사회적 예술관은 기존질서의 깨뜨려짐에서 얻는 자극으로 새 질서 예술을 창조하는 것으로 위고의 이른바, 선을 빛으로 빛을 불꽃으로 만드는 전이적 이행, 변형적 조형과 상응26)되고 있다고 말하고 있다.

성과 죽음 문제는 우리 인간의 가장 중요한 문제이기도 하지만 동인의 여러 작품에서 다루어지고 있다. 죽음 문제는 「광염소나타」와 「광화사」, 「붉은 산」에서 가장 예술적으로 원숙하게 다루어지고 있지만 그 외에도 「가신 어머니」, 「전제자」, 「유서」 등이 있다.

또한 성의 문제는 「배따라기」, 「광염소나타」, 「광화사」에 이어 「어떤 날 밤」, 「김연실전」 등에서도 나타나고 있다.

---

26) 윤홍로, 「김동인론」, 『현대한국작가연구』(민음사, 1978), 61쪽

「배따라기」는 성과 죽음을 다루었다는 점에서 그리고 예술주의를 표방했다는 점에서 김동인 단편소설의 모태 내지 원형으로 볼 수 있다.

"톨스토이는 범을 그리느라고 개를 그린 화공(畵工)과 한가지로 참 인생과는 다른 인생을 창조하였다. 그리고 그 인생을 자유자재로 인형 놀리듯……"[27] 즉 김동인의 소설 조종술(지배술)에 의하면 소설은 현실 반영론이 아니라 작가는 신의 입장에 선다는 것으로 작가 마음대로 등장인물을 조종할 수 있다고 한다. 이런 소설관에서 「배따라기」는 씌어졌다.

3. 「감자」와 리얼리즘

1) 「감자」의 기본구조

리얼리즘(현실주의)은 그 용어[28]상 사실주의 또는 자연주의와 동일 개념으로 또는 유사 개념으로 쓰였다. 김동인도 그의 「근대소설고」에서 이인직으로부터 이광수까지 이어진 근대 한국소설의 계몽적 설교문학의 폐습, 다시 말해서 풍속개량이나 권선징악을 목적으로 삼았던 작품 경향의 인습을 타파하고 대신 삶의 고통, 인생문제의 제시가 소설의 핵심적인 터전이어야 한다고 주장했으며 또한 『춘원연구』[29]에서도 다음과 같이 언급하고 있다.

> 춘원까지의 문예에 있어서는 소설의 흥미를 그대로 「이야기의 재미」

---

27) 『김동인전집』(삼중당, 1976) 10권, 181쪽
28) 이러한 용어 문제는 조연현의 『한국현대문학사』(성문각, 1972)나 이선영 편, 『문예사조사』(민음사, 1986) 등에 잘 나타나 있는데, 이를 요약하면 한국에서는 사실주의와 리얼리즘 또는 자연주의가 혼동 내지 유사 개념으로 쓰였다.
29) 김동인, 『춘원연구』(신구문화사, 1953)

「연애 혹은 情事의 재미」로서 빚어내려 한 데 반하여 ≪창조≫에서는 「리얼리즘의 진미」야말로 소설의 최고 흥미라 하고 「이야기로서의 흥미」를 거부하였다.

리얼리즘의 정의를 웹스터 사전(Webster's Third New International Dictionary, 1971)에 의하면 "사실이나 실재에 대한 몰두, 이상주의나 사색, 또는 센치멘탈리즘에 영향을 받지 않은 객관적인 처리, 객관적으로 비감정적으로 생각하고 행동하거나 비실제적이며 공상적인 것을 거부하는 경향." 또는 "자연이나 실제 인생에 충실하고, 사물 자체에 대한 가장 전형적인 인상, 세부, 환경 등을 이상화 하려 하지 않고 재현하는 데 충실한 예술 및 문학에 있어서의 이론과 실제." 라고 정의하고 있다.

그리고 『문예사조사』[30]에서는 리얼리즘(사실주의) 특성으로 다섯 가지를 들고 있다. 1)과학적 객관성 2)개인과 사회와의 새로운 관계의 정립 3)실증주의 정신 4)사회의 암흑면, 추악상의 묘사 5)일물일어설 등의 객관적인 묘사.

1925년 ≪조선문단≫에 발표된 「감자」는 1920년대 리얼리즘의 대표작품으로 그 내용은 다음과 같다.

　　－ 농촌 출신인 복녀가 돈에 팔려 시집을 간다. 복녀 부부는 막벌이를 하다가 평양성 칠성문 밖 빈민굴에서 가난하게 살게 된다. 빈민 구제를 위한 송충잡이에 나갔던 복녀가 편안히 돈 버는 일(감독에게 몸을 파는 일)을 알게 된 후 그녀의 도덕관은 무너진다. 돈 있는 거지에게도 몸을 판다. 감자밭에 서리를 갔다가 주인 왕서방에게 들켜 몸을 팔게 된다. 왕서방과의 성관계가 돈으로 지속된다. 왕서방이 처녀에게 장가를 가게됨에 질투심에 신방에 낫을 들고 침입했다가 도리어 살해된다. 복녀의 죽음에 대한 처리가 돈으로 해결된다.

---

30) 문덕수·황송문 공저, 『문예사조사』(국학자료원, 1997)

이 작품은 그 줄거리로 보아, 복녀와 남편·복녀와 빈민굴의 주민·복녀와 왕서방, 이 셋의 관계에 있어서 가난 곧 돈이란 것이 그 원인이라는 인상을 받게 된다. 그러나 복녀의 성관계가 단순히 가난에만 있지 않다는 것을 알 수 있다.

"가난은 하나마, 정직한 농가에서 규칙있게 자라난 처녀"인 복녀가 "딴 농부보다는 좀 똑똑하고 엄한 가율이 그의 집에 그냥 남아 있었다." 그런 집안의 처녀인 복녀가 단순히 생활 해결의 방안으로 그런 짓을 할 수 있겠는가? 그러므로 복녀는 천성적으로 색정을 좋아하는 여자로 보아야 할 것이다. "사람인 자기도 그런 일을 한 것을 보면 – 게다가 일 안 하고도 돈 더 받고 긴장된 유쾌가 있고 – 이 일이 있은 뒤부터 그는 처음으로 한 개 사람으로 된 것 같은 자신까지 얻었다." 감자(고구마)서리를 갔다가 주인 왕서방에게 들켜 왕서방이 자기 집에 가자고 하자 "'가재문 가디, 원 것두 못 갈까.' 복녀는 엉덩이를 휙 한 번 두른 뒤에 머리를 젖히고 바구니를 저으면서 왕서방을 따라갔다." 이 장면에서 복녀는 수치심이나 무안함보다도 자신감에 넘치고 있다. 더구나 나중 왕서방에게서 놓여나 같이 서리를 온 부인들에게 삼원 받았다고 자랑스럽게 말한다. 그러므로 이 작품의 근간을 이루는 복녀 행위의 밑바탕에는 가난과 성욕이 병존하고 있다.

2) 「감자」와 리얼리즘

「감자」는 냉철한 리얼리즘 세계를 지향하던 동인의 지향점이 실제 작품을 통해 구체화되어 일정한 성공을 거둔 것으로 평가되는 작품이다. 작가의 의식이 개입하지 않으려 한 점에서 가장 성공적인 작품이다.[31] 「감자」의 주제는 작가의 의도에 따라 인과관계에 중점을 둔 예술미와 논리성에

---

31) 정한모, 「문학적 모럴리티의 출발」, ≪세대≫(1965. 2), 206쪽

입각하여 구축된 사건의 배열이다.32) 그러므로 독자들은 다음에 무엇이 일어날 것인가 하고 의심과 흥미를 갖게 된다.

「감자」에는 동일한 심리적 갈등의 반복이나 그에 따른 작위적 각성 등은 조금도 틈입하지 못하고 있다. 드라이한 터치로 이루어진 고압적 완결이라는 평가33)는 역시 구성의 긴밀과 문장의 완결성을 말하고 있다.

「배따라기」가 액자적 구성 등 형식 기제들을 갖춘 반면 현실과는 동떨어진 이야기였던 데 반해, 「감자」는 정제된 플롯과 당대의 현실에 기반하고 있다.

> 그는 극도로 게으른 사람이었다. …중략… 복녀는 부지런히 주인집의 일을 보았지만, 남편의 게으름은 어찌할 수 없었다. 매일 복녀는 눈에 칼을 세워 가지고 남편을 채근하였지만, 그의 게으른 버릇은 개를 줄 수 없었다.

위의 인용문으로만 본다면 당대의 현실보다는 복녀 남편의 게으름이 가난의 원인으로 되어 있다. 그러고 보면 복녀의 인생관 내지 도덕관이 변한 것이 당대의 현실 때문이 아니라 복녀 자신의 선택에 의한 다시 말하면 복녀 자신의 성욕에 의한 것이라고도 볼 수 있다. 그러니 우리는 조건상이 밝혔듯이34) 당대의 가치로 자리잡고 있는 도덕에 대한 조소라고 보는 것이 정당하다. 김동인은 「감자」에서 인간의 우상이나 도덕의 아름다움을 마음껏 조롱하고 싶었던 것이다.

이재선은 「감자」와 「김연실전」을 환경 내지 실증 중시 경향을 들어 자연주의적 사실주의 작품으로 규정하고 있다.35) 김동리 백철 조연현 등도

---

32) 조건상, 『소설쓰기의 이론과 실제』(집문당, 1998), 40쪽
33) 김윤식, 앞의 글, 292쪽
34) 조건상, 『한국현대골계소설연구』(문학예술사, 1985), 29쪽
35) 이재선, 『한국현대소설사』(홍성사, 1979), 266~269쪽

전형적 자연주의로 보고 있다.36)

「감자」와 같은 리얼리즘 작품으로는 「김연실전」「태형」「죄와 벌」「증거」「배회」 등을 손꼽을 수 있다.

「김연실전」은 신여성의 가면을 폭로한 작품인데 주인공 김연실의 문란한 가정 환경이 그렇게 한 것이라는 일종의 환경 결정론을 말하고 있다.

「태형」(1923)은 감방 생활의 이야기로, 밖에서는 이타적 독립운동가였던 '나'가 감옥에 들어오자 극단적인 이기주의자가 되어 한 감방 속의 영운 영감을 태형을 감수하도록 강요한다. 칠순 노인이 태형 구십도를 맞고 죽게 된다. 단지 내가 좀더 넓은 공간을 확보하기 위해서 획책한 것이다. 이 작품에서 다루고자 하는 것은 인간의 추악한 이기주의다.

「죄와 벌」의 홍찬도 「증거」의 사형수 S는 환경적 부조리의 인물이며, 「배회」(1930)는 자본주와 노동자간의 대립과 갈등을 다루었다.

4. 「배따라기」와 「감자」의 문체

1) 「배따라기」의 문체

「배따라기」의 첫머리와 끝 부분을 살펴보자.

> 좋은 일기이다.
> 좋은 일기라도 하늘에 구름 한 점 없는 — 우리 사람으로서는 감히 접근 못할 위엄을 가지고 높아서 우리 조그만 사람을 비웃는 듯이 내려다보는 그런 교만한 하늘은 아니고, 가장 우리 사람의 이해자인 듯이, 낮게 뭉글뭉글 엉키는 분홍빛 구름으로서, 우리와 서로 손목을 잡자는

---

36) 윤홍로, 『현대한국작가 연구』(민음사, 1976), 64쪽

그런 하늘이다. 나는 잠시도 멎지 않고 푸른 물을 황해로 부어내리는 대동강을 향한 모란봉 기슭, 새파랗게 돋아나는 풀 위에 뒹굴고 있다. (첫머리 단락)

모란봉 기자묘에 다시 봄이 이르러서, 작년에 그가 깔고 앉아서 부러졌던 풀들도 다시 곱게 대가 나서 자주빛 꽃이 피려지만 끝없는 뉘우침을 다만 한낱 배따라기로 하소연하는 그는 이 조그만 모란봉과 기자묘에서 다시 볼 수가 없었다. 다만 그가 남기고 간 배따라기만 추억하는 듯이, 기념하는 듯이, 모든 잎잎이 속삭이고 있을 따름이다.(끝 단락)

위의 인용부분은 액자 밖의 외화로 서술자인 나의 이야기다. 첫머리 단락은 하늘의 아름답고 장엄함을 서술했다. 끝 단락은 다시 찾아간 모란봉 기자묘에서 바라본 봄 풍경이다. 둘 다 감상적인 나(작가)의 서술이다. 「배따라기」는 그 주제가 운명이므로 인간으로서는 어쩔 수 없는 운명에 좌우된다. 감상주의가 전면에 흐르므로 문장 역시 유미적이며 만연체로 되어 있다.

2) 「감자」의 문체

2.1) 요약적 서술

「감자」에서는 묘사문은 거의 없고 거의 모든 문장은 요약적 서술로 일관하고 특히 장면 전환이나 시간의 경과 등을 나타낼 때는 요약적 서술문을 사용하고 있다.

한 서너 달 막벌이를 하다가 그들은 요행 어떤 집(행랑)살이로 들어가게 되었다.
그러나 그 집에서도 얼마 아니하여 쫓겨나게 되었다.

> 반년이 지났다.
> 그의 처세비결은 더욱 순탄히 진척되었다.
>
> 그 겨울도 가고 봄이 이르렀다.
> 그때 왕서방은 돈 백원으로 어떤 처녀 하나를 마누라로 사오게 되었다.

'되었다'는 단어가 빈번히 등장하고 있다. 이는 시간의 흐름에 따르는 사건의 전개에 초점이 맞추어져 있음을 나타낸다. 이러한 사실은 김현, 황도경[37] 등 많은 평론가들이 지적했다. 이는 사건의 전개, 사건의 결말로 직진해 가는 김동인 특유의 간결하고 요약적인 서술 양식이다.

> 그리고 시체에는 세 사람이 둘러앉았다. 한 사람은 복녀의 남편, 한 사람은 왕서방 또 한 사람은 한방의사. 왕서방은 말없이 돈주머니를 꺼내어 십원 짜리 지폐 석장을 복녀의 남편에게 주었다. 한방의사의 손에는 십원 짜리 두 장이 갔다.
> 이튿날 복녀는 뇌일혈로 죽었다는 한방의의 진단으로 공동묘지로 실려갔다.

「감자」의 마지막 단락에서 보는 바와 같이 서술자의 논평은 거의 드러나지 않는다. 그럼에도 불구하고 서술자는 매우 안정된 위치를 차지하고 있다. 그 원인은 시간적 과정의 공간화 방법을 들 수 있다.

> "난 삼원 받았다."
> 복녀는 자랑스러운 듯이 대답하였다.
> 십분쯤 뒤에 그는 자기 남편과 그 앞에 돈 삼원을 내 놓은 뒤에 아까

---

[37] 김현, 『현대소설의 담화론적 연구』(계명문화사, 1995), 240쪽
황도경, 「위장된 객관주의」, 『김동인 문학의 재조명』(새미, 2001), 64쪽

그 왕서방의 이야기를 하면서 웃고 있었다.

여기에서는 단순한 장면 서술뿐이다. 이 서술에는 시간적 과정이 압축되어 있다.

2.2) 대화와 생략의 효과

　－대화 ①
　　그는 말없이 감독 앞에 섰다.
　　"애, 너, 음……데 뒤 좀 가 보자."
　　"뭘 하레요?"
　　"글세 가야……."
　　"가디요, 형님―"
　　　……
　　　……
　　복녀는 얼굴이 새빨갛게 되면서 감독에게로 돌아갔다.
　　"가 보자."
　　감독은 저 편으로 갔다. 복녀는 머리를 숙이고 따라갔다.
　　"복네 도캇구나."
　　뒤에서 이런 소리가 들렸다.

　－대화②
　　"형님이댔쉐까…형님도 들어갔댔쉐까?"
　　"님자도 들어갔댔나?"
　　"형님은 뉘집에?"
　　"나 눅(陸)서방네 집에, 님자는?"
　　"난 왕서방네……형님 얼마 받았소?"
　　"눅서방네 그 깍쟁이놈 배추 세 패기……."
　　"난 삼원 받았다."

대화①은 복녀가 송충이잡이 가서 감독에게 불려가 처음으로 몸을 팔기 시작하는 상황의 장면 대화이고, 대화②는 감자를 훔치러 갔다가 주인에게 잡혀 몸을 팔고 벌어온 것을 묻고 답하는 장면이다. 묘사나 수식적인 말이 한 마디 없이 그냥 객관적으로 요약된 서술의 대화다. 대화 속에는 감정도 없고 오직 사건의 진행만이 존재하고 있다.

5. 맺음말

김동인은 그 출생과 성장이 특이하여 지적 오만 속에서 살았으며 우리나라 최초의 순문예지 ≪창조≫를 창간했고 청년 시절에 「배따라기」와 「감자」 같은 빼어난 작품을 생산했다.

「배따라기」는 대상의 아름다움을 찾아 아름다움만을 표현하려는 작가의 의도와 문체에서 예술주의 작품임을 알 수 있다. 또한 숙명적인 운명과 비현실적인 사건의 전개를 통해서도 예술주의가 전면에 흐르고 있음을 간파할 수 있다.

「배따라기」 이후 동인은 48편의 단편을 발표하는데 그 중 반 정도가 「배따라기」처럼 1인칭 서술을 취하고 있으며, 감상주의 계열의 작품이다. 이것은 비현실성이나 반도덕성에 대해 자유로울 수 있는 작가의 서술 방편이라 볼 수 있다. 그리고 김동인의 작품의 큰 흐름에는 「배따라기」와 같은 예술주의가 그 근간을 이루고 있다.

「배따라기」와 가장 그 구조나 내용상으로 닮은 작품은 「광염 소나타」(1930)와 「광화사」(1935)이다.

「감자」는 냉철한 리얼리즘 세계를 지향하던 동인의 지향점이 실제 작품을 통해 구체화되어 일정한 성공을 거둔 것으로 평가되는 작품이다. 작가의 의식이 개입하지 않으려 한 점에서 가장 성공적인 작품이다. 「감자」의 주제는 작가의 의도에 따라 인과관계에 중점을 둔 예술미와 논리성에 입각하여 구축된 사건의 배열이다.

「감자」에는 동일한 심리적 갈등의 반복이나 그에 따른 작위적 각성 등은 조금도 없으며 구성의 긴밀과 사건으로 직핍하는 문장의 완결성을 볼 수 있다. 「감자」는 김동인 작품에서 또 하나의 큰 흐름인 리얼리즘의 근본이 되는 작품이다. 「감자」는 「김연실전」 「태형」 등으로 이어진다.

「배따라기」가 액사적 구성 등 형식 기제들을 갖춘 반면 현실과는 동떨어진 이야기였던 데 반해, 「감자」는 정제된 플롯과 당대의 현실에 기반하고 있다.♠

염상섭

　리얼리즘의 작가 횡보 염상섭(橫步 廉想涉, 1897~1963)은 서울 토박이로 종로구 적선동에서 출생한다. 보성중학을 중퇴하고 일본에 유학한다. 1918년 경도부립제2중학교를 졸업하고 게이오(慶應)대학 문과에 입학한다. 이 시기에 독립운동에 연루되어 투옥된다. 1920년 동아일보 창간과 함께 정치부 기자가 된다. 10월 정주 오산중학 교사가 된다. 1921년 「표본실의 청개구리」를 ≪개벽≫에 발표하고 문예동인지 ≪폐허≫를 창간한다. 「암야」를 발표하고, 이후 「제야(除夜)」「만세전」「금반지」에 이어 1930년 장편 『삼대』를 조선일보에 연재한다. 동아일보 기자를 거쳐 시대일보 사회부장(1925), 조선일보 학예부장(1929), 만선일보 주필(1936), 경향신문 편집국장(1946)을 역임한다. 1950년 이후 「임종」「일대의 유업」「두 파산」『취우(驟雨)』를 발표한다. 예술원 초대회원. 서라벌예술대 초대학장. 1962년 3·1 문화상 수상. 대한민국 문화훈장 수상. 1963년 67세로 영면한다.

『삼대』의 등장인물
― 염상섭

1. 머리말

 춘원을 계몽주의로, 동인을 예술주의 내지 민족주의 작가로 볼 때, 횡보 염상섭은 우리나라 근대 산문문학을 정립한 사실주의의 거장이라 할 수 있다.
 횡보 염상섭(橫步 廉想涉, 1897~1963)은 중류가정에서 태어난 서울토박이로 40여년을 문학과 신문의 문필에 일관했으며 독립불기의 강인한 정신으로 산문문학에 몸을 바쳤다. 지식인에 대한 일제의 강압이 가혹해지고 곡필을 강요당할 때 만주로 피신하여 절조를 지켰다.
 1920년 ≪개벽≫지에 「표본실의 청개구리」를 시발로 하여 28편의 장편, 148편의 단편, 100여 편의 평론 등 500여 편이나 되는 방대한 작품을 남겼다.[1]

---

[1] 김병익, 『한국문단사』(일지사, 1973.10), 55쪽

횡보문학의 특성2)을 경향상의 단일성(사상적 고정성)과 순객관적 표현 방식, 그리고 비대중성의 셋으로 볼 때,3) 1931년 1월부터 조선일보에 연재한 역작『삼대』는 그의 작품 중에서뿐만 아니라 식민지하에 발표된 모든 작품 중에서 가장 뛰어난 작품이다.4)『삼대』는 3·1운동 이후의 1920년대 서울의 부자 조씨 일가 곧 조부·자·손자의 삼대가 일제식민지하에서 어떠한 의식과 행동으로 살아가고 있나 하는 그들의 생활상을 사실주의 수법으로 리얼하게 파헤치고 있다.『삼대』는 그 어느 작품보다도 그 당시 시대상을 정확하고 강렬하게 반영하고 있다.

『삼대』에 대한 연구로는 김윤식5) 김병익6) 염무웅7) 오현봉8), 신동욱9), 김부성10), 신춘호11), 강수실12), 유재영·정수영의 공동연구13), 임명진14), 정호웅15) 등이 있다. 또한 비교적 근래에 발표된 논문으로는 이주형의 「민족주의 문학과『삼대』」, 우한용의 「『삼대』의 담론체계와 그 의미」, 김

---

2) 조연현,『한국현대문학사』(성문각, 1972.10), 380~386쪽
3) 곽종원,「염상섭작품해설」,『한국대표문학전집』3(삼중당, 1971.7)에서, 한국문학의 선구자, 사실주의 내지 자연주의문학을 이론과 실제작품으로써 도입, 문학비평과 이론을 서투르게나마 개척, 지나친 비대중성, 풍부하고 독특한 어휘와 구문, 중후하고도 예리한 인생에의 투시, 이 여섯 가지를 그의 문학적 또는 문학사적 특징으로 들고 있다.
4)『삼대』에 대한 이와 유사한 평가는 김윤식·김현(『한국문학사』, 민음사, 1973.8, 58쪽), 임중빈(『부정의 문학』, 한얼문고, 1972.4, 16쪽), 김병익(전게서, 55쪽), 백철(『한국문학전집』, 신구문화사, 1972.3, 323쪽) 여러분들이 언급하고 있다.
5) 김윤식,「염상섭의 소설구조」,『염상섭』(김윤식 편, 문학과지성사, 1977)
6) 김병익,「갈등의 사회학」,『현대한국문학의 이론』(김병익 외, 민음사, 1972)
7) 염무웅,「근대소설과 민족의식」,『일제시대의 항일문학』(김용직·염무웅 편, 신구문화사, 1974)
8) 오현봉,「『삼대』소고」,『국어국문학』71호(1976)
9) 신동욱,「염상섭의『삼대』」,『한국현대문학론』(박영사, 1972)
10) 김부성,「『삼대』의 역사적 시간」,『국어국문학』95호(1986)
11) 신춘호,「염상섭의『삼대』연구」,『건국대 중원문화연구소 논문집』(1987)
12) 강수길,「염상섭『삼대』연구」, 경희대 박사학위 논문(1990)
13) 유재영·정수영의「『삼대』의 갈등구조」,『신구대 논문집』9집(1991)
14) 임명진,「『삼대』의 서사구조에 관한 연구」,『현대소설연구』(한국현대소설학회, 1997.12)
15) 정호웅,『삼대』론,『현대소설연구』(한국현대소설학회, 1999.12)

동환의 「『삼대』와 낭만적 이로니(ironie)」, 한승옥의 「『삼대』의 다성적(多聲的) 특질」16) 등이 있다. 『삼대』에 대한 대표적인 논문으로는, 김윤식의 「염상섭의 소설구조」와 염무웅의 「근대소설과 민족의식」과 김병익의 「갈등의 사회학」, 그리고 신동욱의 「염상섭의 『삼대』」, 이주형의 「민족주의 문학 운동과 『삼대』」 등이다.

1920년대는 사상적으로 민중의식이 내면에 도사린 시대요, 서구로부터 마구 들어온 각종의 예술사조, 거기다 러시아로부터 일본을 거쳐 이 땅에 들어온 마르크시즘이 지식인들에게 병적이고 광적으로 점염(點染)되던 때다. 또한 어정쩡한 서구의 합리주의와 기독교가 서구문물을 타고 전파되던 시대다. 한편, 문인들에게도 많은 문제를 던진 시기17)로 일제의 식민정치강화, 해외의 독립투쟁, 사회주의와 민족주의의 통합과 이산, 도시와 농촌의 조합문제, 브나로드 문제, 그리고 동경문단을 통한 외래사조의 유입 등등. 그러나 한편으로는 이들 서구문화의 신풍조를 백안시하고 완강히 봉건주의의 전통을 지켜나갔던 일군의 세력도 상당했다.

『삼대』는 이러한 시대에 그 시대의 인물들, 특히 지식인이 가지고 있는 고뇌와 봉건세대의 몰락을 선명하게 부각시키고 있다. 이러한 상황은 횡보가 오랜 정치부 기자 생활을 한 것과도 깊은 관계가 있을 것이다. 특히 본고에서는 한말세대18)인 조부 조의관, 개화세대인 아들 상훈, 식민세대인 손자 덕기의 세 인물들의 성격과 의식을 작품을 통하여 고구하고자 한다.

---

16) 이주형, 우한용, 김동환, 한승옥 등의 논문은 모두 김종균 편, 『염상섭소설연구』(국학자료원, 1999)에 실려 있다.
17) 김윤식, 『한국문학사논고』(법문사, 1973.9), 191쪽
18) 김윤식(앞의 책, 190~193쪽)은, 염상섭의 『삼대』와 채만식의 『태평천하』를 비교하면서 조의관과 윤직원을 한말세대, 상훈과 창훈을 개화세대, 덕기와 종학을 식민세대로 다루고 있다.

2. 본말

소설은 어떤 의미에선 퍼시·라북크(P. Lubbock)의 말처럼 등장인물의 성격창조이며, 새로운 인간형의 창조작업[19]인 것이다. 그러므로 소설의 전개는 등장인물들이 펼치는 인생이며 성격창조(characterization)야말로 주제와 구성을 이루는 근간이 된다 할 수 있다. 『삼대』는 개성적인 등장인물의 성격이 지니는 이야기며, 이들 삼대의 개성과 의식은 당대의 시대상과 관계되어 세대교체의 진폭을 지닌다. 조부·자·손자의 삼대에 병화가 등장하여 제4의 성격을 형성하고 있다.

1920년대 말기 이광수 김동인 최남선 염상섭 등 기존문단의 주도적 인물들이 프로문학에 대항하여 민족주의를 제창하였는데, 『삼대』는 이러한 문단적 상황 속에서 발표된 것으로서, 민족 현실의 일면을 파헤쳐 보이는 한편 자기 나름의 민족현실의 극복방법과 문학이 지향해야 할 방향을 암시하려한 작품이다.[20] 그리고 한편으로 『삼대』의 인물들은 크게 두 가지 축으로 형성되어 있는데, 하나는 세대간의 대립인 종적 축이며 또 하나는 같은 세대에 속하는 인물들의 대립과 화해를 둘러싼 횡적 축이다.[21]

1) 봉건적 폐쇄적 인물

조부 조의관은 칠순에 접어든 노인으로 조씨가를 끌고 가는 카리스마적 존재로 봉건주의의 전형적 인물이다. 그는 아들 상훈부부, 손자 덕기부부,

---

19) 정한숙, 『소설기술론』(고대출판부, 1973), 83쪽
20) 이주형, 「민족주의 문학운동과 『삼대』」, 『염상섭소설연구』(김종균 편저, 국학자료원, 1999), 92쪽
21) 앞의 책

행랑채의 원삼이부부, 후처 수원집과 그 딸 귀순이, 덕기 누이, 지수사, 한의, 침모 등 대가족의 가장답게 문벌과 전통을 고집해 나간다.

> 조의관에게는 평생의 오입이 몇 가지 있었다. 하나는 을사조약 한참 통에 그 때 돈 이만냥 지금 돈으로 사백원을 내놓고 사십여세에 옥관자를 붙인 것이다. 차함은 차함이로되 오늘의 조의관이란 택호(宅號)가 아주 터무니없는 것이 아니요, 또 하나는 육년전에 상배하고 수원집을 들여 앉힌 것이니 (중략) 맨 나중으로 하는 오입이 이번 대동보소를 맡은 것인데 이번에는 좀 단단히 걸려서 이만냥의 열곱 이십만냥을 쓴 것이다.22)

위에서 옥관자 매수는 사회적 열등의식을, 대동보소는 봉건적 문벌주의를, 수원집을 들어 앉힘은 개인적 욕망의 발산을 뜻하는데,23) 이는 곧 상민의 양반화다. 이와 같이 상민이 전형적인 봉건계급인 양반으로의 신분 격상은 매관매직이 있었던 이조말의 한 시대적 양상이기도 하다. 조의관이 돈으로 양반이 되고 조상을 꾸어와서 조씨일가를 격상시키고 젊디젊은 후처를 취하는 것은 실상 외도가 아니라 그로서는 가장 가치 있고 보람있는 인생일대의 위업을 감행한 것이다. 조의관은 자기가 쓴 돈이 "부친이 물려준 천냥에서 범용한 것이 아니라 자수로 더 늘린 속에서 쓴 것이니까 그리 아깝지도 않고 선고(先考)의 혼령에 대해서도 떳떳하다고 자긍하는 것이다."(『한국대표문학전집』(삼중당, 1971), 62쪽)

그는 상민으로 재물을 모아 가세를 일으키고 아들과 손자를 최고학부까지 공부시키고 유학도 시킨다. 그에게는 자신의 영달과 조상 그리고 가문 외에는 눈곱만큼도 돌아보지 않는다. 사회나 이웃에 대한 헌신이나 봉사와는 아예 거리가 멀다. 그리고는 자기 뜻대로 조상숭배를 거역하는 예수

---

22) 『한국대표문학전집』 3(삼중당, 1971.7), 62쪽
23) 오현봉, 「『삼대』소고」, 『국어국문학』 제17호

쟁이 아들을 증오하며, 재산과 가계를 건너 뛰어 손자에게 물려준다.

자신의 재산은 아들은 믿지 못할 것이어서 반은 덕기에게 물려 줄 것이요 그 나머지로는 내가 쓰고 싶은 데 쓰다 남으면 공평히 나누어주고 갈테다(앞의 책, 66쪽)

내가 돈이 있으니까 네가 한 달에 한 번이라도 들여다보는 것이지 내가 아무 것도 없어 보아라 돌아다보기는커녕 고려장이라도 지낼 놈이 아니냐, 어서 나가거라, 이 자식 조상을 꾸어왔다는 자식은 조가가 아니다. (앞의 책, 66쪽)

내가 죽은 뒤에 기도를 어떤 놈이 하면 황천으로 가다 말고 돌아와서 그 놈의 혓바닥을 빼놓겠다. (앞의 책, 61쪽)

조의관은 아들 상훈을 아예 버린 자식 취급을 하며 손자 덕기를 생각하면서도 "앞으로 십오 년만 더 살아서(십오 년이면 여든두셋이 된다)안방차지인 수원집의 몸에서 아들 하나만 더 낳겠다는 것이다. 이제라도 태기가 있다면 죽을 때는 열 다섯 먹은 상제 하나는 삿갓가마를 타고 따르리라는"(앞의 책, 61쪽) 공상을 하기도 한다. 칠순 나이에 아들을 하나라도 더 두려는 봉건적인 사고를 엿볼 수 있다.

조의관은 건강이 악화되자 경도에 유학 떠난 손자 덕기를 부른다. 임종이 가까웠음을 알고 덕기에게 열쇠꾸러미를 주면서 이렇게 유언한다.

공부가 중하냐 집안 일이 중하냐? 그것도 네가 없어도 상관없는 일이라면 모르겠지만 나만 눈감으면 이 집속이 어떻게 될지. 너도 아무리 어린애다만 생각해 봐라. 졸업이고 무엇이고 다 단념하고 그 열쇠를 맡아야 한다. 열쇠 하나에 네 평생의 운명이 달렸고 이 집안 가운이 달렸다. 너는 그 열쇠를 붙들고 사당을 지켜야 한다. 네게 맡기고 가는 것은 사당과 그 열쇠 두 가지뿐이다. 그 외에는 유언이고 뭐고 다 쓸데없다.

이때까지 공부를 시킨 것도 그 두 가지를 잘 모시고 지키게 하자는 것이니까 그 두 가지를 버리고 공부를 한다면 그것은 송장 내놓고 장사지내는 것이다. 또 공부도 그만큼 했으면 지금 세상에 행세도 넉넉히 할 게 아니냐.(앞의 책, 169~170쪽)

그를 양반으로 만든 돈, 그 돈이 들어 있는 금고의 열쇠, 그리고 돈으로 잘 가꾸어 놓은 사당, 조의관에 있어서 열쇠와 사당은 그의 인생의 전부인 것이다. 사당은 유교의 문벌주의와 조상숭배사상을 나타내며 열쇠는 재산수호 곧 배금주의를 상징한 것이다. 이 둘은 조의관의 인생관이다. 그래서 자신의 세계관과 상반된 아들 상훈을 밀쳐낸다. 그리고 조의관의 이러한 옹고집적인 인생관은 개인의 영달과 향락에만 전념하게 되고 그를 위한 수단으로서 돈에 절대적 가치를 부여한다. 『삼대』에 등장하는 인물들이 펼치는 갈등은 모두가 돈이 그 중심이 된다. 그것은 조의관의 죽음으로 더욱 심화된다. 각자가 자기에게 돌아올 유산 몫 때문에 조의관의 죽음을 생기찬 눈으로 바라본다. 조씨가의 안방마님 수원댁, 상훈의 처, 덕기의 처끼리의 불화도 돈이 그 중심이 된다. 실제로 돈의 올바른 관리는 예나 지금이나 한 가족 나아가 한 사회의 화목과 불화의 근원이 됨은 엄연한 사실이다.

유교적인 전통과 관습에 얽매인 그는 자신의 돈을 개인의 영달 곧 입신양명에만 전용한다. 조의관의 죽음은 봉건적 폐쇄적 존재의 소멸을 상징한다.

2) 개화의 과도기적 인물

덕기의 아버지 상훈은 표면적으로는 기독교 신자(장로)로 또는 교육자로 행세하는 신세대의 심상을 지닌 인물로 되어 있지만, 내면 생활에 있어서는 위선과 비인도적인 향락에 탐닉된 인텔리로 등장되고 있다.[24] 곧 그는 자아 속에 철저히 자폐되지도 못하고 또한 개방되지도 못한 어정쩡한 과도기적 비극의 인물이다.25) 상훈은 서구문화의 현장에서 2년간이나 생활하였으며 부드러운 목소리와 느린 말투, 도도한 웅변으로 설교하는 깨끗한 신사로 진취적이고 개혁적인 면도 있으나, 한편으로는 부도덕하고 방종스런 점이 한둘이 아니다. 아들 덕기의 동창생 홍경애의 집안을 돌보아 주다가 동정이 변하여 나중에는 첩으로 삼게 되고 경애는 상훈의 애를 낳고 <바커스>란 주점에 나가게 된다. 상훈은 그 애를 호적에 넣고 평생 기르고 살아갈 몫을 내어놓으라고 아버지에게 대든다. 또 한편 상훈은 몰락한 양반의 딸 김의경을 첩으로 삼는다. 김의경은 유치원 보모로 있으면서 밤에는 작부노릇을 한다. 상훈은 술집 <바커스>와 <매당집>에 출입이 잦다. 상훈의 주색잡기의 방탕한 생활은 아버지 조의관의 다음 말에서 잘 나타나고 있다.

> 다시는 오지도 말고 죽어도 알릴 리도 없으니 가서 술집에고 계집의 집에고 틀어박혀 있거라.(앞의 책, 149쪽)

> 무슨 잔소리를 그래도 뻔뻔히 서서 하는 것이냐? 어서 가거라! 네 자식도 너 따위로 만들 작정이냐! 덕기는 내가 기르고 내가 공부를 시키는 터이다. 너는 낳달 뿐이지 네 손으로 밥 한 술이나 먹이고 학비 한 푼이나 대어 주었니? 내가 아무려면 너만큼 못 가르쳐 놓겠니? 잔소리 말고 어서 가거라! 도덕이니 박애니 구원이니 하면서 제 자식 하나 못 가르치는 놈이 입으로만 허울 좋은 소리를 떠들면 세상이 잘 될 듯 싶으냐.(앞의 책, 33쪽)

조의관은 대동보소에 관한 일이나 조상 산소에 석물을 세우고 치산하는

---

24) 신동욱, 『한국근대문학론』(박영사, 1972.3), 93쪽
25) 오현봉, 앞의 책.

일도 아들 상훈은 제켜 놓고 조카 창훈이와 의논한다. 상훈은 재산상속에 있어서도 도외시되어[26] 덕기의 반의 반도 상속받지 못한다. 장례식에서도 소외당하게 된다. 여기서 서구문화를 남 먼저 깨친 지식인이 왜 이렇게 되고 마느냐 하는 의문이 생긴다. 그 원인은 상훈의 성격과 그 시대상에서 찾을 수 있다.

개화기의 지식인들이 저마다 정치적 포부를 가지고 유학하여 가장 진취적이고 자유주의적인 사상을 배워 귀국했지만, 이미 조국은 식민지가 되었다. 투쟁할 적극성을 지니지 못한 그들은 심각한 울적과 좌절의식을 맛보게 된다. 그리하여 정치적 좌절의 차선책으로 교육과 교회에 힘쓰게 된다. 그러나 뚜렷한 자기비판의식이 결여된 상훈은 경제권을 쥔 유교적 봉건적인 아버지에게 배척 당한다. "종교가 달라서 제사 안 지낸다고 반드시 부모의 임종까지 안하리라고야 할 수가 있겠습니까?"(앞의 책, 33쪽)하고 유화적이고 순종적인 태도를 취하지만 인정을 받지 못한다. 한푼 제 힘으로 벌어보지 않고 부친의 재산에 의지하는 나약한 지식인은 사회와 가정에서 좌절과 갈등을 겪게 되어 자신의 도피처를 주색에서 찾게 된다. 그래서 덕기의 말처럼 "어쨌든 부친은 봉건시대에서 지금시대로 건너오는 외나무다리의 중턱에"(앞의 책, 34쪽)선 존재가 된다.

그러고 보면 그의 사회적 지위와 봉사는 한갓 허울과 허영에 불과하며 기독교는 그에게 폐쇄된 사회에 있어서 정치적 좌절의 피신처라 할 수 있다. 곧 상훈은 서구문명을 수박 겉 핥기 식으로 수용하여 그 시대상황을 타개할 의지는 전혀 없고 안일과 방종의 생활을 하게 된다. 그러나 동년배이면서도 홍경애의 아버지나 병화의 아버지, 필순의 아버지들은 기독교 신자이며 항일의 투쟁을 하기도 한다. 상훈은 병화의 말처럼 "조부에게는 기독교적 이단이었고 아들 덕기에게는 시대의식으로서의 이단"(앞의 책,

---

[26] 재산상속은 상훈-삼백석, 덕기-천오백석.

163쪽)이 되어 버렸다.

한말세대인 조의관이 이기주의 입장에서 과거 풍속을 고수하고 식민지 사회를 합리화한 데 비해, 개화세대인 상훈은 과거의 모든 것을 파기하고 새것만을 부르짖다가 그것이 상용될 상황이 되어 있지 않으므로 좌절과 패배감에 젖어 무기력해지고 방탕의 늪에 빠지게 된 것이다.

조상훈의 부인 역시 남편의 축첩[27]이나 방종에 대해 증오만 할 줄 알지 각성시키려 들지 않는다. 상훈은 낮에는 교회에서 점잖은 설교를 하나 밤이면 주색에 빠지는 이중적 성격을 지녔다.

상훈은 봉건의식을 부정하면서도 근대 서구문화를 잘못 수용한 지주의 아들로 이중적 성격을 가진 개화기의 과도기적 인물이다.

3) 중화적 진보주의자

『삼대』의 등장인물을 종적 인물과 횡적 인물로 나누었을 때 횡적 축에 해당하는 인물로 조덕기 김병화 홍경애 필순 장훈 피혁 등이다[28]. 이 중에 중심 인물은 조덕기와 김병화다. 조덕기는 근대적 지식청년으로 자유주의와 건설적인 새 세대를 포괄하는 인물이다. 그의 인간성은 선량하나 인생에 대한 개척정신이나 투쟁정신 또는 어떤 일을 해나갈 강한 추진력은 없다. 모든 면에서 순응과 중화로써 일을 타개해 나간다.

"그의 얼굴은 해사하게 생겼고 성격은 명쾌한 가운데도 안존하고 순편한 편이요"(앞의 책, 20쪽) "너무 다심하고 다감하니 만큼 무엇을 보거나 듣고는 혼자 께름해하는"(앞의 책, 45쪽)것이다. 또한 그는 "스물 셋이 되도록 인생고초라고는 감기나 앓아 보았을까. 그 외에는 소설책이나 병화

---

[27] 축첩은 상훈에게만 해당되는 것이 아니라 그 양상과 각도는 달랐지만 조부의 수원 집이나 덕기의 필순이 이에 준한다 할 수 있다.
[28] 이주형, 앞의 논문

의 생활을 통하여 밖에는 전혀 모르고 자랐다."(앞의 책, 21쪽) 그래서 그는 아버지를 존중하지는 않으나 미워하지는 않으면서 시대적 불행과 개인적 약점을 동정한다. 아버지가 형사문제에 관련되었을 때도 조부의 돈을 몰래 훔쳐가서 아버지의 편에 선다. 조의관이 노환으로 유학중인 자기에게 여러 번 전보를 쳤을 때도 융화를 위해 모두 다 받아보았다고 한다.

그는 조부가 근(勤)하는 전통적 의식에 순응하면서도 맹목적 노예가 되기를 거부한다. 병화의 무산운동을 이해하지만 그에 동조하지는 않는다. 금고지기나 사당지기로 머물 것을 거부하면서도 조부의 재산상속을 받아들인다. 덕기는 조부와 부친 그리고 병화로부터 공격을 받으면서도 한편으로 그들의 옹호를 받는다. 어찌 보면 그의 이 같은 화해적 태도가 자포자기의 무능이나 우유부단을 뜻하는 것 같지만 결코 그렇지는 않다. 오히려 외부의 갈등을 자신의 갈등으로 받아들여 그것을 해소할 새로운 길을 발견하려는 것이다. 그 길은 점진적 진보사상 내지 온건한 자유주의의 길이다. 이는 병화와의 대화 속에서나 병화에게 보낸 편지 등에 잘 나타나 있다.

> 어쨌든 무산운동에 대하여 무관심으로 냉담히 방관만 할 수 없고 그렇다고 제일선에 나서서 싸울 성격도 아니요, 처지도 아니니까 차라리 일간 호졸격으로 변호사나 되어서 뒷일이나 보면 좋겠다. (앞의 책, 73쪽)

> 투쟁은 극복의 전 수단은 아닐세. 포용과 감화도 극복의 유산탄(流散彈)만한 효과는 있을 것일세. 투쟁은 전선적 부대적(全線的 部隊的) 행동이라 하면 포용과 감화는 징병과 포로를 위한 수단일세. 포용과 감화도 투쟁만큼 적극적일세.(125쪽)

행복은 언제나 현실적인 것이 아니라 실현의 과정에서 경험하는 불만과 갈망의 노력에서 맛보는 것이라고 생각하네. 그렇지 않고야 이 괴로운 세상을 어떻게 산단 말인가?(127쪽)

때는 흘러가는 것이요, 조부가 돌아가고 새 사람 새 살림 새 시대가 바뀌어 들겠지마는 일조일석에 되는 것이 아닌 것이다.(266쪽)

또한 조덕기가 친구 병화를 통해 병화 하숙집의 딸 필순이에게 많은 정을 느낀다. 필순의 아버지는 사회주의 운동으로 고초를 당하며 필순 자신도 프롤레타리아임을 자처한다. 덕기가 느끼는 필순에 대한 사랑은 조부의 수원집에 대한 관계나 부친의 경애나 김의경에 대한 관계와는 사뭇 다르다. 덕기가 병화에게 보낸 편지에 이렇게 말하고 있다.

내가 왜 이처럼 필순양에게 열심이냐고 의심하는 모양이데마는 길 가는 손이 바위틈에 돋아난 가련한 꽃 한 송이를 꺾는 것은 욕심이요, 죄일지 몰라도 아름다운 것을 아름답다고 느끼지 말라는 것도 안될 일이요, 흙 한 줌 북돋아 주고 가기로 그것을 뒷날에 크거든 화초분을 가지고 와서 모종 내 갈 더러운 이해타산으로만 보는 것은 사람의 자유라 하여도 너무나 몰풍취 몰인정한 일이 아닌가?…… (127쪽)

이상에서 우리는 덕기가 융화적 성격을 띤 진보주의자임을 간파할 수 있다.
김현[29]은 횡보가 보수주의적인 세계관을 지녔기 때문에 덕기를 내세워 개화세대를 비판했다고 했는데, 이 말은 재고되어야 할 것 같다. 덕기는 보수주의자라기보다 중화적이며 점진적인 진보주의자인 것이다.

---

29) 김현·김윤식, 『현대한국문학의 이론』(민음사, 1973.3)

4) 들뜬 젊은 세대

덕기의 친구 병화는 마르크스주의자로 무산운동을 벌이는 지식청년이다. 이 소설의 초반은 덕기와 병화의 만남과 우정으로 시작된다.

> 이지적(理知的)이요 이론적(理論的)이기는 둘이 더하고 덜한 것이 없지마는 다만 덕기는 있는 집 자식이요, 해사하게 생긴 그 얼굴모습과 같이 명쾌한 가운데도 안존하고 순한 편이요, 병화는 거무테테하고 유들유들한 맛이 있으니 만큼 남에게 좀처럼 머리를 숙이지 않는 고집이 있어 보인다. (20쪽)

둘은 지식인이란 점이 공통이지 사실 그 환경이나 사상은 완연 다르다. 병화는 교회신봉자인 아버지를 반대하여 집을 뛰쳐나와 필순네 집에서 하숙한다. 낡아빠진 외투를 걸치고 다니는 궁색함에도 덕기에게 종종 신세를 지면서도 큰소리한다. 다음의 대화를 통해 우정과 병화의 성격이 나타난다.

> 「그러지 말고 그야말로 타협을 하고 댁으로 들어가게. 언제까지나 이런 방랑생활을 하고서 무슨 일이 되겠나?」
> 「타협? 요컨대 아버지와 타협이 아니라 밥하고 타협하고 밥을 옹호하는 뿌르조아지이의 파수병정하고 타협을 하라는 말이지.」(43쪽)
>
> 「나 없을 땐 도통 담배를 굶데그려…… 그저 담배 한 개라도 착취를 해야 시원하겠나? 자기와 나와는 착취 피착취의 계급적 의식을 전도시키세.」
> 「담배 하나에 치를 떠는—천생 그 할아버지의 그 손자다.」(19쪽)

서로 상반된 환경과 사상과 성격의 소유자가 깊은 우정을 지니는 것은,

병화가 없는 돈을 덕기가 대고 덕기로서는 병화를 통해 필순을 접할 수 있는 상호보완적 심리가 이면에 깔려 있고, 또한 다같이 교회신봉자인 부친에 대한 불만이 작용되었기 때문이다. 마르크스주의자 병화란 인물은 설익은 지식인들이 무비판적으로 받아들인 마르크스주의에 감염되어 적극적인 심취에 빠져버린 당시의 시대상을 반영하고 있다. 지식인이면 누구나 마르크스 신봉자인 척이라도 해야 하는 것이 당시의 시대풍조였다. 중학에 들어가서 사상이 돌변한 그는 목사인 아버지와 의절하고 집을 뛰쳐나온다. 기독교의 부정은 물론이요 봉건적 지주도 전면 매도했으며 오직 무산대중을 위한 투쟁만이 목표였다. 그 당시 우리 사회는 마르크스 이론을 수용할 만한 지식 체계도 그것이 통용될 자본주의의 사회구조도 성숙되지 못했다. 그러므로 대학에 낙방하여 독학으로 마르크시즘을 받아들인 병화로서는 투철한 현실의식도 없었고 단지 편협하고 완고한 맹종적 사고만이 있을 뿐이었다. 그러므로 그는 충분히 전향의 가능성을 지닌 마르크스주의자다.

「지금 누가 돈 천은 고사하고 돈 백만 주어보슈. 주의구 사상이구 바람의 새털이지」
「당장 입에 풀칠을 할 수 없는데다가 속에 똥만 들어 앉았어두 이름은 나고 게다가 정치의 중심이 있는 데니까 그런 유혹의 손이 뻗기도 쉽고 따라서 끌리기도 쉬운 일이지.」(121쪽)

홍경애와 혁명가 피혁이 위와 같이 병화를 평하고 있다. 또한 혁명가 피혁이 맡긴 자금으로 반찬가게를 연 병화는 그 수입을 사회주의 운동자금으로 쓸 계획이었으나 검찰의 검거선풍이 불어 사회주의자들이 구속되고 그 때문에 다른 사람들이 고역을 치르자 그는 소시민적 화해의 가능성을 나타냈다.

병화는 자기나름대로 확고부동한 사회정의감과 비판안을 가지고 있다. 특히 상훈에 대한 부도덕과 향락을 여러 번 꼬집는다. 그는 사회주의자이면서도 장훈처럼 동지를 위해 옥중자결하는 극좌파는 아니다.

병화는 1920년대 이 땅에 유행사조와 같은 지식청년들의 마르크스 신봉을 단적으로 대변한 들뜬 젊은 세대다.

3. 맺음말

장편 『삼대』는 1920년대 일제치하의 시대상과, 카리스마적 대가족에서 일어나는 갈등과, 서구문명으로 인한 새로운 개화의 물결을, 또한 서구의 자유주의를 우리의 각 세대들이 어떻게 수용하였는가를 리얼하게 그려내었다.

우직하면서도 재리(財利)에 밝은 전통적 봉건주의자인 조의관, 그는 한말세대의 폐쇄적인 유교의 유풍을 고집하며, 그의 죽음은 봉건주의의 몰락을 의미한다. 한편 부친의 재물로 서구의 근대의식을 잘못 수용한 아들 상훈은 조의관과는 달리 개방적으로 사회에 참여봉사 하면서도 방종한 이중생활을 하는 무기력한 일군의 개화세대를 상징하고 있다.

사회가 변증법적으로 발전해감을 증명이라도 하듯 모두가 파탄된 상황하에서 중화주의자인 덕기는 봉건과 개화의 갈등모순을 조용히 극복하면서 새 출발을 알리는 점진주의자로 대변되고 있다. 이와 같이 『삼대』에 등장하는 삼대는 각기 각 세대를 대표하는 전형적 인물들이다. 그리고 병화는, 덕기와는 같은 세대이면서 그 당시 마르크시즘에 물든 들뜬 젊은 세대의 전형이기도 하다.

19C 프랑스의 샹플레리와 뒤랑띠는 리얼리즘을 정의하여 "우리가 살고

있는 현시대의 사회환경에 대한 적확(的確)하고 완전하며 진지한 재현"30)이라 했다. 그렇다면 『삼대』야 말로 좌절과 도피, 과격과 허식의 미궁에서 헤매던 식민지하 사회상 시대상을 가장 잘 반영한 사실주의문학의 획기적 작품이라 할 수 있다.

그리고 몇 가지 덧붙이고자 한다.

첫째 『삼대』의 모든 이야기는 겨울에 시작하여 이른 봄에 끝나고 있다. 구세대가 물러가고 새 세대가 도래함을 뜻하고 있다고 보아지며 이는 횡보의 미래지향적 인생관과도 깊은 연관이 있다고 생각된다.

둘째 『삼대』에 등장된 여인들은 모두가 몰락한 가정의 여인이며, 이들은 한결같이 남자의 인형의 역할을 하고 있음도 간과할 수 없다. 횡보의 봉건적 작가론 때문일 것이다.

셋째 횡보를 일컬어 사실주의의 대가, 투철한 문학정신으로 일관한 대작가로 한국문학사에 길이 빛날 공적을 남긴 분 등으로 평가되고 있지만, 발표 당시에도 지금도 가장 읽혀지지 않는 작가, 단지 몇 안 되는 문학연구가들에게만 억지로 읽히고 있음은 이 문제에 대해 문학에 뜻을 두는 사람으로서는 한번쯤 생각해 보아야 하리라.

일반적으로 독자에게 감동과 재미를 주지 않거나 너무 난해할 경우 읽히지 않는다고 한다. 횡보의 경우 그 원인은 끈끈하고 싸늘한 문장에 있다. 문장 문체는 곧 작가란 말이 있다. 끈질기게 투철히 파고드는 객관적인 묘사와 서술이 싸늘하고 매정하게 별다른 변화의 미를 주지 않고 있으니 어찌 지루하고 답답하지 않을 수 있겠는가? 그리고, 류종호31)도 지적했듯이 또 하나의 원인은 소재의 범속성에 있다. 대중적인 쾌락추구나 극렬한 위기감도 없는 도시의 중심층과 소시민층을 등장인물로 다루기 때문에

---

30) 김학동, 「한국에 있어 프랑스의 자연주의」, 『한국문학의 비교문학적 연구』(일조각, 1972,) 62~63쪽
31) 류종호, 『현대문학작가연구』(민음사, 1976), 94쪽

드라마틱한 장면이 없다.
『삼대』는 많이 읽히지 않으면서도 명작에 속하는 작품이다.♠

박태원

　멋쟁이요 인텔리였던 구보 박태원(仇甫 朴泰遠, 1909~1986)은 서울의 중심가인 수중박골(종로구 수송동)에서 출생했다. 18세때 춘원 이광수를 찾아가 문학지도를 받았으며 경성제일고보(경기고교 전신) 졸업 후 동경법정대학 예과에 들어갔다. 2학년 때 중퇴하고 귀국하여 단편「수염」을 발표하면서 본격적인 문학활동을 시작했다.
　초기의 대표작인「소설가 구보씨의 일일」과『천변풍경』등의 소설에는 시정적(市井的) 소시민 사회의 현실을 그렸다. 일제말기에는 통속소설과 중국 역사소설을 번역했고, 해방 후에도『홍길동전』『이순신장군』등의 역사소설을 썼다. 그 즈음『군상(群像)』을 조선일보에 연재했다.
　6·25 때(42세) 월북한 후 평양문학대학 교수로 재직한 바 있고, 1956년(48세)에 남로당으로 몰려 한때 숙청 당했으며, 대하소설『계명산천은 밝아 오느냐』를 집필했다. 1965년(57세)부터 건강이 나빠져서 실명에다 반신불수가 되었다. 역작 대하소설『갑오농민전쟁』을 십년만인 1986년에 완성하고 그 해 78세의 나이로 운명했다.

박태원과 「갑오농민전쟁」

1. 박태원의 생애와 간추린 연구사

1) 박태원의 생애와 문학

본고에서는 박태원의 생애와 문학, 그리고 간추린 연구사를 먼저 언급하고 그런 연후에 박태원의 역사소설에 대해서 특히 박태원이 월북 후에 발표한 그의 대표적인 역사소설 「갑오농민전쟁」에 대해 살펴보려 한다.

『천변풍경』의 작가요 월북작가인 구보 박태원(仇甫 朴泰遠, 1909~1986)은 서울의 중심가인 수중박골(1920년대까지는 전동이었고, 지금은 종로구 수송동)에서 4남 2녀 중 차남으로 태어났다. 18세때 춘원 이광수를 찾아가 문학지도를 받았다. 명문 경성제일고보(경기고교 전신) 졸업 후 일본으로 유학을 떠나 동경법정대학 예과에 들어갔다. 2학년 때 중퇴하고 귀국했다. 22세 때(1930년) 습작해둔 작품을 월간지 ≪신생≫에 「수염」이란 제목으로 단편을 발표함으로써 본격적인 문학활동을 시작했다. 1933년 이태준·이효석 등과 예술인의 친목단체 '구인회'를 만들어 예술파적 소설을 지향하였는데, '구인회' 출현시기는 카프계열의 경향파 문학이 일제로부터 탄압을 받던 시기였다. 이때 새로운 문단 세력으로 박태원·이태준·이효석 등이 활약하게 되었는데, 박태원은 이광수류의 계몽주의적 현실관이나 프로문학 같은 이데올로기 성향에는 가담하지 않았고, 또한 이효석과 같은 예술지상주의도 아니었다. 초기의 대표작인 「소설가 구보씨의 일일」, 「천변풍경」 등의 소설에는 시정적(市井的) 소시민 사회의 현실을 그리면서 무기력한 패배자의 시선으로 눈에 들어오는 풍경들을 그대로 그려내었다. 이 두 작품은 작가의 생활 주변 이야기이므로 신변소설에 가깝다.

일제말기에는 친일소설 「아세아의 여명」 등을 쓰기도 했으나 주로 장편 통속소설 「우맹(愚氓)」, 「애경(愛經)」, 「여인성장(女人盛裝)」 등과 중국소설 「삼국지」, 「서유기」, 「수호전」을 번역하는 데 몰두했다. 해방 후에도 중국과 우리의 역사소설에 관심을 두어 「홍길동전」, 「이순신장군」을 출간했고, 「갑오농민전쟁」의 모태가 되는 「군상(群像)」을 조선일보에 연재하기도 했다.

6·25때(42세)는 그의 이름처럼 멀리 북쪽으로 넘어갔다. 월북한 후 평양문학대학 교수로 재직한 바 있고 1956년(48세)에 남로당으로 몰려 숙청 당했다. 그로 인해 작품 활동이 금지되었다가 4년만에야 다시 작가로 복귀했다. 1963년 「갑오농민전쟁」의 전편에 해당하는 대하소설 「계명산 천은 밝아 오느냐」를 집필했다. 1965년(57세) 이후 건강이 나빠져서 망막염으로 실명하였고 1975년에는 고혈압으로 반신불수가 되었다. 1977년(69세)에 갑오동학혁명을 소재로 한 그의 필생의 역작 대하소설 「갑오농민전쟁」을 구술로 받아쓰게 하여 십년만인 1986년에 완성하고 그 해 78세의 나이로 운명했다.[1]

---

1) • 박태원 연보(소설가 구보씨의 일일, 깊은샘, 1998)

2) 간추린 연구사

박태원에 대한 연구는 월북 이전과 월북 이후 그리고 1988년 해금조치 이후, 이렇게 세 단계로 나눌 수 있다.

박태원의 초기소설에 대한 연구는 1930년대 후반으로 안회남·이태준·최재서·백철·임화 등의 평론가들에 의해 행해졌다.

이 시기는「소설가 구보씨의 일일」과「천변풍경」을 중심으로 신변소설·세태소설 그리고 모더니즘과 관련된 기교에 대해 논의되었는데, 이런 논의는 1930년대의 주류였으며 각종 신문 잡지에 평문으로 나타났다. 안회남은 박태원의 소설이 '기교적으로 실패한 작품은 없다'[2]고 했고, 이태준은 '끈기 있는 치렁치렁한 장거리 문장'[3]이라 했고, 최재서는「천변풍경」을 '리얼리즘의 확대'[4]로 보았다. 백철은 '리얼리즘의 재고'에서「천변풍경」을 '리얼리즘의 타락'[5]으로 평했다. 임화는 '천변풍경평'에서「천변풍경」을 '파노라마적인 트리비얼리즘'[6]으로 규정하고 '최근 5,6년간 조선문단의 큰 수확'이라 했다.

월북 후는 박태원 개인적으로 불행한 시기였다. 남한도 군사정권이었으므로 월북 작가에 대한 연구는 아주 제한적이었다. 그래서 해방 전의 초기소설에 대한 연구에 그쳤고, 문학사[7]에서 약간 언급할 정도였다.

- 『한국문학대사전』(문원각, 1973, 294쪽)
- 강진호·정현숙이 1995년 1월 14일에 박태원 차남 박재영씨와 면담한 결과를 정리했다는 「박태원의 월북과 북한에서의 행적」(박태원소설연구, 깊은샘, 1995) 등을 토대로 요약하였음.

2) 안회남,「작가 박태원론」(문장 1호, 1939.2, 147쪽)
3) 이태준,「소설가 구보씨의 일일」발문(문장, 1938, 298쪽)
4) 최재서,「리얼리즘의 확대와 심화」(문학과 지성, 인문사, 1938)
5) 백철,「리얼리즘 재고」(사해공론, 1937.1)
6) 임화,「세태소설론」,『문학의 이론』(학예사, 1940), 349~353쪽
7) 김현·김윤식,『한국문학사』(민음사, 1973.)
   이재선,『한국현대소설사』(홍성사, 1979)

1988년 북한 작품에 대한 해금조치 이후 많은 작품들이 자유롭게 출판되자 박태원 연구가 대성황을 이루게 되었다. 이는 북한문학에 대한 남한 문인들의 호기심이 자극적인 역할을 한 탓이기도 하다. 그래서 포괄적인 작가와 작품에 대한 연구와 서술기법에 대한 연구가 심도있게 이루어지게 되었다. 대충 네 가지 방향으로 나누어 볼 수 있다.

1) 종합적인 연구로는 김윤식·장수익·정현숙·윤정헌 등에 의해 괄목할 정도로 연구되었다. 김윤식[8]은 모더니스트였던 박태원을 리얼리스트로서 변모하는 과정을 번역소설을 중심으로 '소설쓰기-글쓰기-소설쓰기'로 밝혔다. 장수익[9]은 기법을 중심하여 박태원의 소설이 변모해 가는 과정을 심도있게 서술했으며, 정현숙[10]은 해방 후의 역사전기문학을 통해 민족문학의 정립이라는 시대적 명제를 수용해 가는 과정을 분석했다. 그리고 윤정헌[11]은 포괄적인 연구를 작품 중심으로 했다.

2) 서술기법 내지 서사기법에 대한 연구로는 공종구·오경복·강헌국·황도경·안숙원·김상태·천정환 등 여러분에 의해 이루어졌다.[12]

3) 작품 연구로는 「소설가 구보씨의 일일」[13]과 「천변풍경」[14]과 「갑오농

---

8) 김윤식, 「박태원론」, 『한국현대 현실주의』(문학과지성사, 1990)
9) 장수익, 「박태원소설연구」(서울대 석사논문, 1991)
10) 정현숙, 『박태원 문학 연구』(국학자료원, 1993)
11) 윤정헌, 『박태원소설연구』(형설출판사, 1994)
12) 대표적인 것으로
 • 공종구, 「박태원 소설의 서사 지평 연구」(전남대 박사논문, 1992)
 • 오경복, 「박태원 소설의 서사기법 연구」(이화여대 박사논문, 1993)
 • 강헌국, 「박태원 단편 소설의 서사구조」, 『박태원소설 연구』(깊은샘, 1995).
 • 황도경, 「관조와 사유의 문체」, 『박태원소설연구』(깊은샘, 1995)
 • 안숙원, 「박태원 소설과 도립의 시각」(개문사, 1996)
 • 김상태, 「박태원 소설의 문체연구」, 『현대소설의 언어와 현실』(국학자료원, 1997)
 • 천정환, 「박태원 소설의 서사기법에 관한 연구」(서울대 석사논문, 1997) 등이 있다.
13) • 김종욱, 「소설가 구보씨의 일일」에 나타난 자아와 지속적 시간, 『한국문학과 모더니즘』(한국현대문학연구회, 한양출판사, 1994)
 • 윤영옥, 「소설가 구보씨의 일일」에 나타난 자유간접문체에 관하여, 『현대소설연구』 5호(현대소설연구회, 1996)
 • 장양수, 박태원 최인훈의 「소설가 구보씨의 일일」, 『한국예술가소설론고』(장양수, 한울아카데미, 1998)

민전쟁」15)에 대한 연구를 중심으로 많은 연구가 행해졌다.

4)모더니즘 문학론에 입각하여 연구한 분으로는 최혜실·서준섭·전혜자·강상희 등 여러분이 있다.16) 강상희 논문은 한국문학에 대한 모더니즘적 연구 방법론을 제시하고 이를 토대로 박태원의 1940년대까지의 초기 작품을 미적 합리성 개념으로 일관성 있게 해명했다.

리얼리즘과 연관시켜 그 상관관계를 고찰한 것으로는 김윤식17)과 장수익18)이 대표되는데, 이들은 박태원의 전기 작품을 모더니즘으로 후기 작품(해방 이후)을 리얼리즘으로 보아 고찰하고 있다. 이 중에서 대표적인 연구라 할 수 있는 것은 장수익의 연구로, 박태원 처녀작인 「수염」에서부터 최후의 작품인 「갑오농민전쟁」까지를 다루면서 기법의 변화를 통해 박태원 문학의 전모를 밝히고 있다.

---

14) • 신재성, 「박태원 「천변풍경」론」, 『장편소설로 보는 새로운 민족문학사』(열음사, 1993)
 • 한상규, 「박태원의 「천변풍경」에 나타난 창작기술의 양상」, 『한국현대문학과 모더니즘』(현대문학회, 한양출판사, 1996)
 • 조옥지, 「「천변풍경」의 구조분석」(고려대 석사논문, 1990)
15) • 김윤식, 「갑오농민전쟁」(동서문학, 1989, 가을)
 • 이재선, 「사회주의 역사소설과 그 한계-갑오농민전쟁론」 (문학사상, 1989.6)
 • 류보선, 「모더니즘적 이념 극복과 영웅성의 세계」(문학정신, 1993.2)
 • 정현숙, 「갑오농민전쟁」론, 『현대소설연구』 제2호, 1995
 • 김승종, 「「녹두장군」과 「갑오농민전쟁」의 비교 연구」, 『현대소설연구』 제2호, 1995
16) • 최혜실, 「1930년대 한국 모더니즘 소설 연구」(서울대 박사논문, 1991)
 • 서준섭, 『한국 모더니즘 문학연구』(일지사, 1988)
 • 전혜자, 「1930년대 도시소설 연구」, 『한국문학과 모더니즘』(현대소설연구회, 한양출판사, 1994)
 • 강상희, 「박태원문학 연구」(서울대 석사논문, 1990)
17) 김윤식, 「박태원론-모더니즘과 리얼리즘의 관련 양상」, 『한국현대 현실주의의 소설 연구』(문학과 지성사, 1990)
18) 장수익, 『박태원 소설연구』(국학자료원, 1992)

2. 갑오농민전쟁

1) 월북후의 역사소설

1.1) 해방직후의 전기소설과 역사소설

일제말 중국소설을 번역하던 박태원은 「아세아의 혁명」「군국의 어머니」「원구」 등의 친일 소설을 쓰게 된다.

「아세아의 혁명」(《조광》, 1941.2)은 1938년에 있었던 왕조명의 하노이 탈출이라는 역사적 사실을 소재로 중일전쟁과 대동아공영권 건설을 위해 쓰여진 소설이다.

「군국의 어머니」(《조광》, 1942)는 일본 천황폐하가 반도 동포들에게 병정될 자격을 허락해 주심에 대한 보답으로 아들을 전쟁에 바칠 줄 아는 어머니가 되도록 하기 위해 모범이 될 만한 군국의 어머니 20명의 행적을 기록한 소설이다.

이 역시 시대상황과 깊은 관련이 있다. 한글로 글을 쓰는 일은 친일적인 번역작업이나 친일문학 외에는 없었기 때문이다. 지식인의 나약성의 일면을 우리는 박태원을 통해서 느낄 수 있다. 이러한 사정은 이광수나 최남선에게서도 발견할 수 있다.

해방이 되자 박태원은 역사 왜곡의 친일문학을 한 죄책에 무척 괴로워했다. 이에 자신이 할 수 있는 것은 한국의 애국적인 역사소설을 씀으로써 속죄할 수 있다고 판단하여 먼저 전기문학을 시도했다.

「조선독립순국열사전」(1946), 「약산과 의열단」(1947) 등의 전기문학을 해방 직후 발표했다.

「조선독립순국열사전」(유문각, 1946)은 애국 열사인 민영환, 이준, 이상설, 이위종, 이재명, 안중근 등의 행적을 기술한 것이며, 「약산과 의열단」(백양단, 1947.1)은 약산 김원봉의 전기인 동시에 의열단의 독립운동을 기록하고 있는데, 국권 상실의 원인을 지도층의 부패와 친일파에 두고 있다.

박태원은 전기소설로 어느 정도 역사적 감각을 찾아 장편 역사소설에 앞서 단편 역사소설을 썼다. 구한말 대원군시대 핍박받는 민중의 이야기를 쓴 「춘보」(≪신문학≫, 1946.8)와 「태평성대」(≪경향신문≫, 1946.11~12), 삼국유사의 신라 경문왕의 기록을 소설화한 「귀의 비극」(≪신천지≫, 1948.8)을 발표했다. 단편소설을 발표하고 곧 이어 장편 역사소설 「홍길동전」, 「임진왜란」, 「군상(群像)」의 세 장편을 발표했다.

「홍길동전」(조선금융조합연합회, 1947)은 고소설 「홍길동전」과는 달리 역사적 배경을 연산군 시대로 설정하고 중종반정이라는 사실성과 고소설의 허구성을 결합시킨 작품이다. 중반까지는 홍길동의 정혼자인 음전의 비극적 삶을 그려나가다가 음전이의 희생을 통해 후반부에 와서는 홍길동이 새로운 성격으로 바뀌는데, 자신의 삶을 하나의 복수 차원에 그치지 않고 지배계층에 대한 저항으로 확대시킨다. 곧 적서차별의 저항에서 당대 탐관오리의 규탄, 민중의 구제, 연산군에 대한 반정으로 확대된다. 중종반정을 통해 홍길동의 목적은 이루어지게 되어 있으므로 '보다 선한 지배계층의 교체'[19]라는 역사관을 엿볼 수 있다.

「임진왜란」(≪서울신문≫, 1949.1.4~12.14)은 전쟁에 대한 무방비와 무책임한 태도를 지배계층에 두고, 이순신 장군의 비범성과 강직성을 부각시켰다. 이 작품은 허구성이 배제된 사실성에 입각한 역사소설이다.

「군상(群像)」은 철종 5년(1854)을 시간적 배경으로 안동 김씨의 세도시대를, 공간적 배경으로는 전라도 나주와 서울을 설정하고 있다. 등장인물로는 부패하고 비열하고 간악한 무리로 세도가인 안동 김씨의 김좌근, 김좌

---

19) 김종욱, 「일상성과 역사성의 만남」, 『박태원 소설연구』(깊은샘, 1995), 237쪽

근의 애첩 나합, 그녀의 외숙 전 감역, 이 참판. 이러한 부패계층에 대항하는 인물로 장임손과 신돌석. 그리고 부폐한 인물 때문에 불행하게 된 인물로 김삿갓, 서 진사, 귀순이 등을 등장시키고 있다.

박태원은 역사소설을 여러 편 쓰고 나서 나름대로 역사소설에 대한 특히 민중에 대한 역사관이 확립되자 역사적 사실과 문학의 허구성을 결합하는 작품을 시도하였으니 그것이 「군상」인 것이다. 그러므로 「군상」은 박태원의 본격적인 최초의 역사소설이라 볼 수 있다. 이러한 사정은 그의 '작가의 말'20)에서도 엿볼 수 있다.

월북 후 박태원은 「리순신장군전」(1952) 「조선창극집」(1953) 「리순신장군이야기」(1955) 등 몇몇의 역사소설을 썼지만 가장 대표적인 것은 「계명산천은 밝아 오느냐」와 「갑오농민전쟁」이다.

1.2) 「계명산천은 밝아 오느냐」

「계명산천은 밝아 오느냐」는 「갑오농민전쟁」의 전편에 해당되는 작품이다. 이 소설은 익산민란과 함평민란을 중심으로 이어지는 임술년(1862년) 농민항쟁을 소재로 삼고 있다. 익산 민란의 실제의 인물 오덕순과 허구적인 인물 오수동, 함평민란의 주모자 정한순, 너더리의 박첨지, 민족정신의 소유자요 탄금대의 몰락양반 이생원, 선량하고 자애심이 깊은 한의사 강 주부 등 긍정적 인물과, 세도정치로 가렴주구하는 안동 김씨 일파, 시정배와 술이나 먹는 흥선 대감, 충주 소일동의 착취 토호 정 참판 등을 부정적 인물로 등장시키고 있다.

이 작품은 「군상」의 시대배경이었던 1854년으로부터 신유년(1861) 봄까

---

20) 우리 인간의 이모저모를 나는 이 작품에서 그려보려 하거니와 시대는 한말임을 미리 밝혀둔다. 옹졸하기 짝이 없는 작자의 솜씨지만 이 작품에서만은 한 번 자유분방하고 싶다. (「군상」의 작가의 말에서. 조선일보 1949.6.6)

지의 7년 동안을 배경으로, 임술농민항쟁의 배경을 서술하고 있는데 지배층과 피지배층의 양단으로 갈라 현실을 타파하기 위해 적극적인 투쟁을 강조한다는 점에서 '사회주의 체제의 창작지침'을 잘 반영한 작품이다.

> 북한의 문학예술의 기본 정책방향은 사회주의적 민족문화를 전면적으로 개화 발전시키고 문화혁명을 철저히 수행하며, 사회주의적 민족문화건설에서 제국주의의 문화적 침투와 복고주의적 경향을 반대하며 민족문화유산을 보호하고 그것을 사회주의 현실에 맞게 계승발전시키고 민족적 형식에 사회주의적 내용을 담을 주체적이며 혁명적인 문화예술을 발전시킨다.[21]

> 일반적으로 계급사회에 있어서의 문학과 예술은 계급적 성격을 띠며 일정한 계급에 복무한다. 그것은 문학예술이 사회적 사상 의식의 한 형태이며, 사회적 상부구조의 중요한 구성부분이라는 사정과 관련되어 있다.[22]

위의 인용문에서 우리는 북한이 지향하는 바 사회주의 계급투쟁의 예술관을 이해할 수 있으며, 또한 「갑오농민전쟁」에서는 이러한 경향이 더욱 구체화됨을 알게 된다.

양반 토호의 잔인상은 연원역 마을 머슴 조만준이 잃은 소를 찾으러 정 참판댁에 갔다가 하인청에 끌려가 초죽음이 되도록 맞고 길가에 버려진다. 조만준은 마을 사람들에 의해 들것에 실려 나룻배를 탔을 때의 장면에 잘 나타난다.

> 「충주 소일 정 참판댁이라면 충주 원님두 손을 못 대구 충주 감사두 손을 못 대는 형편인데 그리루 소를 찾으러 가다니……」

---
21) 「북한의 사회주의 헌법」 (1972) 제3장 문화, 참조
22) 『주체사상에 기초한 문예이론』(사회과학문학연구소 편, 1989), 100쪽

충주 소일동네에 정가 성 가진 양반들이 살고 있는데 토호질을 심하게 하기로 조명이 난 중에도 특히 '정참판댁'이라고 하면 충주 일판은 말할 것 없고, 충청도 일경 치고서 모르는 사람이 없으리만치 이름이 높다……범강 장달이 같은 노복 수십명을 부려서 수단과 방법을 가리지 않고 남의 재물을 득달해 들이는데, 나중에는 그것도 오히려 부족해서 소도둑놈을 동네 안에 끌어다 들여 놓고 원근 읍촌으로 돌아다니며 남의 소를 훔쳐오게 한다. (「계명산천은 밝아 오느냐」, 깊은샘, 1993, 28~29쪽)

복수와 계급투쟁 의식은 익산민란의 주모자 임치수와 오덕순 등을 형장에서 처형함에 그들이 남긴 유언에서 잘 알 수 있다.

「전라감사와 익산 안핵사 듣거라. 우리는 오늘 너희놈들 손에 죽는다. 그러나 언제고 너희놈들이 우리들 손에 죽고야 말 날이 반드시 있을 것을 알아라―」(앞의 책, 1권, 308쪽)

「수동아 너는 결탄코 놈들의 손에 붙잡혀서는 안된다. 어떻게든 살아야 해. 죽지 말구 꼭 살아야 한다. 그리고 이 애비의 원수를 꼭 갚구……여러 아저씨들의 하늘에 사무친 원한을 꼭 풀어드려야만 한다. 똑똑히 들었느냐? 수동아―」(앞의 책, 제2권, 18~19쪽)

이 작품은 「군상」의 미약한 계급의식에서 진일보하여 역사적 사건 속에서의 투쟁의 당위성과 필연성을 제시함으로써, 등장인물들의 현실인식을 민중의식 차원에서 구체화시킨 것에 의의를 찾을 수 있을 것으로 본다.[23]

---

23) 윤정헌, 『박태원소설 연구』(형설출판사, 1994), 207쪽

2) 「갑오농민전쟁」

2.1) 줄거리 요약과 문학사적 의의

「갑오농민전쟁」의 줄거리를 요약하면 다음과 같다.

제1부(1977년 출간): 1892년 초겨울부터 이듬해 겨울까지 고부민란이 일어나기 전의 1년간을 시간 배경으로 설정하여, 「계명산천은 밝아 오느냐」의 배경인 익산민란의 30년 후의 이야기다.

주인공 오상민은 익산민란의 주동자 오덕순의 손자이다. 오상민이 살고 있는 고부 양교리를 배경으로 양교리 농민들의 비참한 삶을 그리고 있으며 특히 이 진사의 착취와 돈 주고 벼슬자리를 얻어 내려온 조병갑에게 수탈 당하는 이야기가 펼쳐진다.

제2부(1980년 출간): 갑오년(1894) 정월 초아흐레부터 석달 동안의 이야기로 고부민란에서 전주성 함락까지다.

전봉준은 농민군을 이끌고 고을을 습격하여 노비문서를 불사르고 악질 관료와 토호들을 처단하고 관가의 창고를 헐어 가난한 농민에게 갈라준다. 당황한 정부는 초토사 홍계훈에게 군사를 주어 공격하게 하지만 전봉준은 농민군을 이끌고 백산전투 —황토현전투—장성전투에 승리하여 전주로 입성한다. 이때 조정이 청나라 군대를 불러들이자 일본군도 들어오게 된다. 제2부부터는 전봉준이 주도적 역할을 하고 오상민은 그 부하대장으로서 역할을 담당한다.

제3부(1986년 출간): 전주화약 이후 전봉준의 체포와 처형까지를 다루고

있다. 봉건지배층과 외세 침략의 틈바구니 속에서 공주전투에 패하여 농민군이 관군과 일군의 추격으로 도피 중 전봉준의 부하였던 김경천의 밀고로 체포된다. 전봉준은 죽음에 임하여 적의 유혹에 빠져 서울로 진격하지 못한 것을 통한의 실책으로 한탄한다.24)

동학농민전쟁에 대한 역사적 평가를 말한다면 "봉건사회의 모순을 극복하고 근대사회를 수립하려는 아래로부터의 혁명적인 변혁운동임과 동시에, 제국주의의 침략이라는 민족적 위기에 대응하는 민족의 자주성을 견지하려는 민족운동이었다.25)"라고 할 수 있다.

북한의 문학론가 동근훈은 「갑오농민전쟁」제1부에 대하여 다음과 같이 극찬하고 있다.

> 장편「갑오농민전쟁」(제1부)이 거둔 성과는 무엇보다도 오늘의 현실과 가까운 문제를 취급함으로써 현대성을 옳게 구현하였다는 데 있다…… 다른 하나는 작가가 주체의 역사관을 견지하여 작품에서 자주성을 옹호하기 위한 19세기말의 인민대중의 투쟁을 생동하고 깊이 있게 그려내었다는 데 있다……현상창조에 있어서 역사적 사실과 예술적 진실성을 동일시킴으로써 높은 사상예술성을 보장하는 데서도 성과를 거두었다…… 이러한 성과는 작품의 구성조직의 특성과도 관련된다. 소설에는 서로 다른 성격을 가진 인물들이 많이 나오며 그들의 활동 무대가 넓고 사건들도 복잡하게 얽혀 있어 19세기말의 우리나라 현실의 축도라고 할 수 있을 정도로 생활이 다양하고 풍부하게 그려져 있다……이 소설의 구성에서 또한 특징적인 것은 이야기가 구수하게 전개되고 줄거리가 선명하여 주체사상을 흥미있고 뚜렷이 밝혀준다는 데도 있

---

24) 제3부는 아내 권영희의 이름으로 출간되었으며 1,2부에 비해 작품의 질이 못한 것으로 보아 박태원의 건강이 최악일 때 집필한 것이거나 권영희의 집필일 가능성이 높다.
25) 이영호,「1894년 갑오농민전쟁의 역사적 성격과 역사소설」, (창작과 비평, 1990, 69권, 277쪽)

다……이밖에도 작품은 성격형상과 생활묘사, 언어표현 등에서 민족적 특성을 진하게 구현한 것을 비롯하여 여러 가지 형상수단들을 효과적으로 이용함으로써 사상예술적 품위를 확고히 보장한 특징도 가지고 있다.[26]

2.2)「갑오농민전쟁」에 나타난 몇 가지의 특이성

「갑오농민전쟁」을 북한에서는 "작품이 거둔 사상예술적 성과는 무엇보다도 먼저 우리 민족이 지나온 력사를 취급함에 있어서 일정한 력사적 사변을 줄거리로 하면서도 폭넓은 예술적 화폭의 중심에 주인공을 비롯한 다양한 인물군상의 성격을 확고히 내세우고 형상을 창조한 데 있다."[27] 라고 그 성과에 대해 찬사를 보내고 있다. 과연「갑오농민전쟁」이 예술적 화폭을 잘 그려낸 것인지? 남한 소설과는 어떠한 특이한 양상을 지녔는지? 아래에 작가의식·변혁주체·세태묘사·동학관계 등 네 가지 항으로 나누어 알아보려 한다.

첫째 작가의식의 측면에서
작가는 봉건주의 모순의 척결과 반외세 반제국구주의라는 이대 관점의 역사의식에 의해 작품을 전개해 나갔다.
봉건주의의 모순은 지주전호제와 조세제도로, 제국주의의 위협은 일본과 미국의 침략과 왕실의 매국적 행위로 각각 집약되어 묘사된다.
「갑오농민전쟁」은 소작인을 노예화 하고 있는 지주전호제의 모순과 봉건관료들의 부정, 부패를 용납 또는 조장하는 원흉을 왕권으로 파악하고

---

26) 동근훈(북한문학 평론가), "자주성을 옹호하기 위한 인민들의 투쟁에 대한 진실한 화폭-장편소설「갑오농민전쟁」(제1부)에 대하여" (조선작가 동맹 기관지 ≪조선문학≫, 1978.7)
27) ≪조선문학≫ 1994년 제3호에, 리창유, '장편소설「갑오농민전쟁」(1,2,3부)에 대하여'라는 부제가 붙은 "봉건적 압박을 반대하고 나라의 자주권을 지켜 싸운 농민들의 투쟁을 폭넓게 그린 작품"에 나오는 말.

있다. 농민과 국가 그리고 피지배계급과 지배계급의 구조적인 모순. 이를 극복의 대상으로 주제를 설정하고 있다. 「갑오농민전쟁」은 척왜척양의 당위성을 부각시키는 데에 상당한 지면을 할애하고 있다. 바야흐로 근대의 문턱에서 제국주의의 열강에 노출되기 시작하는 당대 조선의 역사적 상황을 조망하면서, 세계사적 역학 관계에 몽매한 채 정권 유지에 급급하는 왕실이 외세의 개입을 가속화시키고 있음을 한탄한다.[28]

둘째 변혁주체 측면에서
「갑오농민전쟁」에서는 등장인물을 양극화하고 있다.
지배계층이며 부정적 반민중적인 인물로는, 왕실의 고종과 민비, 민영준, 군수 조병갑, 교활한 고부의 은 이방, 안핵사 이용태, 전라감사 김문현, 농민의 착취자인 토호 이 진사, 선교사인 언더우드와 뻥커 등. 이에 대해 피지배계층인 농민·노비·머슴 등은 거룩한 인물이요, 긍정적인 인물이며 변혁의 주체세력으로 극대화된다.
변혁주체 세력의 주인물은 실제 인물인 전봉준과 허구의 인물인 오상민이다. 총포대장 오상민과 그 아버지 오수동, 태인 출신의 창검대장 염동이, 함평민란의 주모자였으며 활빈당 행수 정한순, 익산민란에 참여한 덕보의 아들 칠성이, 전봉준의 아버지 전창혁, 동학을 이용한 봉기꾼 이필재. 그리고 오상민의 가족들인 할머니, 어머니, 아내인 영아 등이다.
등장인물들은 양반과 토호와 관리는 제거해야 될 대상으로, 농민과 종과 머슴 등은 피지배계급이면서 혁명의 주체세력으로 갈라놓았다. 이런 양극화의 이원적 인물의 설정은 혁명적 투쟁의 역사적 계승과 계급투쟁의 역사를 강조하는 북한 문예정책 아래 씌어졌기 때문이다. 북한의 ≪조선문학사≫에서는 「갑오농민전쟁」을 다음과 같이 평가하고 있다.

---

28) 정현숙, 「갑오농민전쟁론」, 『현대소설연구』 제2호(현재소설연구회, 1995), 392쪽

소설은 근로인민대중만이 진정으로 역사의 주체이라는 것을 실증하면서 이 진사 조병갑 등 지주, 토호들과 양반관료들, 왕 이형과 민비, 민영준 등 봉건왕실, 봉건관료들 그리고 왜놈들의 형상을 통하여 놈들의 착취적, 약탈적 본성을 예리하게 발가놓고 봉건통치배들의 매국배족행위를 폭로단죄 하였다.29)

「갑오농민전쟁」은 계급투쟁의 사회주의 문예정책에 의해 씌어진 작품이므로 '서정성의 결여' 또한 필연의 결과인 것이다.

셋째 세태묘사 측면에서
「갑오농민전쟁」에는 다양한 삶의 풍속도를 묘사하고 있다. 왕실 뿐 아니라 무속, 민간요법, 군대, 학교, 시장의 풍경 등.

수각다리께 일본인 노점 앞에 구경꾼들이 한 이십명 둘러 서 있다. 왜포수건, 왜경대, 손거울, 머리빗, 왜장도, 왜식칼, 물분, 가루분, 왜비누, 머리기름, 방적사, 세창바늘, 왜바느질함, 병에 넣은 아니링 물감. 권련초, 당성냥, 돈지갑, 사기잔등, 남포등, 지우산, 박쥐우산……황아전이었다. 그 중에 아니링물감, 세창 바늘 따위는 독일제품이지만 다른 것들은 모두 일본 상품이다.(「갑오농민전쟁」 제1부 1권, 63쪽)

위와 같이 서울의 일본 상품을 묘사하고, 서울의 거리와 궁중의 풍속묘사도 치밀하게 하고 있다. 박태원이 서울 상하층 사람들의 생활 속 깊이 침투한 외세의 위력을 드러내는 데 필요한 형상들을 적절히 선택하여 정확성과 풍부함을 부여하고 있는 것은 박태원이 원래 세태 풍속묘사에 뛰어난 기량을 가지고 있기 때문이다.30)

---

29) 박종원·류만, 『조선문학사개관』 하(온누리, 1988), 274쪽
30) 이상경, 「동학농민전쟁과 역사소설」 『변혁주체와 한국문학』, 89쪽

넷째 동학관계의 측면에서

동학혁명을 배경으로 한 역사소설이면서 동학사상이나 동학조직에 관한 것은 배제되어 있다.

북한의 제2정당인 청우당은 동학의 후신인 천도교인들이 중심된 정당임에도 이 작품에서는 청우당이나 동학 사상에 대해 거의 언급되지 않고 있다. 「갑오농민전생」에서는 동학의 역할을 배제시키고 농민전쟁 또는 계급전쟁의 일환으로 작품화되고 있다. 이는 북한 역사학자들의 역사관이 갑오동학혁명을 농민전쟁으로 규정한 것과도 밀접한 관계가 있다.

작품에서는 보은집회에 참가한 전봉준이 동학조직을 이용하여 농민전쟁을 수행하고자 교주 최시형을 설득해 보지만 뜻이 관찰되지 않자 보은을 떠나버린다. 실제 역사적 사실로는 동학사상31) 동학의 조직32)을 이용하여 혁명을 수행한 것인데, 투쟁에는 조직이 필요하니 상식적으로 동학의 접주 조직을 이용했을 것이다. 그러나 작품에서는 정한순 오상민 등으로 하여금 '충의계' '일심계' '활빈당' 등의 조직을 하게 하여 이에 대체시키고 있다.

주인공 오상민이 고부에서 아버지 오수동을 만나 나누는 대화나, 백산전투에서의 장면을 보면 다음과 같다.

「그건 잘했다. 나도 동학에 들지 않았다 너는 내가 걷는 길로 같이
걸어가야 할 게 아니냐……」「알았습니다. 저도 아버지가 걸으시는 길

---

31) *이현희 교수는 동학의 기본사상을 인내천사상과 개벽사상으로 보고 있다.(이현희, 『동학사상과 동학혁명』, 청아출판사, 1964)
*강인수, 『한국문학과 동학사상』(지평, 1989), 21~46쪽)에는 동학의 기본사상으로, 인내천사상·개벽사상·민족주의·민간신앙을 들고 있다.
32) 동학의 조직은 접주제로서, 접주 수접주 대접주가 있다. 접주가 관장하는 집강소는 동학의 행정자치기관이며 전주화약 이후 5, 6개월간 전라도 53개 군현에 존재한 기관이며, 3차기포(갑오년 가을) 때는 이 조직이 이용되었다.

을 걷겠습니다.」「동학에 대한 나의 소견은 이렇다. 동학에서 '제세창생(세상과 백성을 구원한다는 뜻)' '보국안민'하자는 건 나도 좋다고 생각한다. 그런데 정한수 떠 놓고 주문 외는 것은 싫다. 주문이나 외워 가지고서야 '보국안민'이 되겠냐. 힘을 가지고 싸워야 하지. 내가 전 선생을 좋아하는 건 싸워서 일을 성취시키자는 게 내 뜻과 같기 때문이다.」
(「갑오농민전쟁」2부 하권, 89~90쪽)

전봉준이 백산으로 자리를 옮기자 제일 먼저 무장에서 손화중의 영을 받아 천여명이 달려오고…… 또 흥덕, 정읍, 김제, 금구에서 사람들이 모여들었는데 그 가운데 도인들도 있었으나 도인 아닌 사람들이 더 많았다. (앞의 책, 2부 하권, 91~92쪽)

「갑오농민전쟁」에는 교조신원을 위한 동학도들의 집단적인 민중집회인 공주취회, 삼례취회, 복합상소 등이 거의 언급되지 않았고, 보은취회를 압박하기 위해 모였던 남접(南接)[33] 위주의 원평취회나 개혁의 중심 역할을 한 집강소에 대해서도 아예 서술되지 않았다. 그리고 3만여의 교도들이 모였다면 주문소리가 굉장했을 텐데 이에 대한 언급도 일체 없고, 상중(喪中)의 전봉준이 보은에 가서 교주와 대좌하여 설득하는 것도 사실상 불가능한 것이다.
「갑오농민전쟁」에는 동학을 완전 외면하고 오직 계급 투쟁만을 강조한 탓으로 리얼리티가 배제되어 있다.♠

---

33) 남접이란 갑오년을 전후하여 전라도의 동학 세력을 말하며 종교성보다는 현실의 잘못을 개혁하고자 하는 전봉준의 세력을 말한다. 남접은 충청도 보은의 종교중심의 교주 최시형의 세력에 대립되는 동학 세력을 일컫는다.

김승옥

　　김승옥(金勝鈺)은 1941년 일본 오사카(大阪)에서 출생한다. 해방과 더불어 귀국하여 순천중고교를 졸업하고 1960년 서울대 불문학과에 입학한다. 1962년 한국일보 신춘문예에 단편 「생명연습」이 당선된다. 염무웅, 서정인, 최하림 등과 동인지 ≪산문시대≫를 발간한다. 단편 「건」「환상수첩」「누이를 이해하기 위하여」를 발표하고, 1964년에는 「역사」「무진기행」「차나 한잔」「싸게 사들이기」를 발표한다. 1965년 「서울, 1964년 겨울」로 동인문학상을 수상한다. 「무진기행」의 시나리오 집필로 영화계와 관계하여 김동인의 「감자」를 각색하여 영화로 만들었고, 이어령의 『장군의 수염』(영화각본)으로 대종상(각본상)을 수상한다. 1977년 『서울 달빛 0장』으로 제1회 이상문학상을 수상한다. 1979년 옴니버스 스타일의 소설 『우리들의 낮은 울타리』를 문예중앙에 발표한다.

「무진기행」과 「서울, 1964년 겨울」
― 김승옥의 문체

1. 들어가는 말

1960년대 초반 한국문단에 혜성처럼 나타난 감성적인 언어의 작가 김승옥. 그는 우리 문단에 새로운 소설의 가능성과 재미를 선사해 주었다. 그의 대표작은 신춘문예(한국일보 1962년) 당선작인 「생명연습」과, 「염소는 힘이 세다」, 「무진기행」 「서울, 1964년 겨울」 등으로 볼 수 있다. 그 외에도 「건」 「환상수첩」 「역사」 「차나 한잔」 「싸게 사들이기」 「다산성」 「시골처녀」 「누이를 이해하기 위해서」 「야행」 「60년대식」 등의 단편과, 중편 「내가 훔친 여름」, 장편 『서울 달빛 0장』 등이 있다.

「무진기행」은 시골 중심의 이야기이고 「서울, 1964년 겨울」은 도시(서울)의 이야기라는 점에서 대비가 되며, 「무진기행」은 작가 자신이 각색하여 영화화시킬 정도로 애착을 느낀 작품이었고, 「서울, 1964년 겨울」은 1965년 동인문학상 수상작이며 작가의 단편집의 표제 제목으로 두 번이나 사용할 정도의 대표작이다. 그리고 두 작품은 그 문체에 있어서 김승옥 소설을 대표한다고 보아진다.

서울 생활이 야기한 근대적 주체의 분열과 정체성의 위기를 통해서 근대성의 경험을 반영하고 있는 작품이 「무진기행」이라면, 「서울, 1964년 겨울」은 도시적 인간관계의 불모성을 통해서 근대성의 경험을 반영하고 있는 작품이다.[1]

또한 「서울, 1964년 겨울」은 서울 겨울의 밤거리의 우울한 삽화라고도 할 수 있다.

본고에서는 이 두 작품을 통하여 김승옥 문학의 특성을, 특히 그 문체에 대해서 살펴보고자 한다.

2. 귀향 모티브―「무진기행」

「무진기행(霧津紀行)」은 1964년 10월 ≪사상계≫139호에 발표된 작품으로 시간적으로는 현재로부터 과거로, 공간적으로는 도시로부터 고향 시골로 도피하는 줄거리다. 그러나 시발점과 종점은 도시요 현재다. 주인공인 '나'(윤희중)는 일상과의 거리를 두기 위해 비일상인 과거의 시골 고향으로 탈출해 보지만 결국은 일상인 현재의 위치로 회귀한다.[2]

서울과 무진이라는 두 개의 공간은 두 가지 삶의 양식을 말한다. 작품에서는 서울의 모습은 전면에 드러나지 않고 피상적으로 언급되고 무진에서의 일들만이 일관하고 있다. 무진의 의미는 먼저 안개가 상징하는 의미를 밝히는 데서부터 시작된다.

---

1) 공종구, 「김승옥 소설의 근대성」, 『한국 근·현대 작가·작품론』(새미, 2001), 39쪽
2) 김명석, 「김승옥론―일상성의 경험과 탈출의 미학」, 『현역중진작가연구1』(국학자료원, 1997), 22~23쪽)에도 이와 유사한 언급을 하고 있다.

안개는 마치 이승에 한(恨)이 있어서 매일 밤 찾아오는 여귀(女鬼)가 뿜어놓은 입김과 같았다. 해가 떠오르고, 바람이 바다 쪽에서 방향을 바꾸어 불어오기 전에는 사람들의 힘으로써는 그것을 헤쳐버릴 수가 없었다. 손으로 잡을 수 없으면서도 그것은 뚜렷이 존재했고 사람들을 둘러쌌고 먼 곳에 있는 것으로부터 사람들을 떼어놓았다. 안개, 무진의 안개, 무진의 아침에 사람들이 만나는 안개, 사람들로 하여금 해를, 바람을 간절히 부르게 하는 무진의 안개. 그것이 무진의 명산물이 아닐 수 있을까?3)

화자인 '나(윤희중)'의 무진으로의 귀향은 "서울에서의 실패로부터 도망해야 할 때이거나 하여튼 무언가 새 출발이 필요할 때였었다." 이것은 마치 무슨 통과의례처럼 행해져 왔다.

일상 곧 도시의 삶의 현장을 떠나 아무런 구속이 없는 자유분방한 상태에서 그 곳 세무서 서장이요 동기생인 조군을 만나고 후배인 중학교 국어 담당인 박 선생을 만나고 음악교사 하인숙을 만난다. '나'는 하인숙에게서 젊은 날 폐병을 앓으며 골방에 처박혔던 자신의 분신을 만나게 된다. 한편으로 하인숙에게 있어서 '나'는 도시의 유혹과 같은 존재다.

사랑하고 있습니다. 왜냐하면 당신은 제 자신이기 때문에 적어도 제가 어렴풋이나마 사랑하고 있는 옛날의 저의 모습이기 때문입니다 (『한국소설문학대계』 45, 180쪽)

한 번만, 마지막으로 한 번만 이 무진을, 외롭게 미쳐 가는 것을, 유행가를, 술집 여자의 자살을, 배반을, 무책임을 긍정하기로 하자. 마지막으로 한 번만이다. 꼭 한 번만. 그리고 나는 내게 주어진 한정된 책임 속에서만 살기로 약속한다.(앞의 책, 179쪽)

---

3) 『한국소설문학대계』45 김승옥편(동아출판사, 1995), 154쪽

무진과 서울은 대립구조다. 무진을 사랑할 때 서울은 싫어지게 된다. 무진을 긍정하는 것은 이번이 마지막이다. 나는 이제 현실과 일상으로 돌아가 새롭게 자리잡은 서울에서 회사의 전무로서의 삶을 살아야 한다.

「무진기행」은 일상으로부터의 탈출을 의미하며, 고향 무진은 자유로운 낭만과 멋과 추억이 깃든 곳이요 무질서한 본능의 세계이다. 주인공이 고향 무진으로 가는 것은 서울의 실패로부터 새 출발을 꿈꾸기 위해서다.

3. 도시인의 소외와 고독-「서울, 1964년 겨울」

「서울, 1964년 겨울」은 1965년 6월 ≪사상계≫147호에 발표된 작품으로 두 개의 서사 단락으로 이루어져 있다. 하나는 포장마차에서의 '안'이라는 대학원생과 '나'가 벌이는 대화이고, 그 다음은 두 사람의 대화에 끼어든 중년의 서적판매원과 합세하여 거리를 다니다가 중년의 사내가 여관방에서 자살하는 데 이르기까지, 그 세 사람이 주고받는 대화다.

"서울은 모든 욕망의 집결지"라는 등장인물 '안'의 말처럼 도시에서의 대중사회의 조건과 자본의 논리가 드러나고 있다. '나'는 고등학교를 졸업한 구청 병사계 직원이며, 포장집에서 우연히 만난 상대는 부잣집 장남으로 '안'이라는 대학원생이다. 둘의 유사점은 스물다섯이란 나이밖에 없다. 그리고 뒤늦게 이들에게 구걸하다시피 하여 합류한 서른대여섯 살의 중년 사내는 아내의 시체를 팔아 지닌 돈을 그날 밤에 다 써버리려고 작정한 사람이다. 이 작품은 도시인의 소외감을 통한 소통의 단절을, 그 특성으로 하고 있으며 이 소통 단절 내지 고독감은 그 익명성에서 드러나고 있다.

등장인물 셋은 '김형' '안형' '아저씨'와 같이 익명으로 등장한다. 작가는 대화의 내용은 구체적으로 소개하지만 등장인물들에 대해서는 외면하며 서로가 성만 소개하면서도 "뭐 그렇고 그런 자기 소개"라고 하고 있다.

"김형, 꿈틀거리는 것을 사랑하십니까?"
하고 그가 내게 물었던 것이다.
"사랑하고 말구요." 나는 갑자기 의기양양해져서 대답했다. (중략)
"그렇지만 그 동작은 오르내린다는 것이지 꿈틀거린다는 것은 아니군요. 김형은 아직 꿈틀거리는 것을 사랑하지 않으시구먼. (중략)
"그렇죠?" 나는 즐거워졌다. "그것은 틀림없이 꿈틀거립니다. 나는 여자의 아랫배를 가장 사랑합니다. 안형은 어떤 꿈틀거림을 사랑합니까?"
"어떤 꿈틀거림이 아닙니다. 그냥 꿈틀거리는 거죠. 그냥 말입니다. 예를 들면……데모도……."
"데모가? 데모를? 그러니까 데모……."
"서울은 모든 욕망의 집결지입니다. 아시겠습니까?"
"모르겠습니다."라고 나는 할 수 있는 한 깨끗한 음성을 지어서 대답했다.
그때 우리의 대화는 또 끊어졌다. 이번엔 침묵이 오래 계속되었다.
(앞의 책, 216~217쪽)

위에서 '나'는 꿈틀거리는 것을 데모로 가정해 놓고 물었는데, 상대인 안형은 여자와의 성교를 생각하고 있다. 또한 '안'은 '꿈틀거린다'와 '오르내린다'를 구별하면서 '나'(김)가 사용한 어휘를 논외로 밀어내려고 하는 지식인의 특성을 드러내며, '안'은 데모나 본능 같은 꿈틀거리는 것을 묶어 욕망이라고 정의를 내린다. 사람 사이의 의사소통의 단절로 겨우겨우 대화가 이어지고 있다.

결국 그렇고 그렇다. 또 한 번 확인된 것에 지나지 않는다고 생각하면서 "자, 그럼 다음에 또……"라고 할까, '재미있었습니다'라고 말할까,

궁리하고 있는데……. (앞의 책, 219쪽)

위의 인용문에서 드러나듯이 도시인의 일상생활 속에서의 상투적인 언어사용법이 가진 허위성을 풍자하고 있다. '다음에 또'라고 하지만 다시 만날 기약은 전혀 없다. '재미있었습니다'도 상투적인 친교 언어일 뿐이다.4)

"우리 다른 얘기합시다."하고 그가 말했다. (중략)
"평화시장 앞에 줄지어 선 가로등 중에서 동쪽으로부터 여덟 번째 등은 불이 켜 있지 않습니다."
나는 그가 어리둥절해 하는 것을 보자 더욱 신이 나서 얘기를 계속했다.
"……그리고 화신 백화점의 육층 창들 중 세 개에서만 불빛이 나오고 있었습니다……." (중략)
그가 빠른 말씨로 얘기하기 시작했다.
"서대문 버스 정류장에는 사람이 서른 두 명 있는데 그 중 여자가 열일곱 명이 있고, 어린애는 다섯 명, 젊은이는 스물 한 명, 노인이 여섯 명입니다." (앞의 책, 220쪽)

상대를 골려주기 위한 대화만을 위한 대화, 의미 없는 도시인의 심각한 현실을 떠난, 현실에는 관심없는 이야기로 이어지고 있다. 자기만이 소유한 비밀을 상대방이 알고 있다는 것에서 공감대를 느낄 뿐이다.
다음으로 뒤늦게 합류하게 된 중년의 사나이에 대해 살펴보기로 한다.

우리 곁에서 술잔을 받아놓고 연탄불에 손을 쬐고 있던 사내였는데 (중략)
"미안하지만 제가 함께 가도 괜찮을까요? 제게 돈은 얼마든지 있습

---

4) 김명석, 앞의 글, 27쪽

니다만 ……."이라고 그 사내는 힘없는 음성으로 말했다. (앞의 책, 224쪽)

사내는 아내의 시체를 팔아 생긴 돈을 함께 써버릴 동행을 구하고 있었다. 사내는 죽은 아내와 돈의 출처에 대해 누구에게라도 얘기하지 않을 수 없었다. 그 돈으로 중국집에서 천원 어치 저녁을 먹고, 사내는 "내 아내가 사 주는 거야."라고 말하며 양품점에 들어가 알록달록한 넥타이를 사주며 육백원을 지불하고, "아내는 귤을 좋아했다."는 외침과 함께 삼백원 어치 귤을 산다. 불자동차를 좇아가는데 택시비 삼십원을 지불하고 나니 천구백원하고 동전 몇 개, 십원 짜리가 몇 장. 불구경을 하다가 불 속에서 아내의 환영을 본 사내는 남은 돈을 모두 불길에 던져버림으로써 마침내 돈을 다 써버린다. 그리고 그 사내는 다음 날 시체로 발견된다. 주검을 본 김과 안은 황급히 자리를 떠난다.

아내의 주검이 몇 천원의 돈으로 교환되자 사내는 더욱 고독해졌고 그 돈을 모두 써버리고 자신도 죽음을 선택하게 된다. 소시민의 행복은 아내의 죽음으로 일시에 무너진다. "혼자 두면 죽지 않을 줄 알았습니다. 그게 내가 생각해낸 최선의 그리고 유일한 방법이었습니다."라고 하는 안의 변명이나, "난 그 양반이 죽으리라고는 생각도 못했으니까요 씨팔 것……." 이라고 말하는 김의 푸념은 타인에 대해 철저히 방관자로 살아가는 현대 도시인의 모습이다. 그리고 그들은 사내의 절망을 아예 이해하려고도 않는다. 여기서 안과 김은 주인공이며 사내는 제3의 인물인 것이다. '안'은 "김형, 우리는 분명 스물 다섯 짜리죠?"라고 질문을 던지며, "우리가 너무 늙어 버린 것 같지 않습니까?"라는 생각과 함께 두려움을 고백한다.

「서울, 1964년 겨울」은 한 마디로 현대 도시인의 소통 단절의 양상을 압축적으로 보여주고 있다.[5]

이 소설에 등장하는 세 인물에 대해 그들을 연결시키는 고리는 아무것도 없다. 그들은 아무런 이해관계도 없으며 직업과 환경도 다르다. 포장마차에서 우연히 만나 하룻밤을 보내게 될 뿐이다.

자본주의에서는 경쟁의 원리와 생산의 원리가 적용되기 때문에 세속화와 소외의 부정적인 양상을 낳으며 그 결과 대중들은 외로운 존재가 되어 소통의 단절을 가져오게 된다.

"꿈틀거리는 것을 사랑하십니까"로부터 시작된 대화는 "데모가? 데모를? 그러니까 데모……."에까지 이른다. 대화의 내용은 해체적이고 매우 유희적이다.

대화는 더욱 발전하여 "평화시장 앞에 줄지어 선 가로등들 중에서 동쪽으로부터 여덟 번째 등은 불이 켜 있지 않습니다."로부터 "서대문 버스 정류장에는 사람이 서른 두 명 있는데 그 중 여자가 열 입곱 명이었고, 어린애는 다섯 명, 젊은이는 스물 한 명 노인이 여섯 명입니다."에 이른다.

공허한 말놀이, 끝없는 평행선, 스물다섯의 동갑내기가 공유할 수 있는 대화. 구청 병사계 직원인 나와 대학원생인 안. 안과 나의 위악적인 대화가 계속된다.

정열과 진정성을 갖추어야 할 젊은이들이 왜 이렇게 소모적인 방황과 작위적인 말의 유희에 매달리는 이유는 무엇일까?

진정한 의사소통이 불가능하다는 것을 서로가 알고 있기 때문이다. 실존적 교류가 불가능하다는 것은 고독을 말한다. 자폐적인 비인간화된 사회의 일단을 말한다. 스물다섯의 젊은이가 너무 늙어버린 것이다. "나는 심각한 얘기를 좋아하는 이 친구를 골려주기 위해서"라는 말과 "'재미있었습니다'라고 말할까 궁리하고 있는데"라는 진술이 말하듯 재미없음을 상정해 놓고 하는 말이 되어버렸다.

---

5) 이호규, 「근대화와 일상인-김승옥」, 『1960년대 소설연구』(새미, 1994), 204쪽

4. 문체

1) 감수성의 언어

"문체는 곧 사람이다."란 말이 있듯이, 문체는 개성적이고 개인적인 특징이 고도의 기법에 의해 성취될 때에 결과되는 언어예술이라 할 수 있다. 곧 문체란 담론에서 취해진 태도, 어조, 방침이다.

문체는 작자의 개성이나 사상이 문장을 구성하는 어구나 표현양식에 반영되어 있는 특색인 것이다.[6]

김승옥의 문학에서의 특징은 그 문체에서 찾을 수 있으며, 그 문체의 특성은 감수성이라 할 수 있다.

도회적 감성과 언어 감각이 김승옥 문학의 본질이며 달리 김수성의 혁명이라 할 수 있다.[7]

그리고 「무진기행」은 안개와 수건거림으로 보아 60년대 문학의 특징으로 삼기도 한다.[8]

신선한 언어감각과 그 감각의 상업화의 가능성을 동시에 지닌 김승옥의 문체가 현대소설사에 지속적 연구 대상이 되고 있으며 이 외에도 김승옥에서 신경숙, 최윤, 윤대녕으로 이어지는 감수성의 계보를 구성한 논문도 있다.[9]

그럼 감수성이란 무엇인가? 간략히 말하여 감수성(sensibility)이란 감성,

---

[6] 한용환, 『소설학사전』(고려원, 1992), 155~156쪽
   『원색세계대백과사전』 11(한국교육문화사, 1994), 294쪽
[7] 유종호, 「감수성의 혁명」, 『유종호 전집 1-비순수의 선언』(민음사, 1995)
[8] 정현기, 「안개와 수건거림과 애욕의 시대를 지켜본 작가」, 『이상문학상 수상작가 대표작품선 7』(문학사상사, 1986)
[9] 이혜원, 「경계인들의 초상」, 《작가연구》 6호(새미, 1998.6)

즉 이성에 대립되는 개념으로 정서적 의식 성향인 것이다.[10] 또한 감수성이란 어떤 사물을 통해 대상을 인식하고 미적으로 형상화하는 작가의 능력이라 할 수 있다.[11]

　김승옥 소설이 독자에게 경이로운 즐거움을 주는 이유는 무엇일까? 그것은 내용적인 면과 형식적인 면으로 나누어 볼 수 있다. 「무진기행」을 예로 들어 설명하자면, 내용적인 면으로 보면 「무진기행」은 아내 덕분에 출세한 윤희중이 건강을 위해 모처럼 무진에 내려갔다가 사흘간 머물면서 술자리에서 중학 동창과 후배와 음악 선생을 만나고, 그 다음날 음악 선생과 동침하고 귀경한다는 줄거리다. 이야기로 보아서는 별로 극적인 사건도 없고 반전도 없다. 그러므로 독자들에게 이 작품을 눈부시게 하고 황홀하게 하는 힘은 글쓰는 형식 곧 문체에 있다. 「무진기행」은 그 서두에서부터 그 독특한 문체에 이끌리게 된다.
　안개의 표현과 버스의 덜컹거림의 감지를 이렇게 표현하고 있다.

　　　아침에 잠자리에서 일어나 밖으로 나오면, 밤 사이에 진주해 온 적군들처럼 안개가 무진을 뺑 둘러싸고 있는 것이었다. (앞의 책, 154쪽)

　　　버스의 덜커덩거림이 더하고 덜하는 것을 턱으로 느끼고 있었다. (앞의 책, 154쪽)

　세무서장 조의 요청에 의해 그녀는 아리아로 길들여진 성대로 '목포의 눈물'을 부르는 하 선생의 음성을 이렇게 표현하고 있다.

　　　그 여자의 '목포의 눈물'은 이미 유행가가 아니었다. 그렇다고 '나비

---

10) 김용직, 『문예비평용어사전』(탐구당, 1985), 3~5쪽
11) 김명석, 「김승옥의 소설과 감수성의 글쓰기」, 『한국소설과 근대적 일상의 경험』(새미, 2002), 92쪽

부인' 중의 아리아는 더욱 아니었다. 그것은 이전에는 없었던 어떤 새로운 양식의 노래였다. 그 양식은 유행가가 내용으로 하는 청승맞음과는 다른, 좀더 무자비한 청승맞음을 표현하고 있었고 '어떤 개인 날'의 그 절규보다도 훨씬 높은 옥타브의 절규를 포함하고 있었고, 그 양식에는 머리를 풀어헤친 광녀의 냉소가 스며 있었고 무엇보다도 시체가 썩어가는 듯한 무진의 그 냄새가 스며 있었다. (앞의 책, 165쪽)

무진중학 출신으로 성공한 세무서장 조의 속물근성을 표현하는 대목에서의 문체는 화자인 주인공 자신의 속물근성을 발견하고 있다.

"월말에다 토요일이 되어서 좀 바쁘다." 그는 말했다. 그러나 그의 얼굴은 바쁜 것을 자랑스럽게 여기고 있었다. 바쁘다. 자랑스러워할 틈도 없이 바쁘다. 그것은 서울에서의 나였다. (앞의 책, 173쪽)

"내 색싯감이 그 정도로밖에 안 보이나?" 그가 말했다. "그 정도가 뭐 어때서?" "야, 이 약아빠진 놈아, 넌 빽좋고 돈 많은 과부를 물어놓고 기껏 내가 어디서 굴러들어온 줄도 모르는 음악선생이나 차지하고 있으면 맘이 시원하겠다는 거냐?" 말하고 나서 그는 유쾌해서 죽겠다는 듯이 웃어댔다. (중략)
"야 세상 우습더라. 내가 고시에 패스하자마자 중매장이가 막 들어오는데……그런데 그게 모두 형편없는 것들이거든. 도대체 여자들이 성기(性器) 하나를 밑천으로해서 시집가 보겠다는 고 배짱들이 괘씸하단 말야." (앞의 책, 174쪽)

그리고 하인숙과 낮에 잠자리를 한 장면의 상황을 경이롭게 표현하고 있다.

나는 그 방에서 여자의 조바심을, 마치 칼을 들고 달려드는 사람으로부터, 누군지가 자기 손에서 칼을 빼앗아 주지 않으면 상대편을 찌르고 말 듯한 절망을 느끼는 사람들로부터 칼을 빼앗듯이 그 여자의 조바심

을 빼앗아 주었다. 그 여자는 처녀는 아니었다. (앞의 책, 174쪽)

독자들이 「무진기행」을 읽으면서 시종일관 흥미롭게 느끼는 것은, 참신한 문체의 특성에서 비롯된 서술 묘사 대화들일 것이다. 문체의 특성은 '적절하게 말하기'에서 연유한 것이다.

> 무진에 명산물이 없는 게 아니다. 나는 그것이 무엇인지 알고 있다. 그것은 안개다. 아침에 잠자리에 일어나서 밖으로 나오면, 밤 사이에 진주해 온 적군들처럼 안개가 무진을 뼁 둘러싸고 있는 것이었다. 무진을 둘러싸고 있는 산들도 안개에 의하여 보이지 않는 먼 곳으로 유배당해 버리고 없었다. (앞의 책, 154쪽)

> 햇빛의 신선한 밝음과 살갗에 탄력을 주는 정도의 저온, 그리고 해풍에 섞여 있는 정도의 소금기, 이 세 가지만 합성해서 수면제를 만들어 낼 수만 있다면 그것은 이 지상에 있는 모든 약방의 진열장 안에 있는 어떠한 약보다도 가장 상쾌한 약이 될 것이고 그리고 나는 이 세상에서 가장 돈 잘 버는 제약회사의 전무님이 될 것이다. (앞의 책, 156쪽)

주인공 윤희중은 고향 무진으로 가는 버스 속에서 몽상에 잠기며 앞자리의 승객이 주고받는 대화에 무진엔 명산물이 없다는 말에 안개를 연상했고 또한 반가수상태에서 수면제를 만들어 돈을 버는 걸 상상했다.

안개의 이미지는 여귀(女鬼)로 여귀는 시체와 하인숙으로 연상되어, 죽음과 정사로 이어진다. 감수성의 글쓰기는 단순한 감각적 문체에 있는 것이 아니고 감각적 사고를 하는 인물 설정에 의해 이루어진다.

작가 김승옥의 정신구조가 '시적'이고 '환상적'이라는 사실을 보여주는 것은 그의 작품 세계를 지배하는 바다와 죽음의 이미지다. 이를 구체화시킨 상징적 이미지는 「건」에서 비롯하여 「환상수첩」과 대표작 「무진기행」에 이르러 작가의 감수성을 표현하는 핵심적인 요소로 부각된다.[12]

「서울, 1964년 겨울」의 감수성의 언어는 대화에 보다 더 잘 나타나고 있지만 지문에도 엿볼 수 있다.

> 1964년 겨울을 서울에서 지냈던 사람이라면 누구나 알고 있겠지만, 밤이 되면 거리에 나타나는 선술집―오뎅과 군참새와 세 가지 종류의 술 등을 팔고 있고, 얼어붙은 거리를 휩쓸며 부는 차가운 바람이 펄럭거리게 하는 포장을 들추고 안으로 들어서게 되어 있고, 그 안에 들어서면 카바이트 불의 길쭉한 불꽃이 바람에 흔들리고 있고, 염색한 군용잠바를 입고 있는 중년 사내가 술을 따르고 안주를 구워주고 있는 그러한 선술집에서, 그날 밤, 우리 세 사람은 우연히 만났다.

이 작품의 첫머리는 이렇게 한 문장으로 감수성을 나타내고 있다. 이러한 감수성의 언어는 다른 작품에서도 나타나고 있다.

> 온 들에 황혼이 내리고 있었다. 들이 아스라니 끝나는 곳에는 바다가 장식처럼 붙어 보였다. 그 바다가 황혼녘엔 좀 높아 보였다. 들을 건너서 해풍이 불어오고 있었지만 해풍에는 아무런 이야기가 실려 있지 않았다. 짠 냄새뿐 말하자면 감각만이 우리에게 자신을 떠맡기고 지나갈 뿐이었다. ― (김승옥,「누이를 이해하기 위해서」, 《산문시대》 4집 1963.6)

등장인물의 성격은 창작방법까지 규정할 수 있으며 우리들은 감각을 통해서 세계를 인식하고 있다. 해풍은 이야기를 전해 주는 것이 아니라 감각을 떠맡기고 있다.

---

12) 김명석, 앞의 글, 앞의 책, 106쪽

2) 대화의 묘미

감수성의 표현은 지문에서도 잘 나타나지만, 대화에서 더욱 선명히 나타나고 있다. 두 작품에 나타난 대화의 특성에 대해 살펴보기로 한다.

> 우리는 다리를 건너고 있었다. 검은 풍경 속에서 냇물은 하얀 모습으로 뻗어 있었고 그 하얀 모습의 끝은 안개 속으로 사라지고 있었다. "밤엔 정말 멋있는 고장이에요." 여자가 말했다. "그래요? 다행입니다." 내가 말했다. "왜 다행이라고 말씀하시는 줄 짐작하셨어요?" 내가 물었다. "사실은 멋이 없는 고장이니까요. 제 대답이 맞았어요?" "거의." 우리는 다리를 다 건넜다. (앞의 책, 166쪽)

> ······ "박선생님은 꽁생원이에요." 여자는 유쾌한 듯이 높은 소리로 웃었다. "선량한 사람이죠." 내가 말했다. "네, 너무 선량해요." "박군이 하선생을 사랑하고 있다는 생각을 해 본 적은 없었던가요?" "아이, 하선생 하선생 하지 마세요. 오빠라고 해도 제 큰오바뻘이나 되실 텐데요." "그럼 무어라고 부릅니까?" "그냥 제 이름을 불러주세요. 인숙이라고요." "인숙이 인숙이." 아주 낮은 목소리로 중얼거려 보았다. "그게 좋군요." 나는 말했다.(앞의 책, 167쪽)

다음으로 「서울, 1964년 겨울」을 살펴본다.

「서울, 1964년 겨울」은 도시 대중의 일상적인 언어의 문체이다. 도시 대중의 담론적 특징은 첫째 도덕적인 자의식 없이 사소한 일상의 자기 세계에 만족하고 이를 즐기는 유희적인 언어, 둘째 침묵과 단절이 반복됨에 따라 상호 경험의 공유가 불가능한 소통 장애의 언어, 셋째 형식적이고 표면적인 소통 이면의 거짓의 언어가 그것이다.[13]

첫째 항목은 '안'과 '나'의 유희적인 대화에서 잘 나타나고 있다.

---

[13] 최인자, 「김승옥 소설 문체의 사회학적 연구」, 『현대소설연구』 제10호, (1999.6, 현대소설학회, 365쪽

"김형, 꿈틀거리는 것을 사랑하십니까?"(앞의 책, 216쪽)

"평화사장 앞에 줄지어 선 가로등들 중에서 동쪽으로부터 여덟 번째 등은 불이 켜 있지 않습니다."(앞의 책, 220쪽)

둘째 항목의 침묵과 소통의 단절도 '안'과 '나'의 대화에서 잘 나타나고 있다.

"데모가? 데모를? 그러니까 데모······."
"서울은 욕망의 집결지입니다. 아시겠습니까?"
"모르겠습니다."라고 나는 할 수 있는 한 깨끗한 음성을 지어서 대답했다.
그때 우리의 대화는 또 끊어졌다. 이번엔 침묵이 오래 계속되었다.
(앞의 책, 217쪽)

셋째 항목은 서로 다른 길을 걸어 그날 밤 포장집에서 우연히 만난 스물다섯의 동갑내기 두 청년은 말의 유희를 즐기다가 그게 진실이 아님을 알게 된다.

또 한 번 확인된 것에 지나지 않다고 생각하면서 '자, 그럼 다음에 또······'라고 말할까 '재미있었습니다'라고 말할까, 궁리하고 있는데 술잔을 비운 안이 갑자기 한 손으로 내 한쪽 손을 살그머니 잡으면서 말했다.
"우리가 거짓말을 하고 있다고 생각하지 않습니까?"
"아니오." 나는 조금 귀찮은 생각이 들었다. "안형은 거짓말을 했는지 모르지만 내가 한 얘기는 정말이었습니다."
"난 우리가 거짓말을 하고 있었던 것 같은 느낌이 듭니다."(앞의 책, 219쪽)

「무진기행」과 「서울, 1964년 겨울」 251

5. 맺음말

　김승옥 소설의 특징은 그 감수성에 있다. 그리고 그 감수성을 가장 잘 나타낸 작품은 「무진기행」과 「서울, 1964년 겨울」이다.
　「무진기행」은 귀향 모티브로서 서울에서의 실패와 새 출발을 위한 한 방편이며, 고향 무진은 비일상의 추억의 낭만의 또는 본능의 자유로운 분출지로서의 고향이다.
　「서울, 1964년 겨울」은 도시인의 소외와 고독을, 그리고 소통 단절로 보여주고 있다. 익명의 세 사나이가 포장집에서 겨울밤에 만난 유희적이고 위선적인 대화를 즐긴다.
　두 작품에서 드러난 감수성적인 문제를 서술과 묘사를 통해서 그리고 대화를 통해서 살펴보았다. 김승옥은 60년대의 우울을, 아름답고 서정적이며 시니컬한 문체로 보여주고 있다.♠

이인화

　본명 류철균, 1966년 대구에서 출생, 1988년 평론 「유황불의 경험과 리얼리즘의 깊이」로 계간 ≪문학과사회≫로 등단. 1989년 서울대 국문과 졸업. 서울대 대학원 졸업(문학박사).
　현재 이화여대 국문과 교수, 1992년 『내가 누구인지 말할 수 있는 자는 누구인가』로 제1회 작가세계문학상 수상, 1993년 장편 『영원한 제국』 출간

「영원한 제국」과 역사소설
— 이인화

1. 머리말

이 글의 목적은 먼저 역사소설이란 무엇인가에 대한 개념 정의를 내리는 일과, 장편 역사소설 「영원한 제국」[1]을 통해 역사소설의 문제점과 그 방향을 고찰해 보려는 것이다.

「영원한 제국」을 연구의 대상으로 삼은 것은, 종전의 역사소설과는 달리 지식인의 권력투쟁을 추리형식으로 쓴 새로움 때문이다.

역사소설에 대한 개념 정의를 위해 역사와 문학과의 관계에 대해 모색하는 일이 선행되어야 하겠고, 또한 한국 역사소설의 흐름을 살펴봄으로써 「영원한 제국」이 한국 역사소설에 있어서 어떤 위상을 차지하는가를 알게 될 것이다. '본말2'에서는 논의의 작품과 리얼리티에 대해 그리고 작품과 지식인 소설에 대해 몇 가지 문제점을 살펴보고자 한다.

---

1) 이인화, 「영원한 제국」(서울, 세계사, 1993.9)

2. 본 말 1

1) 역사소설의 개념

1.1) 역사와 소설

역사소설이란 역사상의 사건 인물 등을 소재로 한 소설 양식2)이라고 정의할 수 있지만, 이는 소재 중심의 사전적인 개념에 불과하다. 역사소설의 올바른 정의를 내리기 위해서 먼저 역사와 소설과의 차이 내지 유사점을 탐색해 보고자 한다.

이상신은 그의 「문학과 역사」3)에서 '역사적 서술'과 '소설적 표현'이란 용어를 쓰면서 역사는 인간의 사회적 삶, 즉 집단적 생활을 사실 그대로 서술해야 하기 때문에 표현과 구성을 자유스럽게 하면서 인간과 사물의 본질에 보다 접근할 수 있다면 더욱 더 허구적으로 자유스런 방법을 구사할 수 있다고 했다. 그러므로 역사는 집단성 객관성 논리성에 의한 서술이고 소설은 추리성 주관성이 작가의 상상력에 의해 묘사된다는 뜻이다. 역사는 제도에 더 중점을 두고 사료적 인물을 취급하며 그 인물의 성격도 표면에 나타난 때에만 취급하나, 소설은 개인에 더 중점을 두고 인물의 기질과 숨겨진 그의 인생을 근원에서 밝혀내는 데 치중하며 특히 내적인 감정·정열·의도 등을 파악한다 할 수 있다. 곧 지나간 역사를 연구하는 데는 과학성이, 서술하는 데는 문학성을 필요로 하는 것이 역사의 기술이다. 곧 역사의 문학성을 무시할 수 없게 되는 것이다. 그러다 보면 역사소설은

---

2) 『한국문학 대사전』(고려출판사, 1991). 『세계문학대사전』(학원출판사, 1983)
3) 이상신, 『문학과 역사』(민음사, 1982)

대중성으로 흐르기 쉽다. 신문학 당시 이광수, 박종화, 김동인 등에 의해 발표된 많은 역사 소재의 소설이 다분히 계몽적인 관점에서 우리 민족사를 쉽게 대중에게 접근시키려고 했던 것은 이의 좋은 예가 된다.

역사와 문학의 공통점은 과거의 역사적 사실이나 사료에 근거하고 있다는 것과 역사가나 작가는 공통적으로 어느 정도의 직관을 필요로 하며, 둘은 다같이 인간의 모습들을 진실되게 그려내려고 한다는 것이다.

극작가나 소설가가 역사적 인물이나 사건들을 취급할 때 그 줄거리는 변경할 수 없지만 그들 자신의 상상과 허구로써 여러 군데의 공간을 메워 나간다. 이때 이것들이 역사 현실과 부합되지 않을 때 비역사적이라고 지적 받는다.4) 홍사중은 "역사와 문학의 공통점은 다같이 인간을 다루고 또한 개별적인 사실을 통해 보편적인 것을 지향하는 것이다. 그 차이점은, 첫째 역사가는 '사실'만을 추구하고 있는데 비해 작가는 '사실'보다는 '진실'을 추구하고 있다. 둘째 역사가는 과학적 방법에만 의존하고 있는데 비해 문학은 상상력에 의존하고 있다. 셋째 역사는 동기보다 결과를 중요시하고 문학은 결과보다는 동기를 중요시한다"5)라고 말했다.

역사와 문학이라 할 때는 반드시 역사적 현실이란 말과 역사의식이란 말이 전제되어야 한다.

작가가 아무리 상상력을 발휘하여 역사적 사건이나 인물을 진실되게 그려냈다고 하더라도 역사적 현실을 완전 무시했을 때, 이는 '리얼리티가 없다. 비역사적이다. 나아가 엉터리요 거짓말이다'라는 지탄을 받게 마련인 것이다.

역사적 현실을 무시하여 수많은 독자들로 하여금 잘못된 역사인식을 가져오게 한다면 이는 작가로서의 기본 임무를 망각한 행동이다. 극작가 신

---

4) 이상신, 앞의 책, 38쪽
5) 홍사중, 「역사와 문학」, 《실천문학》 2호 1981.12, 38쪽

봉승의 논문 「역사소설의 검증을 서둘러야 한다」6)에서는 신숙주와 부인 윤씨의 죽음에 관한 오류를 검증하고 있다.

①송와잡기(宋窩雜記) :

신숙주공이 세종조의 팔학사에 참례하여 더욱더 성삼문과 가장 친밀하더니 병자년의 난에 성삼문 등의 옥사가 일어났다. 그날 밤 공이 집으로 돌아오니 중문이 환히 열려 있었으나 윤 부인은 보이지 않았다. 공이 방안을 살펴본즉 부인이 홀로 다락 위로 올라가서 두어 자 되는 베를 가지고 들보 밑에 있었으므로 그 까닭을 물었더니 "당신이 평일에 그들과 함께 죽을 것이므로 통지가 있기를 기다려서 자결하기로 하였더니, 이제 당신이 살아서 돌아온 것은 생각밖의 일이요." 하므로 그가 심히 부끄러워서 몸둘 곳을 모르는 듯 하였다.

②목메이는 여자(박종화의 단편) :

윤씨는 눈을 똑바로 뜬 채 꼼짝도 하지 않고 왼종일 서 있었던 그 자리에 가만히 서 있었다. 숙주가 아무런 기운 없이 댓돌에 막 올라설 때 윤씨는 "왜 영감님은 죽지 않고 돌아오세요."하였다. 숙주의 얼굴은 벌개졌다. 그는 고개를 숙이고 입안엣말로 "아이들 때문에……."라고 중얼거렸다. 윤씨는 숙주의 꼴이 끝없이 더러워 보였다. 그는 자기 남편의 절개 없는 게 퍽 분하였다. 평시에 밤낮없이 충신은 두 임금을 섬기지 않는다고 하던 숙주의 입이 똥보다도 더러웠다. 그는 자기도 모르게 분함을 이기지 못하여 숙주의 얼굴에 침을 뱉어버렸다. 이 무안을 당한 숙주는 아무 말 없이 바로 사랑을 나갔다. 그 이튿날 동이 훤하게 틀 때였다. 마당을 쓸려 안으로 들어갔던 하인은 높다란 누마루 대들보에 길다란 허연 무명 수건에 목을 걸고 늘어진 주인마님 윤씨 부인의 시체를 보았다.7)

---

6) 신봉승, 「역사소설의 검증을 서둘러야 한다」, 『현대소설연구』 창간호(현대소설연구회, 1994.8) 27~33쪽. 이해의 편의를 위해 내용은 그대로 하되 순서와 기호를 조금 바꿈.
7) 『월탄박종화문학전집』 제4권(삼경출판사, 1980) 344쪽. 『목메이는 여자』는 1923년 ≪백조≫ 3호에 발표됨.

③ 단종애사(이광수의 장편) :

"……여러분의 옥사가 생기었으니 필시 대감님도 함께 돌아가실 줄만 알고 돌아가시었다는 기별만 오면 나도 따라 죽을 양으로 이렇게 기다리고 있는데 대감이 살아 돌아오실 줄은 뉘 알았겠소."하고 소리내어 통곡한다. 부인의 이 말에 숙주는 부끄러워서 머리를 숙이고 어찌할 바를 모르다가 고개를 들며 "그러니 저것들은 어찌하오?"하고 방에 들어선 아이들을 가리킨다. 이 때에 숙주와 부인 사이에는 아들 팔형제가 있었다. 나중에 옥쇄를 위조하여 벼슬을 팔다가 죽임을 당한 정이 그 맏아들이다. 그러나 숙주가 이 말을 하고 고개를 든 때에는 부인은 벌써 보국에 목을 메고 늘어지었다.8)

위의 글을 통하여 이광수와 박종화는 「송와잡기」의 모함하는 글에만 의존하여 소설을 썼다는 것을 알 수 있다. 많은 국민들도 이 소설을 읽고 이 사실을 진실로 받아들이고 있다. 그러나 실제 역사의 기록을 보면 신숙주와 윤 부인의 앞의 이야기가 완연 거짓말임을 알 수 있다.

④ 『세조실록』 2년 1월 23일 조 :

임금이 대제학 신숙주의 처 윤씨의 병이 위독하다는 말을 듣고, 명하여 도승지 윤자운에게 약을 가지고 가서 구료하게 하였더니 갑자기 부음을 듣고 임금이 놀라고 애도하여 철선(撤膳)하게 하였다……신 대제학은 다른 공신의 예와 다르고 멀리 외방에 있으며 또 여러 아들이 어리니, 나의 애측함은 다 말할 수가 없다. 정원에서 포치하여 관에서 엄장하게 하며, 또 관원을 보내어 치찰(致察)하는 등의 일을 상세히 아뢰도록 하라.

위의 세조실록과 같은 기록은 「식소록(識小綠)」 「연려실기술」 등에도 "윤

---

8) 『이광수전집』(삼중당, 1964)제5권, 320쪽

부인이 병자년 정월에 죽었고 六臣의 옥사는 4월의 일"이라고 기록되어 있다.

유명한 한국의 문호라 할 수 있는 박종화, 이광수 두 분이 완전히 역사적 현실을 왜곡해 버린 것이다. 그 결과 이미 죽고 없는 윤씨 부인을 넉 달 동안이나 살려 두었다가 신숙주를 배반자로 매도한 것이다. 아직도 많은 국민은 「단종애사」와 「목메이는 여자」의 내용을 진실로 알고 있다. 신봉승은 역사인식을 해치는 잘못된 역사소설이 횡행하는데도 역사소설의 검증을 서두르지 않는 까닭을 묻고 싶다고 결론 내리고 있다.

다음은 역사의식에 대해 고찰해 보고자 한다. 역사의식은 역사를 바라보는 관점 곧 사관과 밀접한 용어로서, 역사적 존재로서의 인간의 자각이라 할 수 있는데, 크게 세 가지 유형으로 볼 수 있다. 첫째는 인간을 이성적 존재로 보는 보편적 인간관에 입각하면서 인류 일반의 역사를 어둠에서 빛으로 인도하는 계몽사상이며, 둘째는 개성적 인간관계에 입각하여 다양한 인간 생활의 모든 현상을 물리적 공간적 개념과는 달리 역사적 흐름 속에서 그 생성과 발전을 개성적으로 파악하려는 역사주의이며, 또 하나는 헤겔이나 마르크스의 역사철학이다. 한편 역사의식은 인간의 역사적 자각으로서 주체적 실천의식을 바탕으로 하기 때문에 다분히 위기의식을 내포하고 있다.[9] 또한 역사의식은 "현재를 역사의 소산으로 보고 과거를 현재의 전신으로 파악하는 정신"[10]이라 할 수 있다. 역사의식에 따라 역사학자의 역사기술이 달라지는 것이며 작가의 작품 또한 그 표현이 달라지는 것이다.

문학은 그 근본의 자리를 주체성 위에 가지고 있으며, 역사는 객관적

---

9) 『동아원색세계대백과사전』(동아출판사, 1986)제20권, 578쪽
10) 백낙청, 「역사소설과 역사의식」(≪창작과 비평≫ 1967.봄호, 7쪽)

사실 위에 그 근거를 가지고 있다…… 역사의식은 우리의 삶을 결정하는 객관적 조건과 스스로 삶을 창조하겠다는 주체적 의지에 모순되면서도 일체가 되어 있는 의식으로 이루어져 있다.11)

1.2) 역사소설의 개념

흔히들 사전적 의미로는 "역사상의 사건·인물 등을 소재로 한 소설 양식"12) 또는 "환경을 과거의 사실에서 취하는 소설"13)이라고 정의할 수 있다. 이는 역사적 사실을 작가의 상상력에 의해 재구성한 것이란 의미이므로 지나친 소재주의에 머물게 되기 쉽다. 따라서 보편적 의미의 개념 규정이 필요하다.

역사소설에는 초기에는 주로 영웅적 인물이 그 주인공으로 등장하였으나 산업혁명 이후 민중적인 보편적 인물이 등장하기 시작했다. 이는 그 시대상을 올바르게 나타내기 위해서는 민중을 대표할 수 있는 인물이어야 하기 때문이다. 그러므로 주인공은 역사상에 거명된 실존 인물이 아닌 가장 보편성을 지닌 전형적 인물을 요구하기 시작했다. 박용구는 역사소설을 셋으로 분류하였다. ①역사적 사건과 인물을 소재로 다룬 것 ②가공의 인물을 설정하여 배경만을 역사적 사건을 가져온 것 ③소위 역사적이 아닌 단순한 먼 과거를 배경으로 하고 인물도 가공인 것.14)

루카치는 그의 역사소설론15)에서 "역사소설에서 중요한 것은 거대한 역사적 사건에 대한 옛날 얘기가 아니라 이 사건 속에서 활동했던 인간들에 대한 문학적 환기이다."라고 말하여 역사소설의 형성이 역사의식의 형

---

11) 김우창, 「구체적 보편성에로」(이상신 편저, 『문학과 역사』, 211쪽)
12) 『한국문학대사전』(고려출판사, 1983), 958쪽
13) 『세계문학대사전』(서음출판사, 1983), 685쪽
14) 박용구, 『역사소설입문』(을유문고 18, 1969), 35쪽
15) 루카치, 『역사소설론』(뉴욕:보스톤 베콘 프레스, 1963) p.94. 『역사소설론』(거름출판사, 이용욱 번역, 1987, 42쪽)

성과 밀접하게 연관된 것으로 파악하고 있다. 역사의식은 과거의 역사를 현재의 구체적 전사(前史)로서 인식한 것이다. 그러므로 역사소설을 쓰는 작가는 현실에 대한 인식 곧 역사의식의 확립을 전제로 한다라고 주장했다.

루카치는 역사소설을 리얼리즘의 전단계로서 이해했으며 그의 관점은 역사를 진보적 측면에서 파악했으며 사회주의적 관점에 기울어진 것이다.

한편 플레쉬먼은 역사소설에 대한 개념을 이해하기 위해서 보다 폭넓은 접근을 시도했다. 그는 『영어역사소설』16)에서 역사소설은 두 세대(40~60년) 이전의 과거사를 취급하되 그 과거는 역사적 사건으로 정치·경제·전쟁 등 개인적인 운명에 영향을 주는 공적(public sphere)인 것이어야 하고, 또한 역사소설은 파노라마적 사회소설과는 구별되어야 하는 것으로서 이는 역사소설이 특별한 역사적 사건을 통하여 역사적 진실을 나타내는 하나의 장르로 인식되어야 함을 주장한 것이다.

이상에서 논의해온 바에 따라 아래에 역사소설의 개념을 정의해 본다.

첫째 역사소설은 역사적 사실을 소재로 하며 개인의 운명에 영향을 주는 것이어야 한다.

둘째 역사소설은 과거를 현재의 전사로 인식하는 역사의식에 의해 씌어져야 하며 현재의 삶이나 현재의 정신의 구현과 연관되어야 한다.

셋째 역사소설의 주인공은 당대의 삶을 포괄적으로 제시해 줄 수 있는 전형적 인물이어야 한다.

넷째 그 표현에 있어서는 리얼리즘 정신에 의한 객관적 치밀한 묘사와 서술을 필요로 한다.

---

16) A.Fleishman. The English historical novel. (Baltimore, The Johns Hopkins Univ, Press 1972.) p.3. 이 부분은 홍성암, 『한국역사소설연구』(민족문화사, 1989) 20쪽을 재인용함을 밝혀둔다.

2) 한국 역사소설의 흐름

조선시대의 「임경업전」, 「임진록」, 「박씨전」 같은 군담류나, 개화기의 신채호, 박은식 등에 의해 씌어진 「을지문덕」, 「이순신」, 「서사건국지」 등의 우국소설도 어떤 의미에서는 역사적 사건이나 인물을 다루었다는 의미에서는 역사소설이라 할 수 있지만, 진정한 의미의 역사소설은 리얼리즘 정신에 의해 씌어진 것으로 보아야 하기 때문에 1920년대에 들어와서 씌어진 역사소설을 참다운 역사소설이라 할 수 있다. 문학 평론가들은 최초의 역사소설로 이광수의 「가실(嘉實)」(1923)과 「마의태자」(1925), 박종화의 「목메이는 여자」(1923)를 들고 있다.[17]

식민지의 역사소설은 그 시대적 상황으로 민족주의 역사소설과 계급주의 역사소설로 양대분 된다. 민족주의 역사소설은 이광수의 「마의태자」 「단종애사」, 「이차돈의 사」, 박종화의 「금삼의 피」 「다정불심」 「대춘부」, 김동인의 「젊은 그들」이 대표적 작품이라 할 수 있다. 이광수와 박종화는 주로 역사적 인물 그것도 왕이나 영웅에 버금가는 인물들을 다루었다. 이에 비해 김동인의 「젊은 그들」은 대원군 시대를 다루면서도 비역사적 인물을 주인공으로 다루었다는 점에 진일보했다고 할 수 있다. 한편 홍명희의 「임꺽정」은 집단적인 군도를 형성한 주인공들이 사회의 변혁을 시도하고 계층간의 갈등을 표출하여 사회주의 성격을 띤 계급주의 역사소설의 최고봉이라 할 수 있다. 또한 김기진의 「청년 김옥균」도 갑신정변의 역사적 사건 속에 사회의 구조적 모순을 드러내고 있다는 점에서 계급주의 소설이다.

광복 이후의 역사소설은 세 가지 경향을 드러내고 있다. 안수길의 「북간도」, 박경리의 「토지」같은 가족사 내지 연대기의 유형과 황석영의 「장

---

17) 조현연, 『한국현대문학사』(성문각, 1960), 296쪽
　　김우종, 『한국소설사』(선명문화사, 1974), 105쪽

길산」, 서기원의 「혁명」 같은 민중운동적 유형과 유주현의 「대한제국」 「조선총독부」, 이병주의 「관부연락선」「지리산」 같은 유형이 그것이다.[18]

광복 후는 등장인물이 소시민화 내지 민중으로 바뀌게 된다.

민중운동 내지 혁명을 다룬 소설로는 그 주류가 동학혁명을 다룬 것이 주조를 이루고 있다. 60년대 서기원의 「혁명」, 70년대 유현종의 「들불」, 80년대 송기숙의 「녹두장군」 등이 그것이다.

80년대 초반에 나온 김주영의 「객주」는 보부상들의 생태를 리얼하게 파헤친 민중사적인 작품이다.

80년대 말부터 90년대 초에 이르러 다큐멘터리 성격을 띤 실록대하물과 입지전적인 작품들이 대량 출간되어 역사소설의 전성시대를 이루게 된다. 「소설 동의보감」, 「소설 토정비결」, 「소설 목민심서」, 「소설 한명회」 등이 있다. 그리고 북한 작품으로는 이기영의 「두만강」, 박태원의 「갑오농민전쟁」 같은 대하소설이 있다.

역사소설의 의의는, 첫째 한국 역사소설은 근대 리얼리즘 소설을 정착시키고 성숙시키는 데 기여했고, 둘째 민중의식을 확산시켰으며 합리적 사회건설을 지향함으로써 시대적 소산으로 인간의 위치를 확인하고자 했고, 셋째 우리나라 역사소설은 장편 중심으로 발전되어 오면서 인간의 삶과 당대의 시대상을 총체적으로 파악하려는 태도를 견지함으로써 장편소설 장르에 대한 활력을 불어넣었다고 할 수 있다.[19]

---

18) 홍성암, 『한국역사소설연구』(민족문화사, 1989), 42쪽
19) 홍성암, 앞의 책, 223~225쪽

3. 본 말 2

1) 「영원한 제국」의 리얼리티와 문학성

「영원한 제국」은 규장각[20] 안에서 벌어진 두 개의 살인 사건과 영조가 남겼다는 금등지사의 탈취를 둘러싼 추리 역사소설이다.

그리고 작가는 이 소설을 쓰게 된 동기를 경북 안동 지방에 전해오는 정조 독살설에 두고 있다.

"……11세 때(1976) 안동 예안의 왕고모 소상에 아버지를 따라 갔다가 청송 진보에서 온 일가 아지매로부터 정조왕의 독살설에 대해 들었다……그리고 대학에 들어와서 안동출신인 국학을 하는 교수님으로부터도 당신이 어릴 때 안동에서 그런 얘기를 들었다고 했다. 북한 학계의 최익한씨의 저서 『정다산과 실학파』에도 그런 말이 나와 있다……나는 이것을 소설로 썼다."('작가의 말'에서)

리얼리티(사실성)는 리얼리즘 문학의 근간이며, 현대소설은 리얼리즘에 입각하여 쓰여진다고 해도 과언이 아니다. 먼저 리얼리즘의 특색은 그 표현에 있다. 있는 것을 있는 그대로 정확하게 묘사 서술하는 것인데, 우리는 플로베르의 일물일어설을 생각하지 않더라도 이미 리얼리즘이 곧 현대소설을 있게 했다고 알고 있다. 그런데 「영원한 제국」은 역사소설이므로 역사소설이라면 역사적 사실에 충실해야 함은 물론 그 표현에 있어서도

---

[20] 규장각(奎章閣): 조선시대의 왕실 도서관. 1776년(정조 즉위년) 3월 궐내에 설치되어 역대 왕들의 친필 서화, 고명(顧命), 유교, 선보(璿譜), 등을 관리하던 곳이다. 정조는 뒤에 혁신정치의 중추로서 규장각을 세웠다고 밝혔다. 규장각은 정조 때 다른 어느 기구보다 넓고 중요한 비중을 가지는 정치적 문화적 기구였으며, 설립 당시에는 노론 벽파 등 반대파를 숙청하여 혁신정치를 위한 중추기구 내지 기획연구 기관이었다. (『한국민족문화대백과사전』 권4, 62쪽)

리얼해야 한다. 이 작품에 나타난 리얼리티의 측면을 1)그 표현 방법(서술과 화자) 2)역사적 사실과 문학성(사실과 허구) 3)비현실성, 이 세 가지 측면에서 살펴보고자 한다.

1.1) 서술과 화자

글은 물론 작가가 쓰지만 작가는 작중의 화자를 통하여 사건을 전개하고 서술 묘사함이 리얼리즘 문학인데, 이 작품에는 많은 부분에 화자의 입을 빌어 서술하지 않고 작가가 직접 작품 속에 뛰어든 작가 개입의 현상이 많이 나타나고 있다.

프롤로그나 에필로그에 해당하는 부분은 작가 개입이 인정될 수 있지만 본문에 작가 개입이 나타나게 되면 리얼리즘 소설로는 상당히 그 가치를 격감시키게 된다. 몇 부분 발췌해 본다.

"지금은 1800년 1월 《오주연문장전산고》 등의 책에 감자가 소개되기 30년전, 감자가 전국적으로 재배되기 120년전이었으니 승헌이 감자를 몰라보는 것도 당연하다……" (작품, 161쪽)

"아, 율곡은 퇴계와 더불어 존숭되는 동방의 선정석학(先正碩學)이시다. 이 책 《취성록》을 번역하는 나, 후진 말학이 어찌 감히 그 당색을 논하여 모멸할 수 있겠는가. 다만 전형적인 남인의 관점에서 씌어진 이 책의 이해를 돕기 위해 잠시 율곡과 퇴계의 차이점을 언급하지 않을 수 없으니 민망한 일이다.

율곡의 붕당정치 사상은……" (작품, 197쪽)

"이 대목에서 우리는 잠시 인몽이 말한 <유신>이란 개념을 정리할 필요가 있다. 오늘날의 시각으로 보면 일심으로 왕권의 강화를 꿈꾸는 이인몽의 맹목적인 근왕주의(勤王主義)는 역사의 흐름을 역행하는 사상으로 보인다. 그리고……우리는 그 <진보적>이라는 입헌정치를 못해서

망한 것이 아니라 홍재유신, 정조의 절대왕정을 수립하지 못해서 망한 것이다……홍재유신이 실패함으로써 우리 민족사는 160년이나 후퇴했다. 우리의 불행은 정조의 홍재유신 대신, 박정희의 10월유신을 경험해야 했다는 사실이다……" (작품, 266, 267쪽)

위의 인용문을 보면 작가가 작품 속에 뛰어 들어 장황하게 설명하고 있다. 이런 서술법은 리얼리즘의 표현 기법이 아니다. 현실과 허구 사이를 마음대로 작가가 드나듦으로 인해 독자를 당혹하게 하고 작품의 리얼리티를 격감시킨다. 마치 우리들이 세르반테스의 『돈키호테』[21]를 읽다가 "……그 이야긴 다음 장에서 하겠다."(제1편 8장 끝) "……한편 돈키호테는 양치는 처녀 마르셀라를 찾아가서 자기의 온갖 봉사를 바치기로 결심하였지만 일은 뜻했던 대로 되지 않았다. 그 이야기는 이 사실적인 역사를 엮어나가는 동안에 이야기를 적겠다. 이것으로 제2부를 마친다."(제1편 14장 끝)와 같은 표현을 생각하고는 천진스럽고 유치한 기분에 사로잡히게 된다. 설명이나 서술이 필요하다면 그냥 객관적 작가시점에 의해 서술하면 되는 것이다. 하기야 한국 리얼리즘의 기수라고 공인된 작가 요산 김정한의 대표작 「모래톱 이야기」에서도 "이야기꾼들이 곧잘 쓰는 '우연성'이란 것을 아주 싫어하는 나지만, 그날 저녁 일 만은 사실대로 적지 않을 수가 없다." 이런 말이 프롤로그도 아닌 본문의 중간에 나옴으로써 작품의 맛을 반감시키는 것과 같다고나 할까.

작가는 프롤로그에 해당하는 '0책'에서 "……그리고 지금으로서는 이해하기 힘든 그 당시의 독특한 정치 상황과 의식을 설명하기 위해 필자는 <나는>이라고 시작되는 1인칭 주인공 시점의 문장을 거의 모두 '이인몽은' 하고 시작하는 3인칭 전지적 작가 시점의 문장으로 고쳤다……." (작품, 16쪽)라고 서술하고 있지만 위의 보기처럼 그렇지가 못해서 작품의

---

[21] 『세계문학접집』 제9권(삼성출판사, 1985)

질을 떨어뜨리고 있다.

작가 개입 이외에 당대에 걸맞지 않는 현대적인 언어의 빈번한 사용과 각 장마다 머리에 인용한 옛글 등도 작품의 리얼리티를 삭감하고 있다.

이러한 표현은 작가(이인화)의 등단 작품인 「내가 누구인지 말할 수 있는 자는 누구인가」[22] 에서는 더욱 더하다. 곧 장이 바뀔 때마다 화자가 달라지고 각 장의 머리에 시를 인용하고 있다. 소설 쓰는 것에 대한 소설(메타소설)이기 때문에 그럴 수도 있지만 「영원한 제국」은 역사소설이기 때문에 이러한 서술의 시점은 지양되어야 한다.

1.2) 사실과 허구의 거리

앞의 '역사와 소설'에서 신숙주와 윤 부인에 대한 역사와 소설에 대해 언급하면서 엄연한 역사적 사실의 왜곡이 독자에게 미칠 영향에 대해 말했다. 「영원한 제국」 역시 그러한 점이 여러 곳에 발견된다. 그 중 대표적인 몇을 언급해 보고자 한다.

① 「영원한 제국」의 주인공 규장각 대교 이인몽은 실존 인물이 아니고 작가가 허구화한 인물이다.

"정조 24년(1800) 정월 당시 실제의 규장각 대교는 이존수라는 노론 시파의 청년이었다. 이존수는 당시 스물 아홉 살(1772년생)로 <취성록>에 나오는 이인몽의 나이와 같지만 그 생애가 너무 판이하다"(「영원한 제국」, 13쪽)

② 8년 전(1792) 정조대왕이 문체반정을 강행하였는데, 주인공 이인몽은

---

[22] 「내가 누구인지 말할 수 있는 자가 누구인가」: 이 작품은 92년 봄 제1회 작가세계 문학상 수상작으로, 의학도이었다가 소설가로 변신한 나의 소설 쓰는 이야기와 나의 연인인 의학도 그리고 친척 친구 등이 벌이는 80년대말 90년대초의 젊은이들의 고뇌와 환희를 적은 소설이다. 장마다 주인공이 바뀌는 1인칭서술 방식을 택하고 있다.

<열하일기>를 읽은 정조가 패관소품체의 원조로 낙인찍힌 박지원을 힐문하고 안의 현감으로 있는 그에게 가서 고문체로 반성하는 글인 자송문을 받아오라는 어명을 받는다. 이인몽은 오히려 박지원의 반론에 감화를 받고 돌아와서는 술독에 빠진 연암은 수전증이 생기고 정신이 혼미하여 글을 쓸 수 없는 지경이라고 옹호하면서 받아오지 않았음을 아뢴다.(「영원한 제국」, 242~253쪽)

③ 1792년 정조는 <열하일기>를 읽고서, 그 해학과 문체를 못마땅히 생각하였다.……규장각의 직각 남공철에게 명하여 "연암더러 빨리 순정한 문체로 <열하일기>의 죄를 속죄하면 음관으로서의 문임(文任)도 아끼지 않으리라."는 뜻을 편지로 전달하게 하였다. 박지원은 남공철의 편지에 대하여 변명도 하고 자인도 하였으며, 문체순정운동에 전력하여 잡필을 금할 것을 맹세하였다. (『민족문화대백과사전』 20권, 한국정신문화원, 1991, 26쪽)

뒤의 ②와 ③은 분명 그 내용상 서로 상충한다. 역사가들이 볼 때는 엄연한 역사적 사실을 왜곡했다고 분노할 것이다. 그러나 이는 작가가 자신의 뜻한 바를 일관성 있게 서술해 나가기 위한 의도성이라 보아진다. 이인몽의 설정 없이는 소설이 되지 않을 것이고 또한 박지원이 역사적 사실대로 문체반정에 굴복했다면 당시의 당파간의 대립적 갈등을 심화시킬 수 없을 것이다. 작품의 구성상 주제의 표현상 필요한 경우는 다소 역사적 사실을 허구화 할 수 있는 것이 문학이다. 물론 그 한계는 있지만.

월탄 박종화는 "소설가는 역사가가 찾아내려는 고심초사 하는 역사적 고증을 필요로 하지 않는다. 얼른 예를 든다면 백제의 서울이 하남위례성이니 풍납리이니 궁터니 미아리니 한양이니 하고 한평생 연구에 몰두할 것도 없고 황진이의 나이가 서화담보다 열 살이 틀리느니 다섯 살이 틀리느니 하고 다투어가며 이 문제에 얽매여 휘둘릴 까닭도 없다. 황진이가 서화담보다 젊었다 알기만 하면 열 살 아래를 만들건 일곱 살 아래를 만들건 작자의 자유요……"23)라고 하여 다소 역사적 사실을 변경할 수 있는 문학상의 자유로움을 옹호했다.

1.3) 비현실성

다음으로는 역사적 사실을 전혀 모르는 독자가 읽더라도 당대의 현실성을 완전 무시한 부분을 지적해 보고자 한다.

내시감 서인성을 포박하여 가두고 장종오와 이경출을 죽인 진상을 밝히라는 어명이 떨어진 후의 회정당 주실의 어전에서 벌어진 광경이다.

> "……서인성은 방바닥에 원을 그리듯이 소맷자락을 몇 번 돌렸다. 팔목에 감춰진 삼재검(三才劍)의 끈이 다 풀리자 온몸의 털에 확 불이 붙는 것 같은 열기를 느꼈다. 주상이 함정에 빠진 이상 살아남기는 틀린 일이었다. 장용영에서 끔직한 고문을 당하다가 장하(杖下)에 죽느니 차라리……대왕대비께서 내 뒤(立後)는 훌륭하게 세워주시리라. 이윽고,
> ≪천주(天誅)≫
> 서인성의 입에서 날카로운 기압이 터져나왔다. 서인성의 양소매로부터 번쩍하는 빛이 맹렬한 기세로 불과 여덟 걸음 앞에 있는 주상 전하를 향해 날아갔다. 그러나 서인성의 출수(出手)는 간발의 차이로 시기를 놓쳐버렸다. 자리를 박차고 튀어오른 인몽의 몸이 서인성의 오른쪽 허리와 어깨에 맹렬하게 부딪혔기 때문이다.
> 꽝.
> 서인성의 양손에서 튕겨나온 빛은 정조의 목을 빗나가 장비문을 박살내었다. 두 개의 단검이었다.……서인성의 양손엔 칼자루에 가죽끈이 달린 이상한 단검이 들려 있었다.
> 삼재검. (『영원한 제국』, 209~213쪽)

---

23) 박종화, 「역사소설과 고증」(문장, 1940, 10월호)

서인성이 다시 삼재검을 들고 정조대왕을 겨냥했을 때 방으로 뛰어든 위장과 격투가 벌어지고 종내에는 서인성이 죽게 된다.

이러한 장면은 도저히 상식으로 불가능한 일이다. 왕명에 의해 불려간 내시감이 어찌 무기를 그것도 단검 둘과 삼재검을 소지하고 어전에 나타날 수 있으며 또한 왕을 시해하기 위해 어전에서 격투가 벌어질 수 있을 것인가?

물론 정조독살설을 소재로 했기 때문에 꾸며본 허구이지만 이건 지나친 리얼리티의 결여다. 소설은 허구이되 있음직한 그리고 진실된 리얼리티에 기초한 거짓말이어야 한다.

2) 「영원한 제국」과 지식인 소설, 그리고 그 기법

여기서 '지식인 소설'이란 말은 비대중적인 소설, 고급 독자나 문학 전문인이 이해할 정도의 수준 높은 고급 소설을 의미한다. 또한 대중문학에 대한 대립개념으로 '엘리트문학'이라고도 할 수 있다.

앞글에서 논의했듯이 「영원한 제국」이 리얼리티가 결여된 부분이 많은데도 평가들로부터 주목을 받고 독자를 상당히 확보했음은 그 원인이 어디 있을까?

「영원한 제국」은 고급 독자만이 읽을 수 있는 지적인 작품이다. 우선 정조시대의 정치적 상황 곧 개혁정치와 왕권 확립을 위한 규장각 설치, 문체 반정 단행, 사색당파에 대한 지식. 나아가 궁중이나 조정 관리들의 관제·의복·제도·관습 등에 대한 어느 정도의 식견 없이는 내용 파악이 어렵다. 마치 어려운 시험 문제를 읽어나가듯이 정신을 집중하여 차근차근 읽어야만 이해할 수 있다. 웬만한 독자라도 두 번 정도 읽어야 그 내용을 파악할 수 있을 정도이다. 작품에 나오는 용어들이 비일상적인 전문 용어며 많은 한문 한자어가 등장하게 되기 때문이다. 그만큼 해박한 전문 지식이 그 내용의 주조를 이루고 있다. 이 작품을 두어 번 정독하고 나면 당시 당파인 노론·소론·벽파·시파 남인에 대해서, 율곡과 퇴계의 학문적 차이에 대해서, 검시제도와 검시 방법에 대하여, 임오화변·이인좌의 난·문체반정·정조의 개혁정치 등에 대해서 상당한 식견을 가지게 된다. 그러나 사실이 아닌 부분이 많아 독자들이 그대로 받아들여 자신의 완벽한 지식으로 삼을까 걱정이다.

「영원한 제국」을 읽게 되면 그 난해성에 있어 1962년에 발표된 장용학의 「원형의 전설」[24]을 떠올리게 된다.

이 작품을 끌고 가는 중요한 상관물인 '금등지사'에 대한 이해나 '시경천견록고'에 대한 이해를 위해서는 잠시 읽기를 멈추고 다시 정독해야 한다. 문학 전문인이 아니고는 소설을 정독하기는 어려운 일이다. 국사학이나 국문학 관계의 학생이나 전문인이 아니면 쉽게 읽혀지지 않는다. 그만큼 이 작품은 그 소재 자체가 전문성을 띤 것이다. 그런데도 이 작품은 전작 작품으로서 출판사의 기획적인 광고에 힘입어 출간 1년만에 상당히 많은 독자를 확보했다.[25]

그 이유를 생각해 보면 두 가지 측면이 있다. 그 하나는 많은 독자들이 좀더 스스로 지적인 체 현학적인 체 자신을 위장하려는 자세 때문이다. 이는 윤재근이 「학의 다리가 길다고 자르지 말라」라는 부제가 붙은 『장자』[26]의 경우와 같다고나 할까. 쉽게 풀이했다고 하지만 사실 원본 자체

---

24) 「원형의 전설」은 1962년 사상계 3월호부터 발표된 장편으로, 한국전쟁을 배경으로 한 근친상간을 소재로 패쇄된 자아와 존재론적 의미의 근대 인간을 탐색하려는 작품. 국한문 혼용체로 그 밑 바탕에는 허무주의가 깔려 있다. 난해하며 독자들이 지극히 한정되어 있나. (김치수, 「장용학 삭품해설」-『한국대표문학』제9권, 776~783쪽)
25) 「영원한 제국」은 93년 7월에 출간되어 8개월만인 94년 3월에 22쇄를 발행하였다.
26) 윤재근, 『장자』(도서출판 둥지)는 90년 7월에 1쇄 93년 11월에 42쇄가 발행됐다.

가 워낙 철학적이고 예스러워 이해하기가 어려운데다 번역자 역시 그 한계가 있어 대개는 독자들은 조금만 읽다가 덮어버렸을 것이다. 이는 독자의 지적 호기심을 자극한 상술과의 담합이라고도 볼 수 있다. 「영원한 제국」 역시 독자들의 지적 욕구를 자극하는 현학성에 초점을 맞춘 것 같다.

그리고 또 하나는 수준 높은 독서욕, 내지 대중소설을 거부하는 독자의 자세에서 오는 것일 것이다. 독자의 층이 90년대 들어오면서 다양해졌고 독자가 많아졌다. 아무튼 바람직한 일이다.

그 다음으로 이 소설의 기법을 생각하지 않을 수 없다. 작가가 말했듯이 대중적인 추리 소설의 기법을 응용하였다.[27]

이는 독자에게 흥미를 유발하려는 작가의 의도적인 구성이다. 작품의 구성에서도 프롤로그(0책), 본문(1~7장), 에필로그(8장)의 형식을 취하고 있다. 모든 사건을 1800년 1월 24일 새벽부터 다음날 새벽까지 만 24시간에 압축시켰다. 금등지사를 탈취하기 위한 노론(좌의정 심환지, 내시감 윤상아 등)의 갈등관계다. 금등지사는 마지막에 구재결의 칼에 찢어지고 말지만 그 내용은 시경천견록고의 올빼미시의 내용과 같다고 추측할 수 있다. 이것은 분명 추리소설의 기법이다.

특히 서구소설 「장미의 이름」과 「영원한 제국」은 상당한 부분에 걸쳐 유사점을 지니고 있다.

두 소설이 모두 역사추리소설로서, 죽음과 죽음의 원인을 규명해 내려는 노력과, 그 일련의 사건들에 대해서 이야기하려는 충동을 가진 화자가 존재한다. 또한 두 소설은 현재와는 거리가 먼 과거 속에서 일어나는 일을 그리고 있으며, 도서관을 사건의 무대로 삼고 있고, 죽음을 당하는 사람이 필경사이거나 그와 관련된 사람들이라는 점에서도 아주 유사하다.[28]

---

[27] "이 허구화를 위해 나는 움베르토 에코의 「장미의 이름」, 코난도일의 「사스커빌의 개」, 존 딕슨카의 「연속 살인사건」, 로베르트 반 홀릭의 「중국 황금살인사건」 등 여러 추리소설의 모티브를 응용하였다"(작가의 말) 「영원한 제국」, 357쪽

「영원한 제국」은 추리소설인 것이다. 그러므로 대중적 흥미를 유발하기에 충분하다.

80년대 말에 논의되었던 90년대의 문학 방향은 대체적으로 세 가지의 가능성을 지적했다. 즉 종래의 리얼리즘의 방법론을 통한 사회현실에 대한 비판적 시각을 견지함으로써 확보할 수 있었던 예술적 가치관과 대중적 지지기반을 적지 않게 상실할 것이라는 것과, 문학이란 무엇인가에 대해 본질적인 성찰을 새롭게 시도하는 소설에 대한 곧 메타소설이 활발하게 쓰여질 것이라는 것, 또 하나는 문학이 종래에 누려왔던 대중적 지지기반을 빼앗아가고 있는 영상매체의 표현기술을 활용하는 실험소설이 활발하게 발표될 것이라는 점…… 이런 점에서 메타소설이나 실험소설과 같은 엘리트 문학이 시도하게 되는 것이 전작 장편소설이 될 것이며, 전작 장편은 전문 문학인들에게 높이 평가받을 수 있다. 그러나 날로 상업화되어 가는 출판 문화에 있어서 대다수의 일반 독자를 무시할 수 없기 때문에 일반 독자의 구미에 맞는 기법을 필요로 한다. 추리 기법을 가져옴으로써 일반 독자의 요구에 부응시킨 결과가 아닐까? 그러므로 이 「영원한 제국」은 전문 문학인들에 대한 긍정적인 평가와 아울러 대중 독자에게 고급한 식견을 넓혀주는 자연스런 계기를 만들었다고 볼 수 있다.[29]

곧 대중적인 추리 기법을 활용했기 때문에 이 소설은 그 내용상 지적인 전문성이 많음에도 불구하고 상당한 독자를 확보했던 것이다. 상업적 광고를 감안하더라도 포르노 문학에 대한 반발, 통속적인 대중소설에 식상한 지식인들이 많다는 것을 입증하는 것이다.

---

28) 신정현, 「역사소설의 조건」(문예중앙, 93년 겨울호, 458쪽)
29) 이경호, 「<전작장편소설> 제도는 엘리트문학에서 대중문학의 길로 나아가는 架橋인가, 假橋인가?」(문학정신, 1994년 8월호). 이 글에서 글쓴이는 「영원한 제국」과 신경숙의 「깊은 슬픔」을 예로 들어 엘리트문학과 대중문학에 대한 논의를 전개하고 있다.

4. 맺음말

  본론에서 역사와 소설과의 관계를 살펴본 후 역사소설에 대한 개념 정의를 했다. 곧 역사소설은, 역사적 사실을 소재로 하며 과거를 현재의 전사(前史)로 인식하는 역사의식에 의해 씌어져야 하며 주인공은 당대의 삶을 포괄하는 전형적 인물이어야 하며 그 표현에 있어서 리얼리즘 정신에 입각한 객관적 치밀한 서술과 묘사를 근간으로 하는 소설이다.
  「영원한 제국」은 다소의 문제점은 있지만 한국 역사소설의 흐름에 있어서 새로움을 던져주는 획기적인 작품이라 할 수 있다.
  「영원한 제국」이 지닌 문제점은 리얼리티의 결여에 있다. 리얼리티를 전제로 하지 않는 역사소설은 독자에게 해독을 끼쳐 정당한 역사적 사실을 왜곡하게 된다. 표현에 있어서 작가의 직접 서술이 지나쳐서 현실감을 삭감시켰으며, 어전에서 서인성의 격투 같은 장면은 비현실적이어서 독자를 당혹하게 한다. 그러나 역사를 다소 왜곡한 문체반정과 박지원 관계나, 규장각 대교를 가공인물인 이인모로 한 것은 비역사적이지만 소설 구성상에서는 오히려 실재감을 느끼게 한다. 역사는 과거에 실제 있었던 세계를, 문학은 그 어느 시대에나 있을 수 있는 가능의 세계를 그린 것이라고 한 아리스토텔레스의 평범한 진리를 생각하면 수긍이 갈 것이다. 한편 이광수와 박종화가 저지른 역사적 오류, 곧 신숙주를 배반자로 규정한 것은 비역사적이며 독자에게 그릇된 역사인식을 가져오게 되지만 「영원한 제국」에서는 주로 그 표현 서술 방법이 리얼하지 못함이 이 소설의 약점이다.
  「영원한 제국」이 다소 비역사적이며 리얼하지 못함에도 문학 전문인들에게 호감을 받는 것은 해박한 역사에 대한 지식과 당대 정치 상황과 궁중과 관리에 대한 학풍·풍속·제도 등에 대한 전문적인 지식 때문이며, 또한 일반 대중 독자들에게도 호응을 받는 것은 그 기법에 있어서 하루만에 일어난 금등지사를 둘러싼 살인 사건을 소재로 한 추리기법을 쓴 소설이기 때문이다. 물론 대중 소설에 식상한 지식인들에게 높은 수준의 독서 욕구도 무시 못할 것이다.

「영원한 제국」은 엘리트문학의 대중성 확보라는 새로운 역사소설의 가능성을 제시해 주었다는 점이 높이 감쌀만하다.♠

한승원

한승원(韓勝源)은 1939년 전남 장흥에서 출생했고, 서라벌예대 문예창작과를 졸업했다. 1968년 대한일보 신춘문예에 단편「목선」이 당선되면서 본격적인 문학활동을 전개했다.

소설집으로는,『앞산도 첩첩하고』『안개바다』『미망하는 새』『폐촌』(선집)『포구의 달』(선집)『새터말 사람들』등이 있다. 장편소설로는『그 바다 끓며 넘치며』『지신』『불의 딸』『포구』『아제아제 바라아제』『귀천』『우리들의 돌탑』『흥부의 칼』『해일』『동학제』『시인의 잠』『까마』등이 있다. 소설 이외에 수필집으로는『허무의 바다에 외로운 등불 하나』『키 작은 인간의 마을에서』, 시집으로는『열애일기』『사랑은 늘 혼자 깨어 있게 하고』가 있다.

한국소설문학상, 한국문학작가상, 현대문학상, 이상문학상을 수상했다.

생태문학과 「연꽃바다」

— 한승원

1. 생태주의와 문학

산성비에다 황사비, 자동차 배기가스, 화석연료에서 나오는 이산화질소와 이산화탄소, 그리고 페놀과 중금속 카드듐 —이러한 공해물질은 우리 인간의 삶을 해치는 마귀 같은 존재로 된 지 이미 오래다. 일본의 미나마타병[1]을 들은 지도 오래다. 또한 조금이라도 환경에 관심을 가진 분이라면 PPM이니 BOD하는 말의 의미와 그 수치에 대해서도 알고 있을 것이고, 등이 휘어진 기형의 고기에 대해서 생각하고는 딸기와 토마토를 깎아 먹어야 되는 시절이 도래할 것이라고 우려할 것이다.

미국의 생물학자 레이첼 카슨이 쓴 환경 소설 「침묵의 봄」[2]에 대해 그

---

[1] 일본 구주 미나마타 시에 있는 신니치 질소비료공장이 아세트 알데히드를 제조하는 과정에서 부산물로 나오는 폐기물 메칠 수은이 미나마타 강에 그대로 배출되어 야기된 공해병.
[2] 농약을 과대하게 친 결과 한 마을이 그 다음해 봄이 와도 잎이 돋지 않고, 꽃도 피지 않고, 새들도 보이지 않는 황량한 벌판과 언덕 뿐, 모든 생명이 죽어버렸다는 내용의 책. 이 책이 1962년에 미국에서 출판되어 여러 나라에서 환경학 교과서로 쓰

작자는 몰라도 책제목은 들어보았을 것이다. 오늘날 모든 도시인들은 맑은 물과 녹지가 있는 땅에서 풀벌레 소리와 새 소리와 짐승의 울음소리를 들으며 쾌적한 환경에서 살고 싶어한다. 이제 생태계의 부활 내지 회복은 절대절명의 과제다. 아마존 열대 우림과 시베리아 삼림의 개발, 원자력발전소의 건설로 인한 오존층의 파괴와 생태학적 문제, 그런 것들이 현실로 나타나고 있다. 히로시마의 원폭투하, 러시아의 체르노빌 원전 사고, 이러한 일들은 우리 인류가 생명에 대해서 생태문제에 대해서 깊은 성찰이 없었던 결과이다.

그래서 오늘날 우리는 생명사상 또는 생태주의란 말을 곧잘 주된 담화로 떠올리게 되었다. 우리나라 학계에서도 90년대부터 이 문제에 대해 지대한 관심을 가지게 되었고 관련 사회단체 학술단체도 많이 생겨났다. 또한 우리 인류의 이상향이 에코토피아냐 테크노피아냐3)라는 논쟁도 일어나게 되었다.

이 글에서는 생태주의가 무엇이며 생태주의와 문학과의 관계를 먼저 밝히고, 그 다음으로는 우리나라 문학계에서는 어떤 시와 소설들이 환경 내지 생태계를 주제나 소재로 다루었는지를 살펴보고, 그 다음으로는 한승원의 장편소설 「연꽃바다」를 통해서 자연회귀와 인간 그리고 불교사상과 생태 문제에 대해 언급하고자 한다.

먼저 생태주의와 관계되는 환경과 생태계와 자연에 대한 개념을 정의해 보도록 한다.

환경은 생명체를 둘러싼 조건으로 그 생명체는 주로 인간을 말하며, 환경이란 말은 곧 우리 인간의 삶의 조건을 뜻한다. 환경은 자연과는 별도의

이고 있다. 우리나라에는 70년대에 잠시 출판되었다가 90년대에 와서 여러 출판사에서 다시 출판되었다.
3) Ecotopia는 녹색이상촌(생태이상촌)을 말하며, Technopia는 기술이상향을 말한다.

개념으로 인간 중심적 사고에서 발생한 말이다. 그러나 환경(environment)은 생명체를 떠나서는 생각할 수 없다는 점에서 생명 중심적 개념이다.

생태계(Ecosystem)란 개념도 환경과 마찬가지로 생명과 관계되므로 두 개념은 자주 같은 뜻으로 사용되기도 한다. 그러나 생태계는 인간 중심이 아니라 모든 종류의 생명체를 포함한 개념이다. 또한 생태계란 말은 유기적 총체적 관계로 모든 생명의 상호의존성을 강조한다.[4] 생태계란 용어는 1935년 영국의 식물학자 탠슬리(Arthur Tansley)에 의해 제창되었다고 한다. 생태계란 말은 오늘날에는 자연현상에 대한 해석으로 확대되면서 인간을 포함한 생물·비생물적 물질의 총체적인 상호관계를 의미하게 되었으며, 다시 말해서 빛, 공기, 물, 등의 무생물학적 환경과 동·식물을 포함하는 생물적 환경이 결합하여 하나의 기능을 가진 체계를 의미하게 되었다.[5]

자연은 인간에게 위협적 존재이며 불안의 요소로 인간에 의해 정복되고 지배되는 존재로 생각되어 왔다. 이는 인간 중심적 세계관에서 볼 때 그러한 것이다. 자연을 인간과의 공존적 존재로 생각할 수 있다. 인간을 포함한 모든 존재를 총괄적으로 지칭하는 가장 포괄적 개념이 자연(nature)이다.

그러므로 자연이라는 개념은 생태계라는 개념의 한 측면인 환경은 물론 생태계라는 개념보다도 더 포괄적 개념이다.[6]

생태학(Ecology)이란 생물학의 한 분과로, 생명체를 둘러싸고 있는 세계 곧 생물권 나아가 우주 전체를 연구하는 학문이다. 그러므로 생태주의란 말은 지구 생태계가 부분과 전체, 개체와 환경이 서로 깊이 연결되어 있는

---

4) 박이문, 「환경 생태계 자연의 올바른 개념과 세계관의 전환」, 『녹색 한국의 구상』(숲과나무, 1998), 23~24쪽에는 환경과 생태계의 차이점을 넷으로 나누어 그 차이성을 논하고 있다.
5) 신덕룡, 「환경위기와 생태학적 상상력」(실천문학사, 2000년), 16~17쪽
6) 박이문, 앞의 책, 25~26쪽

유기적 통일이라는 사실에 뿌리를 박고 있다. 숲과 늪은 생태계의 상호의 존성을 보여주는 가장 좋은 본보기다. 생태주의는 인간 중심적 사고에서 생명 중심 내지 생명 공경의 시각과 사고인 것이다.

생태학자들은 생태계의 위기를, 토지의 불합리한 사용과 잘못된 자원관리와 에너지 낭비 그리고 인구 증가 등에서 찾고 있다.

평론가 김욱동[7]은 현대의 생태 위기를 세 가지로 보았다. 첫째는 인간을 창조의 중심으로 여기는 기독교 세계관 때문이라고 말한다. 기독교 세계관은 인간이 자신의 목적에 맞게 자연을 지배하고 착취하는 것이 하느님의 의도라고 말한다. 둘째는 농업의 발달에서 생태계 위기의 근본 원인을 찾는다. 셋째는 프랑스 대혁명에서 생태 위기의 원인을 찾는다. 프랑스 대혁명은 낭만적 개인주의를 낳았으며, 개인주의 정신으로 무장한 중산층은 물질적 부를 쌓는 데 힘을 쏟았고 그 과정에서 자연이 파괴되고 환경이 오염되었다는 것이다.

많은 인문학자들은 아직도 인간중심주의 늪에서 헤어나지 못하고 있기 때문에 인문학의 녹색화가 그만큼 늦어지고 있다. 문학이 생태 위기 시대에 중요한 역할을 맡아야 하는데, 가장 문제되는 것은 인간중심주의 사고와 휴머니즘이다. 인간 중심주의는 생태계를 위협하는 근간이라고 할 수 있다. 그리고 일반적으로 생태 위기를 극복하려는 담론은 크게 규제적 담론, 과학적 담론, 시적 담론으로 나누어진다.

우리나라에서의 생태주의 문학에 대한 구체적인 논의는 1990년 이동승이 <독일 생태시>란 글을 《외국문학》[8]에 소개하면서 논의가 활발해졌으나 주로 시에 대한 논의였다. 90년대에 와서 많은 생태시가 창작되었다. 김영무, 도정일, 김욱동, 송희복, 신덕룡, 장정렬, 이승원, 이은봉 등 많

---

[7] 김욱동, 『문학 생태학을 위하여』 (민음사, 1998), 18~20쪽
[8] 《외국문학》(제25호, 열음사, 1990)

은 평론가9)들이 생태시에 대한 논의를 하였다.

70년대 80년대 거대 담론이 민중문학과 문학사회학이었다면 90년대는 포스트모더니즘과 생태주의 문학이라 할 수 있다. 생태의식을 불러일으키는 방법에는 건강한 생태계의 긍정적인 효과를 보여주는 과거의 자연애 사상과, 생태계 질서의 파괴가 가져온 부정적인 결과를 부각시키는 방법이 있다. 전자로는 정철·윤동주·김소월·박용래·도연명·에머슨·소로우·휘트먼·프로스트 등을 들 수 있다.

이러한 자연애 사상은 자연을 지배하려는 서양의 사고에 대해 자연과 조화를 이루려는 동양적 사고가 생태주의에 접맥되어 있다.

생태시 내지 생태의식의 양상을 세 가지 유형으로 나눌 수 있으니, 첫째 환경 오염 내지 환경 파괴에 대한 비판의 시, 둘째 문명 내지 인간주의에 대한 비판의 시, 셋째 새로운 삶을 제시하는 시로 나눌 수 있다.10) 반자연 반생명으로 비닐과 플라스틱을 강조하는 것은 환경 파괴에 대한 비판의 의식이요, 작은 것이 아름답다고 주창하는 것이나 썩는 것이 아름답다는 것은 인간주의에 대한 비판이요, 생명을 중요시하는 생명사상이나 자연과 더불어 사는 삶을 아름답다고 하는 것은 새로운 삶을 제시하는 철학이다.

90년대 초반의 선시풍의 서정시가 대단히 강세를 보였고, 불교적 상상

---

9) 김영무의 「생태학적 상상력」(≪녹색평론≫ 제9호 1993.3). 도정일의 「시인은 숲으로 가지 못한다」(녹색평론 제10호, 1993.5). 김욱동의 『현대시와 생태학적 상상력』(≪현대시학≫ 연재 1997.10~1998.1). 송희복의 「생명문학과 존재의 심연」(좋은 날, 1998). 신덕룡의 「환경위기와 생태학적 상상력」(실천문학사, 1999.2). 장정렬, 『생태주의 시학』(한국문화사, 2000.4). 이숭원의 『초록의 시학을 위하여』(청동거울, 2000.11). 이은봉의 『시와 생태적 상상력』(소명출판, 2000.11).
10) 박상배(생태- 환경시와 녹색운동, ≪현대시≫, 1992.6), 이건청(시작 현실로서의 환경오염과 생태파괴, ≪현대시학≫, 1992.8), 송용구(독일의 생태시, ≪시문학≫, 1995.6~10) 등은 다 비슷한 견해이며, 송희복(푸르른 울음, 생생한 초록의 광휘:에코토피아의 시학 ≪현대시≫, 1996.5)에서는 생태학적 문명 비판시와 생태학적 서정시 둘로 나누고 있다.

력 및 세계 인식이 소설에 있어서 창작적 동기유발의 원천으로 적용된 사례가 적지 않았다.11)

대표적인 생태시를 쓰는 시인으로는 김지하·최승호·정현종 등 여러분이다. 김지하의 「생명」12) 「애린」, 「똥」, 「카농 서형」, 최승호의 「공장지대」13), 정현종의 「나무의 꿈」14) 「구름의 씨앗」, 「벌레들의 눈동자와 같은」, 「사랑할 시간이 많지 않다」, 「올해도 꾀꼬리는 날아왔다」 등은 대표적인 작품이다.

김지하의 시와 산문에는 생명사상이 강하게 뿌리박고 있는데, 그 표층구조에는 동학사상이 심층구조에는 불교사상이 자리하고 있다.15)

송희복16)은 박경리와 김지하의 경우를 생명문학의 단초로 보았고, 또 그것의 근저에 불교의 사상이 깃들어져 있다는 사실을 박경리의 「토지」의 후반부와 김지하의 시와 산문에서 확인하고 있다. 그는 생명문제에 관하여 박경리와 김지하 이외에 80년대와 90년대를 이어준 사람으로 시인 정현종, 소설가 김성동, 평론가 김종철을 들고 있다.

1990년에 정부에 의해 환경 원년이 선포된 데 이어 그 다음 해에 대구의 페놀 유출 사건이 일어나고 92년에는 리우국제환경회의17)의 영향으로

---

11) 송희복, 『생명문학과 존재의 심연』(좋은날, 1998), 22쪽에 이와 유사한 견해가 피력되어 있다.
12) 생명/ 한 줄기 희망이다/ 캄캄 벼랑에 걸린 이 목숨/ 한 줄기 희망이다// 돌이킬 수도/ 밀어붙일 수도 없는 이 자리// 노랗게 쓰러져 버릴 수도/ 뿌리쳐 솟구칠 수도 없는/ 이 마지막 자리/ 어미가/ 새끼를 껴안고 울고 있다/ 생명의 슬픔/ 한 줄기 희망이다// <생명>전문-김지하 시집, 『별밭을 우르러며』(동광출판사, 1989), 107쪽
13) 무뇌아를 낳고 보니 산모는/ 몸 안에 공장지대가 들어선 느낌이다/ 젖을 짜면 흘러내리는 허연 페수와/ 아이 배꼽에 매달린 비닐 끈들/ 저 굴뚝들과 나는 간통한 게 분명해!/ 자궁 속에 고무인형 키운 듯/ 무뇌아를 낳고 산모는/ 머릿속에 뇌가 있는지 의심스러워/ 정수리 털들을 하루종일 뽑아댄다. …최승호의 <공장지대>전문
14) 그 잎 위에 흘러내리는 햇빛과 입맞추며/ 나무는 그의 힘을 꿈꾸고/ 그 위에 내리는 비와 뺨 비비며 나무는/ 소리내어 그의 피를 꿈꾸고/ 가지에 부는 바람의 푸른 힘으로 나무는/ 자기의 생(生)이 흔들리는 소리를 듣는다 …정종현의 <나무의 꿈> 전문
15) 송희복, 『생명문학과 존재의 심연』(좋은 날, 98년), 33쪽
16) 송희복, 앞의 책(좋은 날, 1998), 31~36쪽
17) 지속 가능한 개발-92년 리우 환경회의 178개국-미래세대가 그들 스스로의 필요를

환경에 대한 관심은 고조되어 환경소설 환경시집이 속간되었다. 고형렬의 「서울은 안녕한가」와 대구에서 「녹색평론」이 창간되었으며, 김수용의 「이화에 월백하거든」과 이남희의 「바다로부터의 긴 이별」이 출판되기도 했다.

2. 소설과 생태 문학

이문구의 연작소설 「관촌수필」의 <일락서산>과 조세희의 연작소설 「난장이가 쏘아올린 작은 공」18)의 <기계도시>와 <내 그물로 오는 가시고기>가 우리나라 초기의 환경 내지 생태 소설로 꼽힌다.

조세희에 대한 작가 연구는 「난장이가 쏘아올린 작은 공」에 집중되어 있다. 김병일·김우창·김종철·김현·황광수·김윤식·정재원·황정현 등19) 여러분에 의해 연구되었다.

「난장이가 쏘아 올린 작은 공」에 대해서는 김병익이 가장 선명하게 언급하고 있다.

> 이 작가가 주제로 선택하고 있는 소외된 도시근로자들의 제 문제는 급박하게 당면하고 있는 현실의 문제이고 생존에 필요한 최소 수준에도 미달하는 저임금, 그들의 열악한 작업환경, 사용자들로부터 강요되

충족시킬 능력을 훼손하지 않으면서 현대 세대의 필요를 충족시키는 개발-경제 개발과 환경보전을 병행하려는 뜻. 그러나 녹색운동가들은 반대.
18) 1975년 12월부터 76년까지 12편으로 발표된 연작소설
19) *김병익,「대립적 세계관과 미학」(문학과 지성, 1978 가을). *김우창,「산업시대의 문학」(문학과 지성, 1979 가을). *김종철,「산업화와 문학」(창작과 비평, 1980 봄). *김현,「우리시대의 병신소설」(문장, 1980). *황광수,「노동문제의 소설적 표현」,『한국문학의 현단계』(창작과 비평 1985). *김윤식,「산장이론·산업사회의 형식」,『우리소설과의 만남』(민음사, 1986). *황정현,「동심적 의식과 소설」. *정재원,「경험과 상상력」,『현역중진작가연구』I (국학자료원, 1997)

는 근로조건, 제구실을 못다 하는 노동조합에의 탄압, 폭력으로 저항할 수밖에 없는 그들의 궁핍한 심리 상태, 그리고 가진 자들의 위선과 사치, 그들의 교묘한 억압 방법 등이 소설에 묘사되고 있으며 산업화 사회의 부정적인 제 증상들은 우리의 안이한 삶에 대한 치열한 반성을 환기시키기에 충분한 것이다.20)

또한 「난장이가…」는 우찬제의 「대립의 초극미, 그 카오스모스의 시학」21)에서도 잘 언급되고 있다.

환경에 대한 논의로 김원일이 1970년대 말에 발표한 중편소설 <도요새에 관한 명상>을 얘기하지 않을 수 없다. 이 작품에 대한 논의는 90년대 와서 되살아나고 있다. <도요새에 관한 명상>만 다룬 논문은 적고 김원일의 작가나 작품 연구 속에서 부분적으로 포함되어 있는 것도 특성이다.22)

「도요새에 관한 명상」의 내용을 보면, 동진강 하구에 사는 한 실향민 가족의 이야기로, 강 하구에 공업단지가 들어서자 그 곳에서는 폐수로 인한 수질 오염이 발생하고 나그네새와 철새가 격감하고 또한 이를 박제하여 이익을 추구하는 무리가 생기고 도요새를 생각하는 퇴학당한 수재의 고민이 어려 있다.

그 다음으로 1989 동아일보 신춘문예 당선작인 한정희의 중편소설 「불타는 폐선」23)은 환경오염을 가중시키는 산업폐기물에 관한 이야기다. 일

---

20) 김병익, 「대립적 미학과 세계」(문학과 지성, 1978, 가을)
21) 「난장이가…」는 난장이로 상징되는 못 가진 자와 거인으로 상징되는 가진 자 사이의 대립적 세계관을 바탕으로 하고 있다……짧은 문장의 절묘한 결합으로 창조해낸 아주 새로운 이야기 스타일, 리얼리즘과 반리얼리즘의 집합, 문학의 사회성과 미학성의 결합, 현실과 이상의 산업시대 신화적 교감과 긴장 등등의 측면에서 작가는 나름대로 카오스모스의 소설 시학을 구축하는 데 성공했던 것이다. *「난장이가…」, 330~340쪽
22) *김욱동, 「김원일과 생태학적 명상」, 『문학 생태학을 위하여』(민음사, 1998).
    *신덕룡, 「소설에 반영된 생명의 문제」, 『환경위기와 생태학적 상상력』(실천문학사, 1999). *서경석, 「1970년대 김원일 소설의 현재성, 도요새에 관한 명상」(문이당, 1997) 해설. *김연주, 「김원일론」, 『현대중진작가연구』Ⅲ(국학자료원, 1998)
23) 한정희, 「불타는 폐선」(민음사, 1993)

인 사카다로부터 산업 폐기물인 중금속이 부산의 한 부두로 오게 되면 부산사업소의 윤 소장과 이사 박인원이 중심이 되어 비오는 날 야음을 이용하여 적당한 곳에 버리는 이야기다. 그 대가는 폐선으로 보내는 고철로 보상을 받는다. 일본에서 온 산업 폐기물은 소각할 수도 없고 재생할 수도 없고 매립할 수도 없는 이른바 중금속폐기물이다.

60년대 말 70년대 초 선진국이 후진국이나 개발도상국에 중금속폐기물을 버리는 악덕행위와 이를 받아들여 치부하려는 악덕기업의 간부를 다루고 있다.

김수용의 「이화에 월백하거든」도 공해 문제를 다룬 환경 소설이다. 보상금을 둘러싼 자식들의 반목과 살인자의 추적을 다룬 소설로 살인자는 결국 가족 내에 있게 된다는 줄거리로 환경 파괴는 결국 인간성 파괴를 가져온다는 주제를 깔고 있는 추리소설이다.

한승원의 「연꽃바다」(세계사, 1999)는 남쪽 땅끝 마을의 매실농장에서 벌어지는 인간의 추악상과 박새 부부와 늙은 백양나무가 주요 등장인물이 되어 생태문제를 펼치고 있다.

「난장이가 쏘아 올린 작은 공」과 「도요새에 관한 명상」은 이미 많은 평가들이 다루었고, 그 내용면에 있어서도 환경 내지 생태소설로서는 이남희의 「바다로부터의 긴 이별」과 한승원의 「연꽃바다」가 훨씬 심도가 깊고 새로운 지평을 열었다고 생각된다.

자연 생태계의 파괴는 동시에 그 속에 살고 있는 인간들의 정신 생태계까지를 급속도로 파괴해 가고 있다. 최근 우리 사회에 만연하고 있는 황금만능주의와 도덕의 문란, 그리고 잔인한 범죄 등은 모두 우리 정신의 생태계가 파괴되어 가고 있는 증거다. 자연 생태계의 파괴가 정신 생태계의 파괴를 초래하는 것인지, 아니면 정신 생태계가 이미 파괴되었기 때문에 자연 생태계를 파괴할 수 있는 것인지에 대해서는 논란의 여지가 있을 것이다. 분명한 것은 그 두 가지의 파괴가 서로 긴밀한 연관을 갖고 정비례해서 일어나고 있다는 것이다.

문학은 비단 자연 생태계의 파괴뿐만 아니라, 정신 생태계의 파괴에도 관심을 가지고 부단히 작품의 주제로 다루어야만 한다.[24]

김동환은 소설이 시에 비하여 생태학적 관심을 적극적으로 보여 주지 못하는 이유를 1)문제에 대한 인식의 미흡 2)왜곡된 정치상황의 영향 3)소재 및 제재에 대한 한계 등에서 찾고 있다.[25]

3. 자연회귀와 「연꽃바다」

「도요새에 관한 명상」이나 「바다로부터의 긴 이별」이 환경문제나 생태의식을 다룬 작품이라면 한승원의 「연꽃바다」는 일상을 떠난 환상적인 경험을 다루어 새로운 각도에서 생태문제를 부각시킨 장편소설이다. 그래서 김욱동[26]은 「연꽃바다」를 '환상적인 생태소설'이라고도 하였다. 작품의 이해를 위해, 먼저 작품 내용을 요약하고, 다음으로는 등장인물과 구성의 특성에 대해서, 그리고 주제가 되는 인간중심주의 비판에 대해서, 마지막으로 불교에서 생태 위기의 해결을 찾으려는 의도에 대해서 알아보려 한다. 「연꽃바다」의 내용은 대략 다음과 같다.

― 땅끝마을 바다가 보이는 매실농장을 배경으로, 부정한 수단으로 부를 축적했던 박주철이 파산한 충격으로 깊은 잠에 빠지자 이 사실을 모

---

24) 김성곤, 『문학 생태학을 위하여』(외국문학, 1990, 겨울), 87쪽도 이와 같은 말을 언급했다.
25) 김동환, 「생태학적 위기와 소설의 대응력」(실천문학, 1996 가을), 223~224쪽
26) 김욱동, 『문학생태학을 위하여』(민음사, 1998), 199쪽

르는 아들 윤호, 윤석, 딸 윤혜는 매실농장의 상속을 둘러싸고 한바탕 소동을 벌인다. 수컷 박새는 아내 박새의 알을 낳을 출산 일이 임박하여 새 둥지를 찾아 백양나무 숲의 늙은 백양나무에 앉았다가 매실농장에서 일어나고 있는 일을 목격한다. 농장 주인 박주철은 파산의 충격으로 눈을 뜨지 못하고 휠체어에 앉아 멍한 정신으로 살아가고 있다. 박주철의 막내아들 윤석은 매실농장에다 거대한 양식장을 만들기 위해 매실나무를 전기톱으로 베어낸다. 이복형 윤길은 정신병과 의처증으로 죽고, 윤길의 법적인 아들 열 살배기 토말이는 할아버지가 눈을 떠서 제 정신으로 돌아와야 쫓겨난 어머니가 돌아오게 되고 상속을 받을 것임에 할아버지 눈에 전지불을 비추어 눈을 뜨라고 애걸한다. 매실농장이 양식장으로 변한다는 소식을 듣고 상속 때문에 급히 서울에서 내려온 윤석의 형 윤호는 관리사 앞에서 공기총을 들고 윤석이 작업을 멈추고 관리사로 와서 의논을 하자고 한다. 관리사 앞에는 박주철과 친했던 이웃 풍장이 영감이 술과 담배를 즐기며 앉아 있다. 윤호와 윤혜는 집안의 모든 잘못을 윤길의 아내 참새란 별명을 가진 임승희에게 돌려 임승희가 윤석과 간통하여 낳은 자식이 토말이라 하여 임승희를 인도로 쫓아 버린다. 풍장이 영감은 땅의 기가 너무 센 탓으로 박주철 영감이 긴 잠에 빠져들었고 형제들이 싸움한다고 한다.

　세 형제간의 이권다툼이 치열해 지는 가운데 숨겨졌던 치부들이 하나둘씩 드러나고 토말을 고아원에 몰래 보내려 했던 윤호와 윤혜의 음모가 드러나고 측량기사들이 나타나 매실농장을 측량함에 매실농장이 이미 보증을 잘못 선 탓에 저당 잡혀 넘어가 버린 것을 알게 된다. 그런 가운데 눈을 뜬 박주철은 축생도에 다녀온 이야기를 들려주고 장기이식과 화장을 유언으로 남기고 영원히 눈을 감아버린다. 수컷 박새는 아내 박새에게 농장에서 일어나고 있는 일을 일일이 보고한다. 매실농장 곁의 늙은 백양나무는 매실농장이 새 주인에 의해 휴양지로 만들어진다는 말을 듣고 그렇다면 백양나무 숲은 좋은 휴양림으로 남을 것이라 생각하고 수컷 박새에게 자기에게 새 둥지를 트는 게 좋을 거라고 한다.

1) 등장인물과 구성의 특이성

젊은 수컷 박새가 늙은 백양나무에서 매실 농장에서 일어나고 있는 일을 아내 박새에게나 늙은 백양나무에게 말하는 형식으로 되어 있다. 곧 등장인물은 매실농장의 가족들만이 아니라 박새와 백양나무도 중요 등장인물로 되어 있다. 이런 점에서 작가는 의인화 기법을 쓰고 있다. 이것은 작가가 새와 나무와 인간을 다 같은 생명체로 동일 선상에서 보려는 의도에서 빚어진 결과다.

> 땅끝의 매실농장 한 복판에서, 바야흐로 그 거역과 파괴의 주살 행위가 벌어지고 있었다. 그 현장을 젊은 박새 한 마리가 늙은 백양나무 가지에 앉은 채 진저리를 치며 보고 있었다. 아, 안타깝다. 전망이 좋은 땅, 맑고 짙푸른 하늘, 쪽빛으로 출렁거리는 바다, 무성한 백양나무 숲, 가슴 속을 수런거리게 하는 소금기어린 바람……다 좋은데, 여기엔 평화가 없다. 우리의 둥지를 틀만한 곳이 아니다. 다른 곳으로 가보자, 아니, 여기서 더 머무르며 지켜보자.27)

수컷 박새가, 아내 박새가 알을 낳을 새 둥지를 찾아 나섰다가 본 매실농장의 풍경이다. 그동안 박새 부부는 소나무옹이 속에서 살아왔지만 아내가 새 둥지를 원했다.

> 나무 밑동을 참혹하게 토막내고 있는 미친 전기톱의 악쓰는 소리인

---

27) 한승원, 「연꽃바다」(세계사, 1997), 6~7쪽

지, 주살되는 나무들이 질러대는 비명인지 구별할 수 없는 그 소리에서 녹즙기가 토해내는 듯한 짙푸른 생즙이 줄줄 흘러내렸다. 금방까지 살아 꿈틀거리던 나무들이 광란하는 전기톱날의 공격으로 말미암아 객혈을 하며 울부짖었다. 에키에엥. 이끼이잉, 으끄아앙, 쎄에엥 씨리끼리이잉…… 그 울부짖음이 하늘과 땅과 바다를 흔들고 온 세상에 푸른 피칠을 하고 있었다. (한승원, 앞의 책, 5쪽)

위의 내용은 박새가 바라본 매실농장에서 베어지는 나무들을 진저리치며 바라보는 광경이다. 수십 년 묵은 매실나무가 베어지면서 지르는 비명을 박새의 입장에서 안타깝게 바라본 광경이다. "주살" "광란하는 전기톱" "객혈" "피칠" 등의 단어를 통해 인간이 자연을 파괴하는 것에 대한 분노와 슬픔이 어려 있다.

「…… 이 젊은 박새놈아, 한창 배불뚝이가 되어 가는 아내 때문에 한시 바빠 둥지를 털어야 한다더니, 한가하게 앉아 나무들 주살되는 굿만 보고 있는거냐?」
늙은 백양나무가 젊은 수컷 박새를 꾸짖었다.
「우리 백양숲은 절대로 베어질 염려가 없으니까 걱정 말고. 내가 마땅한 자리 하나 거저 내준다고 할 때 얼른 거기에다 둥지를 틀어라.」
…………
「며칠만 더 저 농장 안을 지켜보고 나서 결정하겠습니다.」 (한승원, 앞의 책, 11~12쪽)

박새와 백양나무가 대화를 한다. 인간을 제외한 생태계의 새와 나무가 대화를 하면서 서로 돕고 살려는 상호의존성을 나타내고 있다.

"자네 어디서 멋을 하다가 인제 오는 겨? 나는 먼 나쁜 일이 일어난 줄 알고 얼마나 애를 태웠는지, 간이 땋아져뿌는 것이라면 아마 다 땋아 없어져부렀을 겨."

아내 박새의 투정에는 짙은 사투리와 혀가 약간 짧은 듯한 어눌함과 응석이 어려 있었다.
　　젊은 수컷 박새는 그날 땅끝의 매실 농장에서 본 인간들의 싸움 이야기를 했다. (한승원, 앞의 책, 176쪽)

　아내 박새와 수컷 박새가 서로 대화할 뿐 아니라 대화에 사투리까지 등장시켜 완전히 의인화 기법을 쓰고 있다.
　다음으로 구성에 대해 살펴보자.
　모두 열 여섯 장으로 되어 있는데, 크게 박새와 백양나무의 이야기하는 장면은 짝수 부분이고, 박씨 농장이야기 곧 인간의 이야기는 홀수 장면에서 다루어지고 있다. 이 둘은 서로 교차하면서 진행되고 있다. 주인공이 매실농장의 사람들이라기보다 박새가 주인공이다. 암컷 박새가 어디에다 알을 낳을 새 둥지를 정할까로 시작하여 나중에는 백양나무숲에 새 둥지를 만들어 알을 낳기로 결정하는 것으로 마무리를 짓고 있다. 박새는 이 작품에서 주인공으로 등장하여 사건을 서술하는 나레이터로서의 역할을 담당하고 있다.

2) 인간중심주의 비판

　매실농장의 가족은 하나같이 농장을 차지하려는 욕심과 자연을 훼손하여 인간을 위한 양식장이나 휴양지 등 인간의 위락시설을 만들려고 하고 있다. 이에 수컷 박새는 인간의 이기주의에 대해 사설을 늘어놓는다.

　　……이 세상에서 가장 무서운 존재는 이것 저것을 닥치는 대로 개발하려드는 사람이었다.……사람들은 변덕이 심했다. 자기들이 하려고 생각하는 것이면 무엇이든지 하는 것이었다. 바다를 메우려고 생각하면 메우고 산도 허물어버리려고 생각하면 허물어버리는 것이었다. 어이없

게도 그들은 이 세상의 모든 것들이 자기들만을 위하여 존재한다고 믿었다. (「연꽃바다」, 14~15쪽)

사람들은 존재하는 모든 것의 형체를 바꾸어놓으려고 한다. 오리의 다리는 너무 짧아 보기 싫다고 하면서 막대기를 덧붙여주려하고, 황새의 다리는 길어서 불편하겠다고 하면서 잘라주려고 한다. 그들은 참으로 묘한 족속이다. 자기들의 잣대로 재고 자기들 위주로만 생각한다. (「연꽃바다」, 30쪽)

인간의 위력과 변덕성, 자연 파괴와 개발에 대한 분노가 박새의 입을 통해 서술되고 있다. 또한 인간의 합리주의와 인간중심주의에 대한 비판을 가하고 있다.

박새와 늙은 백양나무로 대표되는 생태주의와, 인간중심주의로 대표되는 매실농장의 가족, 이 중간에 서서 매실농장 가족의 행위를 못마땅하게 생각하는 풍장이 영감이 이렇게 말한다.

「천사들은 측량을 하지 않고도 이렇게 저렇게 섞이면서 그냥 잘 사는데, 악마들은 속속들이 측량을 하고 사는 거야. 콜록콜록, 음 으흠……」
「측량을 하지 않고 그대로 두면 비합리의 세계지만 하게 되면 합리의 세계가 되는 것이라고, 합리라는 것은 악마의 꾸며진 얼굴이고 악마의 그럴듯한 마법이고 악마식의 마법이야. 땅덩어리를 이리저리 측량해서 울타리를 치고 살기 시작하면서부터 싸움이라는 것은 시작되었던 거라고. 콜록콜록……」(「연꽃바다」, 67~68쪽)

3) 생태 위기의 극복과 불교

「연꽃바다」란 제목이 상징하는 바는 불교다. 곧 생명의 꽃을 의미한다. 오늘날 인류를 생태 위기로부터 구출할 수 있는 하나의 길이 불교라는 것을 암시하고 있다. 곧 풍장이 영감이 박씨 가족에게 전해 주는 설화 속에 주제가 들어 있다.

　— 결혼할 처녀가 병에 걸려 죽게 되었는데 남편 될 총각의 꿈에 부처가 나타나 신기한 꽃 세 송이를 찾으면 처녀를 살려낼 수 있다고 그 꽃의 향기는 암컷 사슴이 교미할 때 내는 분비물의 냄새와 같고, 그 꽃은 진흙탕에 있는 것이 아니라 바닷가 산언덕에 피어 있다고 총각은 방방곡곡 찾아 헤매다가 마침 매실 농장 언덕에서 꽃을 찾아내어 약혼자의 생명을 살려내었다고 하면서 그 꽃이 연꽃이라고 한다.

　농장주인 박주철이 긴 잠에서 깨어 축생도에 갔다왔다고 하는 것이나, 풍장이 영감이 주철의 둘째 아들 윤호에게 「저 박 의원은 어쩌면 전생에 장가 한 번도 못 가고 죽어간 종이었을 것이여. 전생에서 한을 못다 푼 사람은 다음 생으로 그것을 가지고 와서 푸는 법이여」(「연꽃바다」, 68쪽) 하는 말이나 윤혜가 나무아미타불을 읊조리는 것을 통해 그리고 박주철은 「나는 너희들에게 줄 수 있는 것이 아무 것도 없다. 이 텅 빈 허공이외는…… 숨이 끊어지고 체온이 식기 전에 나의 눈알 두 개 신장 두 개를…… 필요한 사람 있으면 가져가라고 하고…… 그것 빼 가는 일이 끝나게 되면 화장을 시켜버리도록 하거라.」(「연꽃바다」, 236쪽) 주철의 말을 들은 풍장이 영감도 「아아, 그렇다!」 하고는 탄성어린 소리로 이렇게 말한다.

　　　「음 음, 나도 죽은 다음에는 내 조카들보고 화장을 시켜달라고 해야겠다. ……뼛가루를 이리로 가지고 와서 바로 이 자리에다 뿌려달라고 해야겠다. 그러면 내 뼛가루들은 이 자리에서 움터나는 민들레풀 뿌리 속으로 들어가거나, 들판의 오랑캐풀……」(「연꽃바다」, 236~237쪽)

　늘 눈을 감고 일년 가까이 깊은 잠에 빠졌던 농장주인 박주철이 딸 윤혜와 사위 정태길, 풍장이 영감과 막내아들 윤석이에게 이렇게 말한다.

「내 의지하고는 전혀 관계없이 이승과 저승의 지옥 사이를 몇 차례나 넘나들었다. 살아오면서 지은 두껍고 무거운 죄업들 때문에……」
(한승원, 앞의 책, 235쪽)

「내가 가르쳐주는 요가를 배우고 나면 이 농장 땅의 문제도 저절로 풀리게 될 것이다. 우주적인 근원은 시간을 가지고 모든 것을 파멸시킨다. 그 우주적인 근원의 힘을 알고 그것과 하나가 되는 것을 요가라고 한다. 그 속에서는 즐거움과 괴로움이 하나인 것이고, 장미꽃과 시궁창이 하나인 것이고, 흙과 돌과 금덩이가 하나인 것이다. 기쁨과 슬픔과 언짢음이 하나이고, 비난과 칭찬이라는 것도 하나이고 전쟁터에서 만난 적과 아군이 하나인 것이다. 그것들이 하나임을 아는 사람은 우주적인 근원에 도달한 사람이다. 거기에 도달하려면 모든 욕망으로부터 벗어나고 집착으로부터 자유로워지고 다스림의 힘을 짱짱하게 얻게 돈다.」
(한승원, 앞의 책, 235쪽)

위의 박주철 영감의 유언은 바로 불교의 색즉시공 공즉시색에 해당된다. 반야심경에, 형상 있음이 형상 없음과 같다는 진리이며 천도교의 그렇지 않으면서 그것이 그렇다는 불연기연(不然其然)과 상통한다.

깨달음을 얻은 뒤 곧 부처는 <이것이 있음으로 말미암아 저것이 있고, 이것이 생김으로 말미암아 저것이 생긴다>라든지 또는 <이것이 없음으로 말미암아 저것이 없고, 이것이 멸함으로 말미암아 저것이 멸한다>고 가르친다. 모든 것들이 이렇게 서로 깊이 연관되어 있고 서로에게 의존하고 있다는 생각, 살아 있건 죽어 있건 현재이건 과거이건 그리고 가까이에 있건 멀리 떨어져 있건 헤아릴 수 없이 많은 존재에 우리가 힘을 입고 있다는 깨달음이야말로 불교가 가르쳐 주는 아주 값진 교훈이다.[28]

---

28) 김동욱, 앞의 책, 219쪽

법계의 사물이 천차만별하나 서로 인과 관계를 가지고 있는 것이며, 하나도 단독으로 존재하는 것이 없다는 것이다. 그러므로 만유를 동일한 수평선 위에 두고 볼 때에는 중생(衆生)·불(佛), 번뇌(煩惱)·보리(菩提), 생사(生死)·열반(涅槃)과 같이 대립시켜 생각하는 것도 실지는 모두 동등한 것이다. 즉 번뇌가 곧 보리, 생사가 곧 열반이어서 만유는 원융무애한 것이다. 그래서 화엄종에서는 일즉일체(一卽一切) 일체즉일(一切卽一)이라 말하며, 혹은 한 사물(事物)은 상식으로 보는 단독의 하나가 아니요, 그대로 전우주라는 뜻에서 한 사물을 연기의 법으로 삼고, 이것이 우주 성립의 체(體)이며 힘인 동시에 그 사물은 전 우주로 말미암아 성립된 것이라 한다. 우주의 만물은 각기 하나와 일체가 서로 연유(緣由)하여 있는 중중무진(重重無盡)한 관계이므로 또 이것을 법계무진연기라고도 한다.29)

만물은 상호의존적이며 인간과 자연마저 상호의존적 공존 질서 속에 존재한다는 것이다. 강이나 바다에는 물고기와 수초가 있어야 하고 숲 속에는 여러 가지 식물과 동물들이 공존해야하는 자연의 상호의존성을 강조하는 것이 화엄사상의 요체일 것이다. 특히 도법스님의 「화엄경과 생명의 질서」30)에는 이러한 상호의존성이 잘 드러나고 있다.

> 아내는 이미 해변 백양나무 숲에다 둥지를 틀기로 마음을 단단히 굳히고 있었다. ……
> 이튿날부터 젊은 수컷 박새는 땀을 뻘뻘 흘리면서 늙은 백양나무 옆구리에 둥지를 만들기 시작했다. 자기의 기 드센 아내로 하여금 그 둥지에서 생명력 왕성한 알을 낳도록 하기 위하여, 짭짤한 해풍과 황금색깔의 햇볕과 은쟁반 빛깔의 달빛과 밤바다의 쑥부쟁이꽃 색의 별빛과 민들레 색깔의 별빛과 여뀌꽃 색깔의 별빛과 미역이나 다시마 향과 말미잘의 거웃 같은 융털가루와 땅끝 산허리에서 솟는 연꽃향 같은 김이

---

29) 대안스님, 『핵심을 엮은 화엄경』(보광출판사, 1999), 22~23쪽 참조
30) 도법스님, 『화엄경과 생명의 질서』(세계사, 1990)

한데 잘 스며든 박새알. (「연꽃바다」, 244~245쪽)

위의 인용문은 「연꽃바다」 제일 끝 부분이다. 우리는 여기서 건강한 생태계를 느낄 수 있다. 작가는 이 작품에서 건강한 생태계만이 인간중심주의 인간 이기주의 결과인 생태계 위기에서 벗어 날 수 있음을 시사하고 있다.

인간중심주의를 버리고 자연과 손을 잡음으로써 생태계는 제 모습대로 건강하고 싱싱한 상태를 유지할 수 있다.

4. 맺음말

우리나라에서는 생태에 관한 문학적 논의나 작품은 시에서 먼저 출발하였고 본격적인 활동은 90년대 초에 시작되었다. 환경은 인간중심주의에서 발생한 사고이며 생태계는 생명사상이며 생태계는 자연과 더불어 공존할 때 건강한 모습을 유지하게 된다.

소설의 경우 환경 내지 생태계를 소재와 주제로 한 초기 작품으로는 조세희의 연작소설 「난장이가 쏘아올린 공」과 김원일의 중편 「도요새에 관한 명상」, 그리고 이문구의 「관촌수필」 등을 들 수 있고 90년대에 와서는 한정희의 중편 「불타는 폐선」 김수용의 「梨花에 月白하거든」 이남희의 「바다로부터의 긴 이별」 한승원의 「연꽃바다」 등을 들 수 있다.

「연꽃바다」는 매실농장의 매실나무가 베어지는 것을 지켜본 박새 부부와 그 곁의 늙은 백양나무가 매실농장 가족의 잔인함과 다툼을 보고하는 형식의 의인법을 쓴 일종의 환상소설로 인류의 생태 위기를 불교에서 찾으려는 모색이 그려져 있다.

「연꽃바다」는 나무와 새들의 눈으로 본 인간중심주의를 비판하고 있다. 그리고 생태계의 위기 극복을 불교의 화엄사상에서 찾으려고 하고 있다. 「연꽃바다」는 좀 새로운 모색의 생태계 소설이다.

농약의 과용으로 생태계가 봄을 맞이하지도 못하는 "침묵의 봄"은 영원히 없어야 할 것이다. 유기농업을 하면서 자연친화적인 삶을 살아가는 농부들이 그 빛을 발하는 시대가 곧 도래할 것이다. 새로운 현대문명 특히 사이버 세대들은 생태계 영화 「마이크로소프트」를 즐겨 보고 자연의 신비와 생태계의 힘을 느껴야 할 것이다. 오늘날은 많은 NGO단체들이 있어서 하나뿐인 지구를 살리기 위한 노력이 계속되고 정부도 지속 가능한 개발을 생각해야 할 것이다. 문학도 특히 소설은 생태계에 대한 사랑, 자연에 대한 사랑을 주제로 많은 작품을 생산해야 할 것이다.♠

●찾아보기

•작품 색인

(ㄱ)

「가을」 44, 58
「감자」 186
「갑오농민전쟁」 214
「개살구」 20
「객주」 260
「갯마을」 97
「거룩한 죽음」 146, 162
「고개」 101
「관부연락선」 260
「관촌수필」 281
「광염소나타」 182
「광화사」 182
「군상(群像)」 214
「귀환장정」 77
「금따는 콩밭」 44
「금삼의 피」 259

(ㄴ)

「나의 고백」 146
「난장이가 쏘아 올린 작은 공」 281
「날개」 30
「남이와 엿장수」 100
「노다지」 40
「노령근해」 16
「녹두장군」 260
「눈밭에 뿌린 씨앗」 15

(ㄷ)

「단종애사」 259
「당고개무당」 83
「대한제국」 260
「두꺼비」 47
「두만강」 260
「두메 母子」 110
「뒷기미 나루」 119, 127

「등신불」 83
「따라지」 47
「땡볕」 42
「떡」 44

(ㅁ)

「만무방」 39, 58
「망향수」 103
「메밀꽃 필 무렵」 11
「메아리」 108
「모래톱 이야기」 119, 126
「무녀도」 30, 71
「무정」 142
「무진기행」 232
「밀다원시대」 77

(ㅂ)

「배따라기」 173, 175, 187
「봄·봄」 44
「북간도」 259
「북국통신」 16
「분녀」 20

(ㅅ)

「사랑」 142
「사밧재」 119, 131
「사하촌」 119, 125
「산골나그네」 44
「산화」 75

「생의 반려」 40, 47
「서울, 1964년 겨울」 238
「소나기」 42, 58
「소설 동의보감」 260
「소설 목민심서」 260
「소설 토정비결」 260
「소설 한명회」 260
「소쩍새」 101
「솥」 42, 61
「수라도」 119, 129
「슬픈 이야기」 47
「심청」 47

(ㅇ)

「아내」 42, 44, 61
「야앵」 58
「여인(旅人)」 16
「연기」 47
「연꽃바다」 276
「영원한 제국」 261
「옥심이」 119
「완미설」 76
「용연삽화」 101
「원형의 전설」 268
「월광한(月光恨)」 119
「을화」 90
「이순신장군」 214
「이차돈의 사」 259
「인간단지」 119

「입추전후」 113

(ㅈ)

「장길산」 260
「장미의 이름」 269
「젊은 그들」 259
「정조」 58

(ㅊ)

「청년 김옥균」 259
「총각과 맹꽁이」 44
「추산당과 곁사람들」 119
「추월색」 13
「침묵의 봄」 275

(ㅌ)

「토지」 259

(ㅎ)

「항진기(抗進記)」 119
「행진곡」 16
「혁명」 260
「혈거부족」 77
「형」 47
「형제」 77
「홍길동전」 214
「화랑의 후예」 75
「황토기」 76
「후일담」 101

「홍남철수」 76
『천변풍경』 213

· 인명 · 용어 색인

(ㄱ)

계몽주의 문학 142
구인환 41
극적(dramatic) 방법 102
김기진 259
김동인 169, 259
김문집 62
김병익 42
김봉군 105
김승옥 232
김영기 42
김우종 41
김유정 40, 58
김윤식 42
김정한 119
김주연 42
김주영 260
김현 42

(ㄷ)

도가적 자연관 32
도성덕립(道成德立) 160

(ㄹ)

리얼리즘 소설 262
리얼리즘(현실주의) 183

(ㅁ)

무격사상(shamannism) 81
문체순정운동 265
민족주의 인도주의문학 142
민중성 77

(ㅂ)

박경리 259
박종화 259
박태원 213
반자연 반생명 279
반휴머니즘 179
백철 41
법계무진연기 292
불연기연(不然其然) 291
비대중적인 소설 267

(ㅅ)

색즉시공 공즉시색 291
생태계 277
샤머니즘(Shamanism) 80
샤머니즘의 미학 78
서기원 260
설교의 문학 142
설화문학(구비문학) 78
성격창조 197
소설적 표현 252
송기숙 260

시천주사상 157
신동욱 42

(ㅇ)

안수길 259
엘리트문학 267
역사소설 252
역사적 서술 252
염상섭 132, 194
예기청수(藝妓淸水) 72
오영수 97
유기룡 17
유주현 260
윤병로 17, 41, 42
이기영 260
이무영 112
이병주 260
이인화 251
이재선 42
이효석 9
일물일어설(一物一語說) 137
임중빈 17
입체적 인물 102

(ㅈ)

자전적 소설 46
장면중심적 방법 26
전승(tradition) 78
정령신앙(animism) 81

정적 인물 102
정한숙 20
조세희 281
조연현 41
주종연 17, 20
중화적 진보주의자 203
지식인 소설 267

(ㅌ)

탈도시 자연귀의 109
토속성 75
토착풍속 79

(ㅍ)

파노라마적 방법 26
파노라마적 사회소설 258
평면적 인물 102

(ㅎ)

한승원 275
행동의 구조 23
환경 소설 275
환상적인 생태소설 284
황석영 259
황순원 108
회화적(pictorial) 방법 102
후천개벽사상 161

● 작가와 작품을 찾아서

초판인쇄 2003년 7월 15일／초판발행 2003년 7월 25일

지은이／강 인 수
펴낸이／한 봉 숙
만든이／김 윤 경
펴낸곳／푸른사상사

출판등록 제2-2876호
주　　소　100-193 서울시 중구 을지로3가 296-10 장양빌딩 202호
전　　화　02) 2268-8706~8707 ●팩시밀리 02) 2268-8708
홈페이지 prun21c.com ●이메일 prun21c@yahoo.co.kr / prun21c@hanmail.net

ⓒ 2003, 강인수
ISBN 89-5640-129-2-03810

정가 13,000원